本著作受南京海事法院委托课题“海洋环境公益诉讼问题研究”和
南京信息工程大学教材基金项目“环境诉讼理论与实务”（17JCLX010）资助

环境公益诉讼
案例评析精编

主　编：宋晓丹　徐　骏
副主编：黄荣真　袁　昊　陈千惠

内 容 简 介

本书以最高人民检察院发布的生态环境领域指导案例作为主要的评析样本，共选取了16个具有代表性的案例进行研究，覆盖各种环境公益诉讼类型，涉及各类环境要素和生态环境问题，涵盖诉讼全流程。每个案例均由案情介绍、检察机关履职过程、法条索引、评析和指导意义几个部分组成，以期对案件进行系统的介绍和分析，呈现党的十八大以来我国环境公益诉讼制度与实践取得的突破性进展，特别是针对个案中的创新举措进行一定的理论分析，凸显其意义和价值。本书可供环境法领域的工作者和研究者阅读参考。

图书在版编目（CIP）数据

环境公益诉讼案例评析精编 / 宋晓丹，徐骏主编
. -- 北京 : 气象出版社，2023. 10
ISBN 978-7-5029-8077-1

Ⅰ. ①环… Ⅱ. ①宋… ②徐… Ⅲ. ①环境保护法－行政诉讼－案例－中国 Ⅳ. ①D925.305

中国国家版本馆CIP数据核字(2023)第199715号

环境公益诉讼案例评析精编

HUANJING GONGYI SUSONG ANLI PINGXI JINGBIAN

出版发行：气象出版社
地　　址：北京市海淀区中关村南大街46号　　**邮政编码**：100081
电　　话：010-68407112（总编室）　010-68408042（发行部）
网　　址：http://www.qxcbs.com　　**E-mail**：qxcbs@cma.gov.cn
责任编辑：杨　辉　　**终　　审**：张　斌
责任校对：张硕杰　　**责任技编**：赵相宁
封面设计：艺点设计
印　　刷：北京中石油彩色印刷有限责任公司
开　　本：787 mm×1092 mm　1/16　　**印　　张**：12
字　　数：230千字
版　　次：2023年10月第1版　　**印　　次**：2023年10月第1次印刷
定　　价：60.00元

本书如存在文字不清、漏印以及缺页、倒页、脱页等，请与本社发行部联系调换

前 言

党的十八大以来，在大力推进生态文明建设的背景下，生态环境保护力度得到了前所未有的加强。环境公益诉讼作为生态环境损害救济的主要途径，在生态文明建设和生态环境保护实践推进与制度构建方面发挥了不可替代的作用。伴随着环境司法专门化和生态环境损害赔偿制度改革，生态环境损害救济的相关理念不断更新，环境公益诉讼实践中的各类创新性举措，更是为形成环境公益诉讼救济的“中国方案”奠定了坚实的基础。事实上，“三合一”乃至“四合一”审判模式、“恢复性司法”、预防性环境公益诉讼、生态环境损害惩罚性赔偿等创新探索仍未止步，“劳务代偿”“增殖放流”“补植复绿”“碳汇认购”等新的生态环境损害赔偿责任承担方式也在不断涌现，既彰显了中国的司法智慧，有效推动了环境公益诉讼制度的发展，也在不断坚定我们的制度自信，向世界提供解决生态环境问题的“中国样本”。因此，实践先行已成为我国环境公益诉讼制度建设进程中的鲜明烙印，是健全环境公益诉讼制度的强大驱动力。

而我国环境公益诉讼制度发展呈现的另一突出特点是检察公益诉讼制度的确立。检察公益诉讼作为我国环境公益诉讼领域的又一重要制度创新成果，不仅有助于弥补公益诉讼原告资格制度设计存在的缺陷，提高起诉一方的诉讼能力，有效维护环境公共利益，更是督促检察机关切实履行法律监督职能的重要举措。自 2015 年以来，公益诉讼检察经历了从试点到成为正式的制度内容的历程，而伴随着检察机关职能调整，公益诉讼检察在环境公益诉讼领域发挥着越来越重要的作用。事实上，从诸多引发高度关注的典型案例可以发现，检察机关一直致力于创新办案方式，提高办案质效，推动环境公益诉讼制度不断适应生态环境保护的现实需要，生态环境司法为生态环境公益筑牢了最后的屏障。

环境公益诉讼制度发展进程中呈现出的又一特点是司法协作的多元化。多元司法协作有力推动了生态环境损害救济机制的完善。随着环境公益诉讼制度的发展，环境司法协作也在深入推进，协作形式方面，形成了区域、流域、城际等多种协作机制；协作主体方面，覆盖了审判机关、检察机关、行政机关、鉴定评估机构、社会组织等；协作阶段方面，逐步覆盖各个环节，包括执行阶段也在探索社会资本参与生态保护修复。通过多元协作，一体化办案模式、环境司法合作协议、行政执法与环境司法衔接机制、生态环境损害磋商协议等新事物纷纷出现，不仅丰富了生态环境损害救济的形式，更为生态环境保护构筑起了全民参与的协作网络，显著提升了全民生态环境意识。

伴随着生态文明建设的深入推进，生态环境保护领域涌现出诸多引起广泛关注、极具代表性和影响力的典型案例，很多典型案例被列入最高人民法院和最高人民检察院公布的指导案例。就环境法的学习而言，案例研习是了解我国环境法治进程、熟悉环境法基础理论、理解环境法基本精神的重要途径。因此，我们主要以指导案例作为本书的研究对象，尤其是以最高人民检察院发布的生态环境类指导案例作为样本，重点突出办案特色和创新举措，涵盖不同的公益诉讼类型，涉及不同的生态环境问题，覆盖不同的诉讼环节。正因选择的案例极具有代表性，反映和体现了我国环境公益诉讼制度的发展历程和主要特点，经由案例评析，有助于进一步呈现这些案例的研究价值和典型意义。

本书由南京信息工程大学法政学院的部分师生合作完成，写作的起因是试图呈现对指导案例的研习所得。每个案例中，案情、履职过程、指导意义等来自于公布的指导案例原文，而评析部分则由本书编写组撰写。因为主要以指导案例作为分析研究的对象，可以说评析部分是本书编写者的思考成果。南京信息工程大学法律硕士研究生黄荣真、袁昊和陈千惠对本书的写作和出版付出了努力，贡献了智慧。指导案例是环境公益诉讼实践成果的精华，对它的研究还需不断深入，而本书仅仅做了粗浅的尝试，受学识所限，难免存在各种疏漏，请各位读者不吝指正！

编者

2023 年 9 月

目　录

一、万峰湖流域生态环境受损公益诉讼案

案情介绍

万峰湖地处广西、贵州、云南三省（自治区）（以下简称三省（区））接合部，属于珠江源头南盘江水系，水域面积达 816 千米^2，是珠江三角洲经济区的重要水源，其水质关系到沿岸 50 多万人民群众的生产生活和珠江流域的高质量发展。多年来，湖区污染防治工作滞后，网箱养殖无序发展，导致水质不断恶化，水体富营养化严重，部分水域呈劣 V 类水质，远超《地表水环境质量标准》（GB 3838—2002）相关项目标准限值。2016 年，第一轮中央生态环保督察第一批第六督察组在广西壮族自治区督察时发现，“2015 年全区 11 个重点湖库中有 5 个水质下降明显”，其中就包括万峰湖广西水域。2017 年，第一轮中央生态环保督察第一批第七督察组在贵州省督察时发现，“珠江流域万峰湖库区网箱面积 7072 亩[①]，超过规划养殖面积 2.48 倍”。贵州省甲州、广西壮族自治区乙市政府就督察发现的问题分别组织了整改[②]，但相关问题并未从根本上得到解决。此外，万峰湖流域还存在干支流工业废水直排、生活垃圾污染等问题，直接影响万峰湖水质，生态环境公共利益受到损害。

万峰湖流域生态环境问题集中体现在以下 7 个方面。

（1）非法网箱养殖污染

广西壮族自治区丙县、丁县辖区内水域违法网箱养殖面积达 53.6 万米^2，日均投放饲料达上百吨，导致网箱养鱼库湾及其附近水域水质总氮超标，投饵后部分水域水质为劣 V 类。云南省戊县辖区内也存在非法网箱养殖问题，对万峰湖库区的生态环境

---

① 1亩≈666.67米^2。余同。

② 由于本案例涉及地名众多，故这里用甲、乙、丙、丁、戊、己、庚、辛、壬、癸这十天干和子这一地支分别代替各市（州）、县名，以示区分。

造成不利影响。

（2）水面浮房、钓台等污染

广西壮族自治区丙县、丁县辖区分别有水面浮房397座、289座，浮房大多设置厨房、卫生间、休息室等；云南省己县辖区有钓台等水上浮动设施154个、总面积约1.9万米^2。浮房、钓台使用过程中产生的生活垃圾和污水均直排入湖。另外，位于云南省庚市的某河沿岸多个鱼塘养鱼产生的废水直排入河后，最终也注入了万峰湖。

（3）船舶污染

广西壮族自治区丁县辖区内，有按照浮房模式进行改装的船舶约50艘，每艘配备住宿床位4～12张，均无污水集中收集装置或过滤、净化设施，经营过程中产生的厨余油污、厨余垃圾以及生活污水均直接排入湖中或倾倒在岸边。云南省己县A航运有限公司（简称A公司）有7艘船舶检验不合格、22艘船舶废机油收集后未按规定进行处置，造成污染。

（4）沿岸垃圾污染

水域及沿岸有多条垃圾带，主要包括塑料瓶、塑料袋、泡沫、废弃油桶、浮房拆解残余物等，随水体流动漂浮到湖面并滞留。贵州省辛市辖区某地长期堆放大量垃圾，未配套建设防渗漏等设施，导致汇入万峰湖的河流水体受到污染。

（5）生活和养殖污水直排

贵州省辛市辖区两处居民安置区总占地面积637.76亩，共安置1509户，且多为自建房屋，雨污混流问题严重，污水最终汇入万峰湖。

（6）企业偷排、乱排废水

贵州省壬县辖区两处小煤窑废弃矿井每天产生90余吨酸性废水，沿坡埂、沟渠、河道汇入万峰湖。该县B能源有限公司C洗煤厂（简称B公司C洗煤厂）在生产建设过程中未严格遵循“三同时”制度（建设项目的环境保护设施必须与主体工程同时设计、同时施工、同时投产使用）、未落实“三防”（防扬散、防流失、防渗漏）措施，导致大量煤矸石、煤泥及煤渣中的有害物质经雨水冲刷后渗漏，造成土壤污染，汇入万峰湖后污染水体，违反了《中华人民共和国土壤污染防治法》《建设项目环境保护管理条例》等的规定。

（7）破坏水文地质环境

广西壮族自治区丙县辖区D渔港有限公司（简称D公司）在780米水位线下施工，改变水文情况，造成岸坡泥土松动，存在引发水土流失、泥石流等自然灾害的风险。

检察机关履职过程

2019年11月，贵州省人民检察院向最高人民检察院（以下简称最高检）反映了万峰湖流域生态环境污染公益诉讼案件线索。

最高检初步调查查明，万峰湖流域污染问题由来已久，经中央生态环境保护督察，近年来，贵州省甲州部署开展了“清源、清网、清岸、清违”专项行动，云南省、广西壮族自治区所辖湖区也陆续开展了治理行动，但由于三省（区）水域分割管理、治理标准和步调不一等原因，流域污染问题未能得到根治，此起彼伏，不时反弹蔓延。

最高检认为，万峰湖流域污染问题涉及重大公共利益，流域生态环境问题难以根治的重要原因在于地跨三省（区），上下游、左右岸的治理主张和执行标准不统一，仅由一省（区）检察机关来依法履职督促治理，难以达到良好的治理效果，无法实现治理目标。为根治污染，有必要由最高检直接立案办理。鉴于该案违法主体涉及不同地区、不同层级、不同行政机关，数量较多，如采取依监督对象立案的方式，不仅形成一事多案，且重复劳动、延时低效，公共利益难以得到及时有效保护。综合考虑本案实际，2019年12月11日，最高检决定基于万峰湖流域生态环境受损的事实直接进行公益诉讼立案，并启动一体化办案机制。

最高检组建由大检察官担任主办检察官的办案组，从本院及三省（区）检察机关抽调办案骨干作为办案组成员；三省（区）分别组建办案分组，负责摸排污染源线索、办理最高检交办和指定管辖的案件。通过整合四级检察机关办案力量，充分发挥不同层级检察机关的职能作用。

2020年1月13日，最高检向三省（区）人民检察院印发《万峰湖流域生态环境受损公益诉讼专案工作方案》，确定了“统分结合、因案施策、一体推进”的办案模式。最高检办案组统一研判案件线索，以交办、指定管辖等方式统一分配办案任务、调配办案力量，以案件审批、备案审查等方式把控办案质量，以下发通知、提示等方式统一开展指导，助力各办案分组破解所遇到的困难和阻力，统筹全案办理进度。

（1）统一研判案件线索

在办案过程中，各办案分组摸排并上报案件线索61条，包括非法网箱养殖、水面浮房和钓台、船舶、垃圾、违法排放废（污）水等污染和破坏水文地质环境等问题，涉及生态环境、农业农村、水利、交通运输等行政机关。因万峰湖流域污染问题涉及的行政机关多为基层，地方检察机关更熟悉本辖区情况，开展调查更及时、更便利，最高检办案组依据公益诉讼相关管辖规定，对案件线索统一研判并分类处置，统一分配办案任务。一般行政公益诉讼案件线索，交可能未依法履职的行政机关所对应的同级人民检察院办理；民事公益诉讼案件线索，交违法行为发生地、损害结果地或者违法行为人住所地的市级检察院或者基层人民检察院办理；两个检察院均有管辖权的，或存在管辖争议的，以指定管辖方式交最有利于公益保护的检察院办理。

2020 年 4 月和 8 月，最高检以交办、指定管辖等方式，将 47 条案件线索分两批交地方检察机关办理。鉴于该案是最高检立案的公益诉讼案件，根据相关财务规定，对于地方检察机关的相关办案工作，最高检给予了办案经费支持。

（2）统一办案目标

非法网箱养殖是万峰湖流域污染的主要原因，也是万峰湖污染攻坚战中多年未能解决的“硬骨头”。最高检立案后，将全面清理万峰湖湖区非法养殖网箱明确为首要办案目标，通过履行公益诉讼检察职责，督促有关行政机关依法履职，让违法主体承担恢复原状等相应民事责任。2020 年 9 月，非法养殖网箱已全部拆除。另外，在办案过程中，为强化并落实诉源治理，最高检办案组将治理干支流污染、工矿企业污染、生活污水直排等问题新增为办案重点任务。

（3）统一办案要求

为规范案件办理，最高检办案组下发有关立案、调查、磋商、检察建议、提起诉讼等关键环节的办案提示，把好办案质效标准。为确保办案节奏一致，最高检办案组先后五次召开办案推进会和案情分析会，了解问题困难，听取意见建议，提出工作要求。为确保办案质量、统一结案标准，2020 年 12 月，最高检办案组对各办案分组办理的案件逐一进行结案审查。

（4）凝聚保护合力

为营造良好的办案环境，有力推进案件依法办理，在立案后，最高检指导三省（区）相关检察机关第一时间向地方党委和政法委报告有关情况。三省（区）党委、政府主要领导对办案工作给予高度重视和支持，明确要求辖区水域所在市（州）和县（市）政府以及有关行政机关积极配合，依法解决万峰湖流域生态环境问题。沿湖三市（州）党委、政府认真落实省（区）党委、政府的指示要求，与检察机关密切配合，形成协同保护合力。广西壮族自治区丙县、丁县，云南省戊县、己县，贵州省壬县这沿湖五县（市）（以下简称五县（市））党委、政府和相关行政机关高度重视办案过程中发现的问题，严格执行相关法律，协同解决辖区内污染问题。沿湖三市（州）人大常委会为解决万峰湖生态环境保护因跨行政区划带来的执法差异问题，共同签署了《跨区域协同立法合作协议》，推动实现市域间立法资源共享，执法守法统一、规范。

（5）破解办案阻力

对办案中遇到的困难和阻力及法律问题，最高检办案组要求各分组逐级上报，由上级检察院履职推进问题解决。E渔业有限公司是广西壮族自治区丙县招商引资的龙头企业，其非法养殖的网箱面积达到24万米^2，每天投入饵料约30吨，对水体造成严重污染。由于发展与保护之间存在着不容回避的现实矛盾，2020年2月17日，广西壮族自治区人民检察院报请最高检明确下一步办案方向和要求。2月26日，最高检明确批复，企业的合法权益应当受法律保护，但对待经济发展中涉及的环境保护问题，应以习近平生态文明思想为指引，坚持生态优先、绿色发展的先进理念，不改变清理违法网箱的办案目标，但考虑到新冠疫情对鲜鱼市场造成了极大的影响，允许在不再投放饵料前提下，适当延缓拆除网箱时限，尽可能帮助企业减少损失。

8月25日，最高检办案组深入督导发现，E公司逾8800米^{2}网箱仍在持续投料喂养，办案组立即直接向涉案企业阐明法律责任，向县政府主要负责人严肃指出问题，督促从严依法履职。9月13日，涉案企业自行拆除全部网箱。

最高检将非法网箱养殖污染等七类问题线索经由省（自治区）检察院交沿湖市（州）、县（市）两级检察院具体办理。相关检察机关在收到交办和指定管辖的案件线索后，经进一步调查，共依法立案45件，其中，行政公益诉讼案件44件、民事公益诉讼1件。在办理行政公益诉讼案件过程中，地方检察机关严格落实"诉前实现公益保护是最佳司法状态"的办案要求，秉持双赢多赢共赢的办案理念，优先与有关行政机关就其存在违法行使职权或者不作为、公共利益受到侵害的后果、整改方案等事项进行磋商。在磋商不能解决问题的情况下，对于行政机关不依法履行职责、致使公共利益受到侵害的情形，依据《人民检察院检察建议工作规定》制发检察建议。44件行政公益诉讼案件均在诉前程序中得到解决，其中通过磋商解决8件，通过制发检察建议解决36件。

各问题具体解决结果如下。

（1）非法网箱养殖污染问题

2020年2月，广西壮族自治区丙县政府成立万峰湖库区环保专项整治指挥部，清理万峰湖丙县辖区的非法养殖网箱和水面浮房。但因鲜鱼存量大及新冠疫情影响等原因，拆除非法养殖网箱进度缓慢，截至当年5月，仍有25.4万米^{2}网箱未拆除。5月27日，丙县人民检察院对丙县生态环境局和农业农村局立案开展行政公益诉讼。6月4日，广西壮族自治区政府召开万峰湖生态环境问题整治工作会议，要求坚决清理万峰湖污染源。乙市政府明确下达网箱、浮房拆除的最后期限，丙县政府组织责任单位及相关部门集中开展整治行动。9月1日，丙县人民检察院进一步加大工作力度，向丙县生态环境局和县农业农村局发出检察建议，督促其彻底清理万峰湖丙县辖区剩余非法网箱。9月13日，万峰湖丙县辖区前述非法养殖网箱全部拆除。

2020年1月21日，广西壮族自治区丁县人民检察院与县政府进行磋商，确定由县政府立即成立整治工作指挥部，组织有关行政机关对万峰湖西林水域生态环境开展综合整治。1月24日，丁县政府组织农业、生态环境、水利、林业、沿湖乡镇等部门深入库区开展整治工作。历时近3个月，丁县累计投入231.9万元，出动人员4370人次，拆除了辖区内全部非法养殖网箱6.3万米^2。

2020年10月15日，云南省戊县人民检察院对县农业农村局立案开展行政公益诉讼，并多次与该局就非法网箱养殖的现状、执法情况和治理方案等进行磋商。11月2日，戊县人民检察院向县农业农村局发送检察建议，要求其根据相关法律规定，结合该局的工作职责和“三定”方案等规定依法履职，取缔南盘江干流某乡某电站附近及干流的非法养殖网箱，并依法处理网箱养殖造成的损害生态环境的遗留问题。11月3日，戊县农业农村局牵头，会同县水务局、交通局、某乡政府召开南盘江某段综合整治工作推进会，严格按照程序依法依规拆除网箱。截至2020年11月14日，共拆除2175米^{2}非法养殖网箱。

为评估非法网箱养殖整治效果，2020年9月23—25日，丙县、丁县人民检察院依据《人民检察院审查案件听证工作规定》分别召开公开听证会，邀请全国人大代表、政协委员、人民监督员作为听证员到万峰湖广西壮族自治区丙县、丁县辖区水域实地巡湖检查。经过检查，听证员一致认为，相关辖区非法养殖网箱污染问题整治成效明显，生态环境得到恢复。检察机关通过办案，共督促有关行政机关拆除非法养殖网箱53.6万米^2，彻底解决了该类污染问题。

（2）水面浮房、钓台等污染问题

2020年1月，广西壮族自治区丁县人民检察院与县政府及相关部门进行磋商，并促进整改。云南省己县政府发布万峰湖流域某段治理通告，组织水务、环保、农业农村、某乡政府等部门单位开展联合整治，共拆除水面浮房、钓台等水上浮动设施120个。

检察机关通过公益诉讼办案，督促有关行政机关拆除水面浮房、钓台等设施899座（个），劝返万峰湖垂钓人员500余人，彻底解决了浮房、钓台问题。

（3）船舶污染问题

多年来，向钓客提供食宿服务的改装船所产生的生活污水和垃圾污染严重影响万峰湖水质。为解决这个难题，2020年10月16日，广西壮族自治区乙市人民检察院对该市海事局立案开展行政公益诉讼。经磋商，双方就乙市海事局是否负有监管职责未达成一致意见。乙市人民检察院认为，本案改装船舶的用途系供钓客住宿以及从事其他活动，性质上应为农（自）用船舶，不属于渔业船舶，根据法律等相关规定，应由海事部门对船舶污染负总监管责任。而乙市海事局认为，根据2020年6月30日农业农村部渔业渔政管理局发布的《休闲渔船管理办法（征求意见稿）》规定，本案改装船“是为了向钓客提供食宿”，符合上述休闲渔船的定义，其导致的污染应由农业农村部门负责监管。为推进案件依法办理，乙市人民检察院举行专家论证会、听证会，一致认为，海事部门负有船舶排污监管职责。乙市人民检察院据此再次与乙市海事局磋商，仍未达成共识。根据一体化办案要求，广西壮族自治区人民检察院接到报告后跟进监督，与广西海事局沟通协商达成共识，进而督促乙市海事局对违法改装船舶造成的水体污染情况进行整治，最终拆除了船舶违法改装设施，消除了污染源。

针对云南省己县辖区A公司船舶污染问题，2020年4月，己县人民检察院与县政府开展磋商。4月15日，县政府发布整改公告，相关行政机关积极履行职责，对万峰湖水上客船和农（自）用船进行定期检查，督促其对废旧机油依法依规处置，避免造成环境污染。

检察机关通过公益诉讼办案，依法督促有关行政机关对万峰湖流域的船舶加强监管，船舶违法违规生产经营造成的污染问题得到实质性整改。

（4）垃圾污染问题

针对广西壮族自治区丁县、贵州省辛市辖区内湖面存在的漂浮垃圾难以确定管辖问题，2020年9月27日，最高检通过指定管辖交广西壮族自治区丁县人民检察院办理。9月30日，丁县人民检察院立案；10月19日向丁县生态环境局制发诉前检察建议，督促其依法履行监管职责，及时清理湖面垃圾。相关职能部门落实检察建议要求，积极行动，11月19日，经办案分组实地查验，原有漂浮垃圾已全部清理，受损公益已得到恢复。

针对万峰湖流域干支流河道及沿岸的垃圾问题，办案组统一部署相关检察机关属地管辖办理案件。云南省癸县人民检察院对辖区内的南盘江干流和支流进行全线巡查，于2020年10月21日立案后，经与该县水务局进行磋商，确认违法事实。11月2日，向该县水务局发出诉前检察建议，建议其依法全面履行对本辖区内河道的监督管理职责，做好日常水面漂浮物的清理打捞工作。截至11月9日，县水务局协同相关乡镇政府累计组织出动人员2000余人次，清理河道漂浮垃圾2929.8吨。同时，以清运漂浮垃圾为契机，在全县境内南盘江流域范围593个自然村建立了垃圾清运制度，建立健全河道保洁长效机制，组织开展河道日常保洁工作。

贵州省辛市人民检察院于2020年5月26日和6月1日分别对该市综合行政执法局（城市管理局）、某乡政府立案调查。6月5日、10日分别向两行政机关发出检察建议，督促其依法对行政区域内生活垃圾收集、运输、处置等各个环节监督管理，对污染的土地进行治理，恢复该地块原状。贵州省子县人民检察院摸排发现辖区内万峰湖流域沿岸存在游湖、垂钓等产生的生活垃圾违法倾倒问题，依法对某镇政府进行公益诉讼立案，制发检察建议，督促其对辖区内万峰湖流域的污染物进行清理，同时加强宣传，引导群众文明游湖、垂钓，妥善处理废弃垃圾。上述案件中，被监督单位都认真落实了整改要求。

检察机关通过公益诉讼办案，督促有关行政机关清理湖面 8.1 千米^2、垃圾 22 万吨，干支流沿岸垃圾污染问题得以全面解决。

（5）生活和养殖污水直排问题

针对贵州省辛市部分安置区雨污未分流导致污水直排问题，2020 年 5 月 21 日，辛市人民检察院向市委市政府进行专题汇报。辛市市委市政府立即组织住建、水务、环保及该市十个街道办等部门召开专题会议，组织普查，发现全市存在问题的雨污管网总计 669 千米。就未有效整改违法问题，7 月 8 日，辛市人民检察院以公开宣告的方式，向该市水务局、某街道办事处送达诉前检察建议，督促依法履职整改。收到检察建议后，该市水务局、某街道办事处高度重视，以积极姿态开展整改，投入必要财政资金，启动城市雨污分流工程，完善雨污分流设施，解决支管错搭乱接问题等，修复了污水收集系统。

（6）企业偷排、乱排废水问题

针对贵州省壬县某镇废弃矿井水污染问题，2020 年 6 月 23 日，壬县人民检察院立案调查，7 月 8 日向壬县某镇政府发出诉前检察建议，建议其依法履行法定职责，对两处历史遗留废弃小煤窑矿井废水污染环境问题进行有效治理。同时，甲州人民检察院授权壬县人民检察院向甲州生态环境局发出诉前检察建议，要求该局依法履行环境污染治理法定监管职责。收到检察建议后，甲州生态环境局、某镇政府投入资金 20 余万元，对案涉两处矿井废水污染环境问题进行初步治理和修复。壬县政府召开专题会议研究部署整治措施，邀请专家现场勘查，并编制废弃小煤窑矿井废水污染环境问题的治理技术方案。截至 2022 年 4 月，壬县共投资 830 万元，已修建 5 个沉淀池，污水经过多级沉淀已实现达标排放，废弃矿井水污染的问题已得到有效治理。

针对贵州省壬县 B 公司 C 洗煤厂污水直排问题，2020 年 6 月 20 日，壬县人民检察院立案开展行政公益诉讼，8 月 10 日向某镇政府发出诉前检察建议，督促该镇政府依法履行环境污染治理主体职责，对壬县 B 公司 C 洗煤厂污水直排某河的污染问题进行有效治理。同时针对洗煤厂直排废水污染土地问题，2020 年 11 月 9 日，甲州人民检察院以民事公益诉讼立案。2021 年 9 月 2 日，该院依法向州中级人民法院提起诉讼，请求判令B公司对污染的土地进行修复治理，并从源头消除污染隐患，直至验收通过；承担本案开展生态环境损害调查评估费用26万元；就其污染行为通过甲州州级媒体向社会公众公开赔礼道歉。2月17日，经法院主持，甲州人民检察院与被告达成调解协议，B公司对检察机关的诉讼请求全部予以认可，现已履行完毕。

通过公益诉讼办案，共推动完善、新建流域辖区内污水处理设施、垃圾压缩中转站等53个，干支流工业废水直排问题得到有效解决。

（7）破坏水文地质环境问题

针对广西壮族自治区丙县D公司破坏沿岸水土问题，2020年6月23日，丙县人民检察院立案调查。6月26日，该院分别与县水利局、某镇政府进行磋商，督促其依法履行监管职责。9月23日，丙县水利局、某镇政府答复整改情况：已依法处置在780米水位线下弃置固体废弃物；及时对在780米线下施工可能造成的岸坡水土流失问题采取防护措施。经办案组实地查看，受损公益确已得到恢复。

检察机关通过公益诉讼办案，共督促相关行政机关组织拆除占用河堤的违章建筑1144米^2。

由于万峰湖流域生态环境受损涉及三省（区）五县（市），管理主体分散、利益诉求多元，各方认识不一，为了评估整改效果，凝聚治理共识，自觉接受社会监督，2020年12月24日，最高检办案组对该案公开听证，沿湖三市（州）政府和五县（市）政府负责人及群众代表作为案件当事人；邀请全国人大代表、专业人员作为听证员参加听证；邀请生态环境部、水利部、农业农村部相关代表列席听证会。听证会议题包括：其一，案件是否取得整治网箱养殖污染等成效；其二，探讨开展渔业生态养殖保护生态的可行性；其三，如何通过统一管理等方式实现依法规范治理。

听证员和其他听证会参加人员充分肯定了案件办理取得的成效，形成了下一步沿湖五县（市）统一开展生态养殖、协同规范治理、推动万峰湖流域生态环境持续向好的共识。最高检办案组结合听证意见，综合考虑受损社会公共利益经整治得到有效保护的实际情况，对该案作出了终结案件决定，同时推动五县（市）联合执法监管和统一生态养殖，守好沿岸绿水青山，造福沿湖人民群众。

通过办案督促整治，万峰湖生态环境污染问题得到有效整改，湖面非法养殖、沿湖岸线及干支流污染等问题得到有效解决，水质持续好转。2020年12月，三省（区）共用自动检测设备对万峰湖库区国控断面监督点每月一次的断面水质检测结果表明，水质均达到或优于《地表水环境质量标准》（GB 3838—2002）Ⅲ类水质。2022年第二季度，万峰湖水质均达到Ⅱ类或以上，多数监测点水质已达Ⅰ类。

为从源头预防污染问题发生，形成跨区划保护合力，推动解决万峰湖流域统一执法、统一生态养殖等可持续发展问题，2021年1月，最高检办案组指导三省（区）检察机关对案件办理效果开展“回头看”工作，跟踪了解整改落实情况，并指导沿湖三市（州）检察院共同签署了《关于万峰湖流域生态环境和资源保护协作机制（试行）》，强化公益诉讼检察对万峰湖的生态保护作用。2021年6月、8月和9月，最高检办案组三次赴沿湖五县（市）调研，推动相关政府部门坚定绿色发展理念，消除分歧，统一执法监管、统一生态养殖，形成共管、共治、共建、共享的新发展格局。2021年12月，五县（市）检察机关就建立黔桂滇[①]三省（区）五县（市）万峰湖联合检察机制达成一致意见，联合制定《关于万峰湖流域生态环境检察公益诉讼案件跨区划管辖暂行办法（试行）》。2022年3月，五县（市）党委、政府决定成立联合执法指挥部，并会签《关于成立黔桂滇三省（自治区）五县（市）万峰湖联合执法指挥部的通知》，对湖区实行统一联合执法监管。2022年6月，五县（市）党委、政府就万峰湖大水面生态养殖项目达成共识，并会签《黔桂滇三省（自治区）五县（市）万峰湖产业发展框架协议》，合作成立“黔桂滇万峰湖渔业开发有限公司”，携手走上万峰湖流域长效保护、绿色发展和乡村振兴之路。

法条索引

《中华人民共和国人民检察院组织法》（2018）

第二十四条　上级人民检察院对下级人民检察院行使下列职权：

（一）认为下级人民检察院的决定错误的，指令下级人民检察院纠正，或者依法撤销、变更；

（二）可以对下级人民检察院管辖的案件指定管辖；

（三）可以办理下级人民检察院管辖的案件；

（四）可以统一调用辖区的检察人员办理案件。上级人民检察院的决定，应当以书面形式作出。

《中华人民共和国行政诉讼法》（2017）

第二十五条　行政行为的相对人以及其他与行政行为有利害关系的公民、法人或者其他组织，有权提起诉讼。

---

① 黔桂滇，为贵州省、广西壮族自治区、云南省简称。

有权提起诉讼的公民死亡，其近亲属可以提起诉讼。

有权提起诉讼的法人或者其他组织终止，承受其权利的法人或者其他组织可以提起诉讼。

人民检察院在履行职责中发现生态环境和资源保护、食品药品安全、国有财产保护、国有土地使用权出让等领域负有监督管理职责的行政机关违法行使职权或者不作为，致使国家利益或者社会公共利益受到侵害的，应当向行政机关提出检察建议，督促其依法履行职责。行政机关不依法履行职责的，人民检察院依法向人民法院提起诉讼。

《中华人民共和国环境保护法》（2014）

第六条　一切单位和个人都有保护环境的义务。

地方各级人民政府应当对本行政区域的环境质量负责。

企业事业单位和其他生产经营者应当防止、减少环境污染和生态破坏，对所造成的损害依法承担责任。

公民应当增强环境保护意识，采取低碳、节俭的生活方式，自觉履行环境保护义务。

第十条　国务院环境保护主管部门，对全国环境保护工作实施统一监督管理；县级以上地方人民政府环境保护主管部门，对本行政区域环境保护工作实施统一监督管理。

县级以上人民政府有关部门和军队环境保护部门，依照有关法律的规定对资源保护和污染防治等环境保护工作实施监督管理。

第五十一条　各级人民政府应当统筹城乡建设污水处理设施及配套管网，固体废物的收集、运输和处置等环境卫生设施，危险废物集中处置设施、场所以及其他环境保护公共设施，并保障其正常运行。

《中华人民共和国渔业法》（2013）

第十一条　国家对水域利用进行统一规划，确定可以用于养殖业的水域和滩涂。单位和个人使用国家规划确定用于养殖业的全民所有的水域、滩涂的，使用者应当向县级以上地方人民政府渔业行政主管部门提出申请，由本级人民政府核发养殖证，许可其使用该水域、滩涂从事养殖生产。核发养殖证的具体办法由国务院规定。集体所有的或者全民所有由农业集体经济组织使用的水域、滩涂，可以由个人或者集体承包，从事养殖生产。

第四十条　使用全民所有的水域、滩涂从事养殖生产，无正当理由使水域、滩涂荒芜满一年的，由发放养殖证的机关责令限期开发利用；逾期未开发利用的，吊销养殖证，可以并处一万元以下的罚款。

未依法取得养殖证擅自在全民所有的水域从事养殖生产的，责令改正，补办养殖证或者限期拆除养殖设施。

未依法取得养殖证或者超越养殖证许可范围在全民所有的水域从事养殖生产，妨碍航运、行洪的，责令限期拆除养殖设施，可以并处一万元以下的罚款。

《中华人民共和国水污染防治法》(2017)

第四条　县级以上人民政府应当将水环境保护工作纳入国民经济和社会发展规划。

地方各级人民政府对本行政区域的水环境质量负责，应当及时采取措施防治水污染。

第九条　县级以上人民政府环境保护主管部门对水污染防治实施统一监督管理。

交通主管部门的海事管理机构对船舶污染水域的防治实施监督管理。

县级以上人民政府水行政、国土资源、卫生、建设、农业、渔业等部门以及重要江河、湖泊的流域水资源保护机构，在各自的职责范围内，对有关水污染防治实施监督管理。

第十九条　新建、改建、扩建直接或者间接向水体排放污染物的建设项目和其他水上设施，应当依法进行环境影响评价。

建设单位在江河、湖泊新建、改建、扩建排污口的，应当取得水行政主管部门或者流域管理机构同意；涉及通航、渔业水域的，环境保护主管部门在审批环境影响评价文件时，应当征求交通、渔业主管部门的意见。

建设项目的水污染防治设施，应当与主体工程同时设计、同时施工、同时投入使用。水污染防治设施应当符合经批准或者备案的环境影响评价文件的要求。

第三十三条　禁止向水体排放油类、酸液、碱液或者剧毒废液。

禁止在水体清洗装贮过油类或者有毒污染物的车辆和容器。

第三十八条　禁止在江河、湖泊、运河、渠道、水库最高水位线以下的滩地和岸坡堆放、存贮固体废弃物和其他污染物。

第四十二条　兴建地下工程设施或者进行地下勘探、采矿等活动，应当采取防护性措施，防止地下水污染。

报废矿井、钻井或者取水井等，应当实施封井或者回填。

第四十九条　城镇污水应当集中处理。

县级以上地方人民政府应当通过财政预算和其他渠道筹集资金，统筹安排建设城镇污水集中处理设施及配套管网，提高本行政区域城镇污水的收集率和处理率。

国务院建设主管部门应当会同国务院经济综合宏观调控、环境保护主管部门，根据城乡规划和水污染防治规划，组织编制全国城镇污水处理设施建设规划。县级以上地方人民政府组织建设、经济综合宏观调控、环境保护、水行政等部门编制本行政区域的城镇污水处理设施建设规划。县级以上地方人民政府建设主管部门应当按照城镇污水处理设施建设规划，组织建设城镇污水集中处理设施运营的监督管理。

城镇污水集中处理设施的运营单位按照国家规定向排污者提供污水处理的有偿服务，收取污水处理费用，保证污水集中处理设施的正常运行。收取的污水处理费用应当用于城镇污水集中处理设施的建设运行和污泥处理处置，不得挪作他用。

城镇污水集中处理设施的污水处理收费、管理以及使用的具体办法，由国务院规定。

第八十五条　有下列行为之一的，由县级以上地方人民政府环境保护主管部门责令停止违法行为，限期采取治理措施，消除污染，处以罚款；逾期不采取治理措施的，环境保护主管部门可以指定有治理能力的单位代为治理，所需费用由违法者承担：

（一）向水体排放油类、酸液、碱液的；

（二）向水体排放剧毒废液，或者将含有汞、镉、砷、铬、铅、氰化物、黄磷等的可溶性剧毒废渣向水体排放、倾倒或者直接埋入地下的；

（三）在水体清洗装贮过油类、有毒污染物的车辆或者容器的；

（四）向水体排放、倾倒工业废渣、城镇垃圾或者其他废弃物，或者在江河、湖泊、运河、渠道、水库最高水位线以下的滩地、岸坡堆放、存贮固体废弃物或者其他污染物的；

（五）向水体排放、倾倒放射性固体废物或者含有高放射性、中放射性物质的废水的；

（六）违反国家有关规定或者标准，向水体排放含低放射性物质的废水、热废水或者含病原体的污水的；

（七）未采取防渗漏等措施，或者未建设地下水水质监测井并进行监测的；

（八）加油站等的地下油罐未使用双层罐或者采取建造防渗池等其他有效措施，或者未进行防渗漏监测的；

（九）未按照规定采取防护性措施，或者利用无防渗漏措施的沟渠、坑塘等输送或者存贮含有毒污染物的废水、含病原体的污水或者其他废弃物的。

有前款第三项、第四项、第六项、第七项、第八项行为之一的，处二万元以上二十万元以下的罚款。有前款第一项、第二项、第五项、第九项行为之一的，处十万元以上一百万元以下的罚款；情节严重的，报经有批准权的人民政府批准，责令停业、关闭。

《中华人民共和国固体废物污染环境防治法》（2020）

第二十条　产生、收集、贮存、运输、利用、处置固体废物的单位和其他生产经营者，应当采取防扬散、防流失、防渗漏或者其他防止污染环境的措施，不得擅自倾倒、堆放、丢弃、遗撒固体废物。

《中华人民共和国土壤污染防治法》（2019）

第五条　地方各级人民政府应当对本行政区域土壤污染防治和安全利用负责。

国家实行土壤污染防治目标责任制和考核评价制度，将土壤污染防治目标完成情况作为考核评价地方各级人民政府及其负责人、县级以上人民政府负有土壤污染防治监督管理职责的部门及其负责人的内容。

第七条　国务院生态环境主管部门对全国土壤污染防治工作实施统一监督管理；国务院农业农村、自然资源、住房和城乡建设、林业草原等主管部门在各自职责范围内对土壤污染防治工作实施监督管理。

地方人民政府生态环境主管部门对本行政区域土壤污染防治工作实施统一监督管理；地方人民政府农业农村、自然资源、住房和城乡建设、林业草原等主管部门在各自职责范围内对土壤污染防治工作实施监督管理。

第八十七条　违反本法规定，向农用地排放重金属或者其他有毒有害物质含量超标的污水、污泥，以及可能造成土壤污染的清淤底泥、尾矿、矿渣等的，由地方人民政府生态环境主管部门责令改正，处十万元以上五十万元以下的罚款；情节严重的，处五十万元以上二百万元以下的罚款，并可以将案件移送公安机关，对直接负责的主管人员和其他直接责任人员处五日以上十五日以下的拘留；有违法所得的，没收违法所得。

《城镇排水与污水处理条例》（2013）

第五条　国务院住房和城乡建设主管部门指导监督全国城镇排水与污水处理工作。

第二十条　城镇排水设施覆盖范围内的排水单位和个人，应当按照国家有关规定将污水排入城镇排水设施。

在雨水、污水分流地区，不得将污水排入雨水管网。

《建设项目环境保护管理条例》（2017）

第十五条　建设项目需要配套建设的环境保护设施，必须与主体工程同时设计、同时施工、同时投产使用。

《人民检察院检察建议工作规定》(2018)

第十条　人民检察院在履行职责中发现生态环境和资源保护、食品药品安全、国有财产保护、国有土地使用权出让等领域负有监督管理职责的行政机关违法行使职权或者不作为，致使国家利益或者社会公共利益受到侵害，符合法律规定的公益诉讼条件的，应当按照公益诉讼案件办理程序向行政机关提出督促依法履职的检察建议。

《人民检察院公益诉讼办案规则》(2020)

第十七条　上级人民检察院可以根据办案需要，将下级人民检察院管辖的公益诉讼案件指定本辖区内其他人民检察院办理。

最高人民检察院、省级人民检察院和设区的市级人民检察院可以根据跨区域协作工作机制规定，将案件指定或移送相关人民检察院跨行政区划管辖。基层人民检察院可以根据跨区域协作工作机制规定，将案件移送相关人民检察院跨行政区划管辖。

人民检察院对管辖权发生争议的，由争议双方协商解决。协商不成的，报共同的上级人民检察院指定管辖。

第二十九条　对于国家利益或者社会公共利益受到严重侵害，人民检察院经初步调查仍难以确定不依法履行监督管理职责的行政机关或者违法行为人的，也可以立案调查。

《人民检察院审查案件听证工作规定》(2020)

第四条　人民检察院办理羁押必要性审查案件、拟不起诉案件、刑事申诉案件、民事诉讼监督案件、行政诉讼监督案件、公益诉讼案件等，在事实认定、法律适用、案件处理等方面存在较大争议，或者有重大社会影响，需要当面听取当事人或者其他相关人员意见的，经检察长批准，可以召开听证会。

人民检察院办理审查逮捕案件，需要核实评估犯罪嫌疑人是否具有社会危险性、是否具有社会帮教条件的，可以召开听证会。

第五条　拟不起诉案件、刑事申诉案件、民事诉讼监督案件、行政诉讼监督案件、公益诉讼案件的听证会一般公开举行。

审查逮捕案件、羁押必要性审查案件以及当事人是未成年人案件的听证会一般不公开举行。

案例评析

行政区域有界，生态环境无界。中国河流湖泊众多，水的流动性和连通性决定了流域跨界污染（包括上下游、左右岸、干支流等）治理形势严峻，生态环境损害沉疴日久，污染来源也趋于多样化。以万峰湖流域生态环境损害案为例，污染成因错综复杂，包括非法网箱养殖污染、水面浮房和钓台等污染、船舶污染、沿岸垃圾污染、生活和养殖污水直排等，违反了《中华人民共和国环境保护法》《中华人民共和国渔业法》《中华人民共和国水污染防治法》《中华人民共和国固体废物污染环境防治法》《中华人民共和国土壤污染防治法》。各地政府在生态环境污染治理和监管上易形成各自为政、单打独斗的状况，很难实现系统性、整体性、协同性效应，因而在污染防治和环境修复等方面成效甚微，不能从根源上解决问题。而在2015年中央全面深化改革领导小组（2018年3月改为中央全面深化改革委员会）第12次会议审议通过《检察机关提起公益诉讼改革试点方案》后，检察机关可作为公益诉讼人，重点对生态环境和资源保护等领域造成国家和社会公共利益损害的案件提起民事和行政公益诉讼，成为我国生态文明建设的重要抓手，有望发挥其“公益之诉、督促之诉、协同之诉”的功能。经过两年的地方试点，由检察机关提起公益诉讼的实践经验上升为制度规则，并在《中华人民共和国民事诉讼法》《中华人民共和国行政诉讼法》中得以呈现，《最高人民法院关于审理环境民事公益诉讼案件适用法律若干问题的解释》《最高人民法院关于审理环境公益诉讼案件的工作规范（试行）》《最高人民法院、最高人民检察院关于办理海洋自然资源与生态环境公益诉讼案件若干问题的规定》等司法解释为公益诉讼制度在生态环境领域的适用提供了依据。但生态环境污染问题由来已久，治理和预防不可能一蹴而就，因此，应当“充分发挥重大案件办理的引领示范作用”（刘硕，2022）。万峰湖专案作为最高人民检察院直接立案办理的第一起公益诉讼案件，无论是办案理念还是办案模式，都具有普遍指导意义，为类案办理提供了思路。

1. 贯彻落实习近平生态文明思想和习近平法治思想

良好生态环境是最公平的公共产品，是最普惠的民生福祉（中共中央文献研究室，2016）。改革开放以来，我国经济实现了快速发展，但随之而来的是累积了大量生态环境问题亟待解决，“先污染后治理，先破坏后恢复”“只看经济效益，不重环境保护”的发展思路已然不能满足新时代人民群众对美好生态环境的需要。在大力推进生态文明建设的背景下，习近平生态文明思想对“绿水青山就是金山银山”“环境就是民生，青山就是美丽，蓝天也是幸福”做了深刻阐释，指明了人与自然和谐共生是实现中华民族永续发展的必由之路。而检察公益诉讼作为检察机关以起诉人身份提起公益诉讼的公益司法保护“中国方案”，理应有所作为并大有可为。习近平总书记指出，由检察机关提起公益诉讼，有利于优化司法职权配置，完善行政诉讼制度，也有利于推进法治政府建设（习近平，2014）。党的十八届四中全会后，除了传统的刑事、民事、行政检察职能外，检察机关还承担了公益诉讼职能，构建了以“四大检察”为主要内容的法律监督职能体系。从习近平总书记在十八届四中全会上作出的专门说明，到十九届四中全会提出的“拓展公益诉讼案件范围”，再到《中共中央关于加强新时代检察机关法律监督工作的意见》所要求的“积极稳妥推进公益诉讼检察”和党的二十大报告强调的“完善公益诉讼制度”，在习近平法治思想的指导下，检察公益诉讼制度化进程不断加快，同时以政策驱动为原动力，有着强大的生命力。万峰湖流域生态环境受损公益诉讼案的办理，充分践行了习近平生态文明思想和习近平法治思想的核心要义，一方面通过树立正确的生态文明观念为经济发展把舵定向，另一方面结合检察公益诉讼制度对损害生态、危害公益的行为予以法律监督，从而堵塞漏洞、消除隐患，形成社会治理共同体。例如万峰湖流域的广西壮族自治区丙县，当地7万农民受1991年天生桥水电站建设的影响，失去土地而变成移民，因此渐次通过网箱养殖经济模式改变贫困落后局面，但每天成千上万吨的饵料投放使得万峰湖流域的水质严重下降，个别地方甚至从最初的Ⅱ类降至劣Ⅴ类，“公地的悲剧”就此上演。显然，这种以牺牲生态环境为代价换取经济一时一地增长的模式，带来的是“杀鸡取卵”式的发展，必将引发严重的环境危机，损害社会公共利益。因此，最高人民检察院在办理此案时，以习近平生态文明思想为一切行动的根本遵循，纠正地方政府过于强调经济发展“唯GDP（国内生产总值）论”的错误政绩观，督促相关行政机关坚定生态优先的发展前提，探索科学养殖模式，打破经济发展和环境保护的“零和”博弈，走“在发展中保护，在保护中发展”的绿色发展之路。

2. 探索以事立案模式办理公益诉讼案件

检察机关办理公益诉讼案件原则上是以人立案，即案件线索指向的侵权主体是明确的。但是，当这一立案标准面对案件情况复杂、违法主体多元的情形时，如跨区划环境污染案件，往往因侵权主体不明确而无法立案，导致社会公共利益不能得到及时有效的保护。正因如此，在万峰湖专案的办理过程中，面对公益损害严重、违法主体多元、行政机关层级复杂、难以确定具体监督对象的尴尬局面，最高检主动探索以事立案（基于公益损害事实立案），初步确立了公益诉讼检察“以人立案为原则、以事立案为补充”的立案标准，这也是检察权能动主义的体现（王灿发 等，2022）。在万峰湖专案办理过程中，通过以事立案的实践，万峰湖流域水质进一步恶化的风险得到及时遏制，流域生态治理取得了初步成效。专案办结后，湖北、广西、贵州等地检察机关将该经验推广运用于更多的个案办理。《人民检察院公益诉讼办案规则》将本案办理的经验通过制度固定下来，其中第二十九条规定，对于国家利益或者社会公共利益受到严重侵害，人民检察院经初步调查仍难以确定不依法履行监督管理职责的行政机关或者违法行为人的，也可以立案调查。但需要注意的是，这并不意味着公益诉讼立案门槛的降低，相反，以事立案的启动条件应当更严格地把控，避免滥用诉权，浪费司法资源。具体应符合以下条件：第一，在客观上必须有严重的公益损害事实。只有存在严重的公益损害事实，检察机关方能在违法主体不确定的情形下立案。《最高人民法院关于审理环境民事公益诉讼案件适用法律若干问题的解释》第十八条规定，对污染环境、破坏生态，已经损害社会公共利益或者具有损害社会公共利益重大风险的行为，原告可以请求被告承担停止侵害、排除妨碍、消除危险、恢复原状、赔偿损失、赔礼道歉等民事责任[①]。从规定来看，在生态环境和资源保护领域的行政公益诉讼案件中，严重的公益损害事实不仅包括实际损害后果，也包括重大损害风险（刘盼盼 等，2021），体现环境公益诉讼的预防性和补救功能。第二，以“侵权主体及对应负有监管职责的行政机关不能确定”为基本前提。行政公益诉讼的监督对象是负有监督管理职责但违法行使职权或不作为并且致使公共利益受损的行政机关，但生态环境受损尤其是流域生态环境受损，往往涉及不同行政区划、不同层级、不同行政部门的责任主体，需要大量的时间调查核实，也正因如此，基于公共利益优先原则，“以事立案”的办案模式具有其合理性。第三，侵害必须具有严重性和紧迫性。这里的严重性体现在两个方面，在微观上，直接影响到不特定群众的生产生活，在宏观上，具有危害生态环境可持续发展的公共利益的风险。紧迫性体现在，如检察机关不能立即采取措施，将导致生态环境污染，造成不可逆转的损害。对于此类案件，应将国家利益和社会公共利益摆在首要位置予以考虑，以顺应人与自然和谐共生的现代化建设新要求。第四，以事立案需经上一级检察院批准。以事立案在主体要件上放宽了立案条件，但不意味着彻底降低立案门槛，除了在实体上要以侵害的严重性和紧迫性为前提外，在程序上也必须由上级检察院把关，以统一以事立案的尺度。

3. 运用一体化办案机制发挥司法效能

2019年年初，为全面贯彻落实习近平总书记在深入推动长江经济带发展座谈会上的重要讲话精神，最高检提出了“强化系统思维，多层级推进跨区域一体化办案”的办案思路。万峰湖专案以该思路为行动指南，着眼于系统的整体性，由最高检对案件

① 目前，我国只初步构建了预防性环境民事公益诉讼制度，尚未形成预防性环境行政公益诉讼制度。万峰湖专案就环境行政公益诉讼中贯彻风险预防理念进行了创新性探索。

进行统一指挥和调度，统一管理案件线索，统一研判监督策略，统一指定案件管辖，统一制定办案方案，统一调配办案力量（秦天宝，2022），统一把握案件的关键环节，打破跨行政区划壁垒，集中四级检察机关的办案力量，来打好万峰湖污染防治攻坚战。而在检察系统内部，最高检第八检察厅和从黔桂滇三省（区）抽调的检察官共同组成办案组，由副检察长担任主办检察官，组织、指挥办案活动，审核办案方案，决定请示事项，现场督导调查；黔桂滇三省（区）组建办案分组，整合各级检察力量，负责摸排线索，办理最高检交办和指定管辖的案件（秦天宝，2022），厘清并发挥各级检察机关办案过程中的特有优势和力量，形成了以最高检为“龙头”、省级检察院与市（州）检察院为“枢纽”、基层检察院为“支点”的一体化办案模式（胡卫列 等，2023），强化“一盘棋”的大局意识，夯实了公益诉讼检察制度的实践基础。《人民检察院公益诉讼办案规则》将实践经验总结并予以固定，其中第十一条规定了一体化工作机制，“上级人民检察院根据办案需要，可以交办、提办、督办、领办案件。上级人民检察院可以依法统一调用辖区的检察人员办理案件，调用的决定应当以书面形式作出。被调用的检察官可以代表办理案件的人民检察院履行调查、出庭等职责”。总体上看，在跨行政区划案件中，一体化办案机制有利于发挥检察机关上下级领导关系在公益诉讼检察中的制度优势。这也与习近平总书记在党的二十大报告中强调的“统筹水资源、水环境、水生态治理，推动重要江河湖库生态保护治理”的战略布局不谋而合。通过统筹各级水域治理部门和监督部门的主体力量，能够形成协同效应，形成治理合力。这对不断改善水域生态环境和生态功能、推动绿色发展、促进人与自然和谐共生具有体制机制保障的重要意义。

4. 利用检察听证制度凝聚治理共识

行政公益诉讼公开听证的目的或为明确公益损害的事实和范围，或在于厘清不同行政机关应当履行的职责，抑或是检验巩固办案实效。这是检察机关践行全过程人民民主，提升办案质效，提高人民群众参与率、满意度、认同感的重要举措，是实现“让公平正义可触可感可信”的司法理念和目标的重要途径。但是，并非任何案件都要公开听证，检察听证应当适用比例原则。在涉及多部门协同履职、跨区划治理时，或在新兴领域和专业领域探索等方面，公开听证有其必要性和适当性。

万峰湖专案触及生态环境领域长期未决的治理瓶颈问题，兼具多部门协同履职和跨区划治理的双重特点，以提升治理效果为目的开展检察听证，听取多方意见和建议，极具合理性。最高检专案组召开了两次公开听证会，听证人员囊括了万峰湖专案的承办检察官、生态环境部珠江流域南海海域生态环境监督管理局、水利部珠江水利委员会、水利部水库移民司、农业农村部渔业渔政管理局的代表以及万峰湖沿岸黔桂滇三省（区）五县（市）的政府领导和群众代表，既具广泛性，又具代表性和专业性。第一次听证会对办案整治网箱养殖污染取得的成效予以了肯定，同时，三省（区）五县（市）达成了统一管理开发万峰湖、防止污染现象反弹的共识。第二次听证会就五县（市）统一开展渔业以确保万峰湖水体优质、跨三省（自治区）统一执法监管以彻底解决万峰湖生态环境问题进行了听证。专案组通过一个案件两次听证，以跨区划流域治理问题为导向，建立常态化公益保护机制，推进诉源治理，真正实现"案结事了"。此后，检察听证在司法实践中的运用逐渐增多，如大冶市人民检察院督促某行政单位依法履职土地资源保护公益诉讼案，河南省人民检察院郑州铁路运输分院督促保护黄河湿地、饮用水水源地行政公益诉讼案，山东省青岛市检察机关督促大河东湿地生态修复行政公益诉讼案，重庆市两江地区人民检察院督促整治截污管网溢流污染环境行政公益诉讼案，等等，都蕴含着检察机关在公益诉讼中以公开促公正、以公开促化解的检察听证独特的价值。

5. 结语

自检察机关依法立案以来，万峰湖流域的污染得到有效遏制，流域生态治理取得了预期成效，基本实现了保护万峰湖流域生态环境的直接目标。万峰湖专案是第一个通过公益诉讼检察成功治理大江大湖的典型案例，示范了以最低的司法成本、最短的时间解决跨行政区划流域治理问题的方案，具有标杆性意义（闫晶晶，2022a）。最高检在习近平生态文明思想和习近平法治思想的指导下，创新性地探索了公益诉讼检察以事立案的办案模式，破解违法主体多元、难以确定具体监督对象的尴尬局面；运用一体化办案模式，突破办案阻力，实现跨区划协同治理；推进诉源治理，发挥检察听证作用以凝聚各方主体治理共识。万峰湖专案作为典型案例，将公益诉讼制度在生态环境保护领域的适用价值予以充分体现，将重大案件办理的引领示范作用予以充分发挥。该案提示我们，在今后的生态环境治理实践中，应当以案为鉴，兼顾公益保护与经济发展，以达到两者间的平衡，同时落实"预防为主，防治结合"的政策，以破解"公地悲剧"的世界性难题，在法治轨道上推进国家治理体系和治理能力现代化。

指导意义

对案情复杂、一时难以确定监督对象的公益损害线索，可以基于公益损害事实立案。生态环境和资源保护领域中的重大公益受损问题往往涉及多个侵权违法主体，还可能涉及多地、多层级、多个行政机关，一时难以确定具体监督对象，如果等查证清楚再行立案，难免迁延时日，使公益损害继续扩大，影响公益保护的及时性、有效性。因此，人民检察院可以在尚未查明具体违法履职的行政机关或实施具体侵害公益的民事违法主体时，基于公益损害事实而及时立案。这一理念和做法也已经体现在《人民检察院公益诉讼办案规则》第二十九条的规定中。

涉及江河湖泊流域性生态环境治理或跨行政区划重大公益损害案件线索时，上级人民检察院可以依法直接立案。跨两个以上省、市、县级行政区划的生态环境和自然资源公益损害，被公认为是治理难题，各地执法标准不一，治理进度和力度不同，由具有管辖权的各个基层人民检察院直接办案难度较大，对此，所涉行政区划共同的上级人民检察院可以直接立案。

发挥检察一体化优势，上、下级人民检察院统分结合，充分发挥各自的职能作用。上级人民检察院可以采用检察一体化办案模式，依法统一调用辖区的检察人员组成办案组，或者在下级人民检察院设立办案分组。上级人民检察院统一制定办案方案，明确办案目标、办案形式、办案步骤、办案要求等内容，统一把握案件办理进度、标准，通过案件审批、备案审查等方式对具体案件立案、调查、磋商、制发检察建议、听证、提起诉讼等关键办案环节进行把关，统筹指挥开展办案活动。对于具体的违法和公益损害线索，基于下级人民检察院更熟悉本辖区情况，监督同级行政机关更直接、更具体等办案实际，上级人民检察院可以以交办或指定管辖等方式交由下级人民检察院立案办理。下级人民检察院对于办案中发现的难以处理的重要问题，特别是需要上级人民检察院直接协调解决的相关问题，可逐级请示交办和指定管辖的上级人民检察院决定。对下级人民检察院请示的案件办理中的重大问题，直接立案的上级人民检察院承担兜底统筹的主体责任。由此，可形成上级人民检察院以事立案为主案，下级人民检察院以监督对象立案为从案，主案与从案统分结合、因案施策、一体推进的办案模式。

二、吉林省德惠市人民检察院督促履行环境保护监管职责行政公益诉讼案

案情介绍

松花江作为吉林省的母亲河，串联起吉林省境内80%的河湖系统，相关流域生态系统保护十分重要。吉林省德惠市××乡（本案例中“××乡”均指该乡）辖区内，因荒地垃圾就地堆放，形成两处大规模垃圾堆放场，截至2017年已存在十余年。这两处垃圾堆放场位于松花江两岸堤防之间，占地面积巨大，主要为破旧衣物、餐厨垃圾、农作物秸秆、塑料袋等生活垃圾和农业固体废物，也有部分砖瓦、石块、混凝土等建筑垃圾。该垃圾堆放场未作防渗漏、防扬散及无害化处理，不仅常年散发刺鼻气味，还严重威胁松花江水质安全和行洪安全。

吉林省德惠市人民检察院在发现案件线索后，向××乡政府发出检察建议，××乡政府书面回复声称，已针对垃圾堆放等问题制定了垃圾场整治方案。但德惠市人民检察院在对整改情况的跟踪调查中发现，××乡政府在未采取无害化处理措施的情况下，仅对垃圾进行掩埋处理，且陆续有新增垃圾出现，公益仍处于持续受损状态。在无其他适格主体提起诉讼的情形下，德惠市人民检察院以××乡政府为被告向德惠市人民法院提起行政公益诉讼。最终德惠市人民法院作出判决，确认××乡政府不依法履行生活垃圾处理职责的行为违法。

检察机关履职过程

德惠市人民检察院在开展“服务幸福德惠，保障民生民利”检察专项活动中发现案件线索，经初步调查，认为垃圾堆放场污染环境，影响行洪安全，损害社会公共利

益，遂于2017年3月31日对该线索立案调查。

经聘请专业机构对垃圾堆放场进行测绘，两处垃圾堆放场总占地面积为2148.86米^2，垃圾总容量为6051.5米^3。经委托环保专家进行鉴别，垃圾堆放场堆存物属于典型的农村生活垃圾，垃圾堆放处未见防渗漏等污染防治设施，垃圾产生的渗滤液可能对地表水及地下水造成污染，散发的含硫、氨等成分的恶臭气体污染了空气。环保专家及德惠市环境保护局出具意见，建议对堆存垃圾尽快实行无害化处置。

德惠市人民检察院认为，根据《中华人民共和国环境保护法》《中华人民共和国固体废物污染环境防治法》以及住房和城乡建设部、中央农村工作领导小组办公室等10部门《关于全面推进农村垃圾治理的指导意见》（建村〔2015〕170号）等相关规定，德惠市××乡人民政府对本行政区域环境保护负有监督管理职责，有责任对违法堆放的垃圾进行清运处理。2017年4月18日，德惠市人民检察院向××乡政府发出检察建议，督促其对违法堆放的垃圾进行处理。因本案同时涉及河道安全，德惠市人民检察院同步向德惠市水利局制发检察建议，督促其依法履行河道管理职责，对擅自倾倒、堆放垃圾的行为依法进行处罚，恢复河道原状。德惠市水利局收到检察建议后，对案件现场进行了勘查并调取垃圾存放位置的平面图，确认两处垃圾堆放场均处于松花江两岸堤防之间，影响流域水体及河道行洪安全，属于松花江河道管理范围，遂派员到××乡进行检查督导，并责令××乡政府及时组织垃圾清理。

2017年5月12日，××乡政府书面回复称，对检察建议反映的问题高度重视，已制定垃圾堆放场整治方案。6月5—23日，德惠市人民检察院对整改情况跟进调查发现，垃圾堆放场边缘地带陆续有新增的垃圾出现，××乡政府在未采取防渗漏等无害化处理措施的情况下，雇佣人员、机械用沙土对堆放的垃圾进行掩埋处理，环境污染未得到有效整治，公益持续受损。

2017年6月27日，德惠市人民检察院向德惠市人民法院提起行政公益诉讼，请求：一、确认被告××乡政府对垃圾堆放处理不履行监管职责违法；二、判令××乡政府立即依法履行职责，对违法形成的垃圾堆放场进行处理，恢复原有的生态环境。

××乡政府辩称，垃圾堆放场属于松花江河道管理范围，监管主体是水利行政机关，其依法不应承担对涉案垃圾堆放场的监管职责。

2017年12月26日，德惠市人民法院作出一审行政裁定认为，本案垃圾是德惠市××乡区域的生活垃圾，该垃圾堆放场位于松花江国堤内，属于松花江河道管理范围，其监管职责应当由有关行政主管部门承担，××乡政府只对该事项负有管理职责，不是本案的适格被告，裁定驳回德惠市人民检察院的起诉。

2018年1月4日，德惠市人民检察院提起上诉，认为一审裁定在认定××乡政府有管理职责的前提下，认定其不是适格被告，于法无据。长春市中级人民法院二审审理后认为，行政机关对生态环境行政管理职责包含两方面的含义：一是运用公共权力使用公共资金，组织相关部门对生态环境进行治理；二是运用公共权力对破坏生态环境的违法行为进行监督管理。《中华人民共和国行政诉讼法》（以下简称《行政诉讼法》）第二十五条第四款规定的“监督管理职责”应当不包括行政机关“运用公共权力使用公共资金，组织相关部门对生态环境进行治理”的管理职责，×× 乡政府不履行“对破坏生态环境的违法行为进行制止和处罚的监督管理职责”的责任主体。检察机关引用的法律法规及相关文件仅宏观规定了乡镇政府负责辖区内的环境保护工作，但没有具体明确如何负责。因此，×× 乡政府是否履行清理垃圾的职责不在《行政诉讼法》规定范围；×× 乡政府不是履行对破坏生态环境的违法行为进行制止和处罚的监督管理职责的责任主体。2018 年 4 月 20 日，长春市中级人民法院作出二审裁定，驳回检察机关上诉，维持原裁定。

吉林省人民检察院经审查，于 2018 年 6 月 25 日向吉林省高级人民法院提出抗诉，抗诉理由为二审裁定适用法律错误：一是现行行政诉讼法律体系对“监督管理职责”未做任何限定和划分，而二审法院将行政机关的法定监管职责区分为治理职责和对违法行为的监管职责，二审裁定提出的“目前行政诉讼有权调整的行政行为应当限定在行政机关运用公共权力对破坏生态环境的违法行为进行监督管理的范围内”，是对“监督管理职责”进行限缩解释，与立法原意不符；二是将行政机关的职责区分为治理职责和对违法行为的监管职责，没有法律依据，属于适用法律错误；三是法律、行政法规、地方性法规以及从省级到县级关于生态环境保护工作职责的文件，都明确规定了乡镇人民政府对于辖区环境卫生的监管职责，×× 乡政府对其乡镇辖区存在的生活垃圾处理负有监管职责。

2019 年 5 月 29 日，吉林省高级人民法院对本案组织了听证，吉林省人民检察院和德惠市人民检察院、×× 乡政府共同参加了听证会。同年 12 月 30 日，吉林省高级人民法院经审理作出再审裁定，认为本案争议的焦点是 ×× 乡政府对其辖区范围内环境卫生是否负有监督管理职责。环境是典型的公共产品，环境卫生的“监督管理职责”具有一定的复杂性，并非某一行政部门或某级人民政府独有的行政职责。因此，对于垃圾堆放等破坏辖区范围内环境卫生的行为，乡级人民政府应当依法履行“监督管理职责”。本案中，案涉垃圾堆放地点位于 ×× 乡辖区，×× 乡政府具有“监督管理职责”，德惠市人民检察院提起的公益诉讼符合《行政诉讼法》规定的起诉条件，本案应予实体审理。法律、法规、规章或其他规范性文件是行政机关职责或行政作为义务的主要来源，这其中无论是明确式规定还是概括式规定，都属于行政机关的法定职责范畴，二审沿用“私益诉讼”思路审理“公益诉讼”案件，忽略了环境保护的特殊性，对乡级人民政府环境保护“监督管理职责”作出限缩解释，确有不妥，本院予以纠正。最终，裁定支持吉林省人民检察院的抗诉意见，撤销一审、二审裁定，指定德惠市人民法院重新审理。

2020 年 9 月 18 日，德惠市人民法院重新组成合议庭审理本案。在此期间，××乡政府对案涉垃圾堆放场进行了清理，经吉林省、长春市、德惠市三级人民检察院共同现场确认，垃圾确已彻底清理，但因 ×× 乡政府对其履职尽责标准仍然存在不同认识，德惠市人民检察院决定撤回第二项关于要求 ×× 乡政府依法履职的诉讼请求，保留第一项确认违法的诉讼请求。2020 年 12 月 28 日，德惠市人民法院审理后，认为对于垃圾堆放等破坏辖区内环境卫生的行为，乡级人民政府应当依法履行“监督管理职责”，本案符合法定起诉条件。×× 乡政府对辖区内的环境负有监管职责，在收到检察建议后未及时履行监管职责进行治理，虽然现在已治理完毕，但德惠市人民检察院请求确认 ×× 乡政府原行政行为违法，于法有据。德惠市人民法院作出行政判决，确认 ×× 乡政府原不依法履行生活垃圾处理职责的行为违法。×× 乡政府未提出上诉，判决已生效。

法条索引

《中华人民共和国行政诉讼法》（2017）

第十三条　人民法院不受理公民、法人或者其他组织对下列事项提起的诉讼：

（一）国防、外交等国家行为；

（二）行政法规、规章或者行政机关制定、发布的具有普遍拘束力的决定、命令；

（三）行政机关对行政机关工作人员的奖惩、任免等决定；

（四）法律规定由行政机关最终裁决的行政行为。

第二十五条　行政行为的相对人以及其他与行政行为有利害关系的公民、法人或者其他组织，有权提起诉讼。

有权提起诉讼的公民死亡，其近亲属可以提起诉讼。

有权提起诉讼的法人或者其他组织终止，承受其权利的法人或者其他组织可以提起诉讼。

人民检察院在履行职责中发现生态环境和资源保护、食品药品安全、国有财产保护、国有土地使用权出让等领域负有监督管理职责的行政机关违法行使职权或者不作为，致使国家利益或者社会公共利益受到侵害的，应当向行政机关提出检察建议，督促其依法履行职责。行政机关不依法履行职责的，人民检察院依法向人民法院提起诉讼。

第九十一条　当事人的申请符合下列情形之一的，人民法院应当再审：

（一）不予立案或者驳回起诉确有错误的；

（二）有新的证据，足以推翻原判决、裁定的；

（三）原判决、裁定认定事实的主要证据不足、未经质证或者系伪造的；

（四）原判决、裁定适用法律、法规确有错误的；

（五）违反法律规定的诉讼程序，可能影响公正审判的；

（六）原判决、裁定遗漏诉讼请求的；

（七）据以作出原判决、裁定的法律文书被撤销或者变更的；

（八）审判人员在审理该案件时有贪污受贿、徇私舞弊、枉法裁判行为的。

第九十三条　最高人民检察院对各级人民法院已经发生法律效力的判决、裁定，上级人民检察院对下级人民法院已经发生法律效力的判决、裁定，发现有本法第九十一条规定情形之一，或者发现调解书损害国家利益、社会公共利益的，应当提出抗诉。

地方各级人民检察院对同级人民法院已经发生法律效力的判决、裁定，发现有本法第九十一条规定情形之一，或者发现调解书损害国家利益、社会公共利益的，可以向同级人民法院提出检察建议，并报上级人民检察院备案；也可以提请上级人民检察院向同级人民法院提出抗诉。

各级人民检察院对审批监督程序以外的其他审判程序中审判人员的违法行为，有权向同级人民法院提出检察建议。

《中华人民共和国地方各级人民代表大会和地方各级人民政府组织法》(2022)

第七十六条　乡、民族乡、镇的人民政府行使下列职权：

（一）执行本级人民代表大会的决议和上级国家行政机关的决定和命令，发布决定和命令；

（二）执行本行政区域内的经济和社会发展计划、预算，管理本行政区域内的经济、教育、科学、文化、卫生、体育等事业和生态环境保护、财政、民政、社会保障、公安、司法行政、人口与计划生育等行政工作；

（三）保护社会主义的全民所有的财产和劳动群众集体所有的财产，保护公民私人所有的合法财产，维护社会秩序，保障公民的人身权利、民主权利和其他权利；

（四）保护各种经济组织的合法权益；

（五）铸牢中华民族共同体意识，促进各民族广泛交往交流交融，保障少数民族的合法权利和权益，保障少数民族保持或者改革自己的风俗习惯的自由；

（六）保障宪法和法律赋予妇女的男女平等、同工同酬和婚姻自由等各项权利；

（七）办理上级人民政府交办的其他事项。

《中华人民共和国环境保护法》(2014)

第六条　一切单位和个人都有保护环境的义务。

地方各级人民政府应当对本行政区域的环境质量负责。

企业事业单位和其他生产经营者应当防止、减少环境污染和生态破坏，对所造成的损害依法承担责任。

公民应当增强环境保护意识，采取低碳、节俭的生活方式，自觉履行环境保护义务。

第十九条　编制有关开发利用规划，建设对环境有影响的项目，应当依法进行环境影响评价。

第二十八条　地方各级人民政府应当根据环境保护目标和治理任务，采取有效措施，改善环境质量。

未达到国家环境质量标准的重点区域、流域的有关地方人民政府，应当制定限期达标规划，并采取措施按期达标。

第三十三条　各级人民政府应当加强对农业环境的保护，促进农业环境保护新技术的使用，加强对农业污染源的监测预警，统筹有关部门采取措施，防治土壤污染和土地沙化、盐渍化、贫瘠化、石漠化、地面沉降以及防治植被破坏、水土流失、水体富营养化、水源枯竭、种源灭绝等生态失调现象，推广植物病虫害的综合防治。

县级、乡级人民政府应当提高农村环境保护公共服务水平，推动农村环境综合整治。

第三十七条　地方各级人民政府应当采取措施，组织对生活废弃物的分类处置、回收利用。

第五十一条　各级人民政府应当统筹城乡建设污水处理设施及配套管网，固体废物的收集、运输和处置等环境卫生设施，危险废物集中处置设施、场所以及其他环境保护公共设施，并保障其正常运行。

《中华人民共和国固体废物污染环境防治法》(2020)

第四十八条　县级以上地方人民政府环境卫生等主管部门应当组织对城乡生活垃圾进行清扫、收集、运输和处理，可以通过招标等方式选择具备条件的单位从事生活垃圾的清扫、收集、运输和处理。

第五十九条　省、自治区、直辖市和设区的市、自治州可以结合实际，制定本地方生活垃圾具体管理办法。

《村庄和集镇规划建设管理条例》(1993)

第六条　国务院建设行政主管部门主管全国的村庄、集镇规划建设管理工作。

县级以上地方人民政府建设行政主管部门主管本行政区域的村庄、集镇规划建设管理工作。

乡级人民政府负责本行政区域的村庄、集镇规划建设管理工作。

第三十九条　有下列行为之一的，由乡级人民政府责令停止侵害，可以处以罚款；造成损失的，并应当赔偿：

（一）损坏村庄和集镇的房屋、公共设施的；

（二）乱堆粪便、垃圾、柴草，破坏村容镇貌和环境卫生的。

《最高人民法院、最高人民检察院关于检察公益诉讼案件适用法律若干问题的解释》(2020)

第二十一条　人民检察院在履行职责中发现生态环境和资源保护、食品药品安全、国有财产保护、国有土地使用权出让等领域负有监督管理职责的行政机关违法行使职权或者不作为，致使国家利益或者社会公共利益受到侵害的，应当向行政机关提出检察建议，督促其依法履行职责。行政机关应当在收到检察建议书之日起两个月内依法履行职责，并书面回复人民检察院。出现国家利益或者社会公共利益损害继续扩大等紧急情形的，行政机关应当在十五日内书面回复。行政机关不依法履行职责的，人民检察院依法向人民法院提起诉讼。

第二十四条　在行政公益诉讼案件审理过程中，被告纠正违法行为或者依法履行职责而使人民检察院的诉讼请求全部实现，人民检察院撤回起诉的，人民法院应当裁定准许；人民检察院变更诉讼请求，请求确认原行政行为违法的，人民法院应当判决确认违法。

《最高人民法院关于适用〈中华人民共和国行政诉讼法〉的解释》(2018)

第八十一条　被告在一审期间改变被诉行政行为的，应当书面告知人民法院。

原告或者第三人对改变后的行政行为不服提起诉讼的，人民法院应当就改变后的行政行为进行审理。

被告改变原违法行政行为，原告仍要求确认原行政行为违法的，人民法院应当依法作出确认判决。

原告起诉被告不作为，在诉讼中被告作出行政行为，原告不撤诉的，人民法院应当就不作为依法作出确认判决。

《人民检察院公益诉讼办案规则》(2020)

第九条　人民检察院提起诉讼或者支持起诉的民事、行政公益诉讼案件，由负责民事、行政检察的部门或者办案组织分别履行诉讼监督的职责。

第六十四条　最高人民检察院发现各级人民法院、上级人民检察院发现下级人民法院已经发生法律效力的公益诉讼判决、裁定确有错误，损害国家利益或者社会公共利益的，应当依法提出抗诉。

《吉林省生态环境保护条例》(2021)

第五条　一切单位和个人都有保护生态环境的义务。各级人民政府应当对本行政区域的生态环境质量负责。乡（镇）人民政府、街道办事处应当落实生态环境保护相关职责，确定承担生态环境保护责任的机构和人员。村（居）民委员会依照法律法规和有关规定督促和引导村（居）民保护和改善生态环境，协助各级人民政府及其有关部门或派出机构做好生态环境保护工作。企业事业单位和其他生产经营者应当防止、减少环境污染和生态破坏，对所造成的损害依法承担责任。

案例评析

吉林省检察机关督促履行环境保护监管职责行政公益诉讼案是2022年最高检发布的第四十批指导性案例中的第162号检例，有其独特的指导意义和价值。该行政公益诉讼案虽然属于生态环境保护领域，但是污染来源明确，行政监管机关也随之确定，因此不同于万峰湖专案的以事立案、跨行政区划治理等鲜明特点，本案之所以被选入指导性案例，是因其属于罕见的“走完行政公益诉讼全部流程”的案件。从检察机关制发检察建议，到一审判决不履行监管职责违法，到二审判决维持原判，再到检察机关提出抗诉，吉林省高级人民法院支持抗诉意见。各机关对“行政机关的监督管理职责”的具体意涵进行了充分的论证与说理，对“行政主体改正违法后检察机关可否诉请确认违法”的学理分歧有了实践的运用与明晰，对“检察公益诉讼中检察机关行使抗诉权之角色冲突”进行了法理检视与定位。这对进一步厘清行政机关的法定职责并促进同案同判以及形式正义的实现具有积极的推动作用。

1. 准确理解行政机关的监督管理职责

要正确理解“行政机关的监督管理职责”，首先应当明确行政机关依法履职的义务来源，这也是判定行政机关是否存在不依法履职行为的前提。根据《行政诉讼法》

第二十五条和《关于检察公益诉讼案件适用法律若干问题的解释》第二十一条，行政机关违法行使职权或者不作为致使国家利益或者社会公共利益受到侵害的，检察机关应当向行政机关提出检察建议，督促其依法履职，行政机关不依法履行职责的，人民检察院依法向人民法院提起诉讼。那么对此处的“法”应当作何解释？是否仅指法律、行政法规或地方性法规？《人民检察院公益诉讼办案规则》第七十二条给出了答案，即应当作扩大解释，认定行政机关监督管理职责的依据不仅包括法律、法规、规章，还可以参考行政机关的“三定”方案、权力清单和责任清单等，甚至还包括行政机关本不具有的但基于行政机关的先行行为、行政允诺、行政协议而形成的职责，范围相当宽泛。

而在本案的一审和二审环节，法院均认为，检察机关引用的《吉林省生态环境保护条例》《村庄和集镇规划建设管理条例》等法律、法规及相关文件仅模糊规定了乡镇政府负责辖区内的环境保护工作，未具体明确如何负责。因此××乡政府不是履行对破坏生态环境的违法行为进行制止和处罚的监督管理职责的责任主体，那么其是否履行清理垃圾的职责自然也不受《行政诉讼法》的调整，自然就不是本案的适格被告。从其说理论证来看，系对“监督管理职责”采取限缩理解。此种限缩解释在检察机关抗诉后得到纠正，再审法院对正确理解适用《行政诉讼法》第二十五条第四款规定的行政机关的“监督管理职责”进行了详细论证。“监督管理职责”不仅包括行政机关对违法行为的行政处罚职责，也包括行政机关为避免公益损害持续或扩大，依据法律、法规、行政规章和规范性文件相关授权，运用公共权力、使用公共资金等对受损公益进行修复等综合性治理职责。检察机关提起行政公益诉讼，目的是通过督促行政机关依法履行监督管理职责来维护国家利益和社会公共利益。在本案中，《中华人民共和国地方各级人民代表大会和地方各级人民政府组织法》《中华人民共和国环境保护法》等法律均赋予基层人民政府对辖区环境负有综合性管理职责。就本案而言，对于历史形成的农村垃圾堆放场，基层人民政府应当主动依法履职，进行环境整治，而不能将自身履职标准仅仅限缩于对违法行为进行行政处罚（王冲 等，2022）。显然，考虑到影响环境质量因素的复杂性和多样性，从立法本意出发，前述法律规定了政府的环境保护义务，政府就应承担统筹协调各种资源、综合治理、改善环境质量的责任，这也隐含了生态环境保护目标责任制下政府对本地区生态环境和资源保护负总责的要求。政府生态环境保护目标责任制是政府以现行法律法规为依据，以责任制为手段，以行政制约为机制，推动生态环境保护工作层层分解落实，从而达到既定的生态环境保护目标的一项制度（常方 等，2022）。行政公益诉讼正是对政府生态环境保护工作监管途径的拓宽，检察机关通过制发检察建议等程序，监督政府生态环境保护职责的履行，从而对生态环境的保护起到推动作用。

2. 行政主体改正违法后检察机关仍可诉请确认违法

司法实践中，检察机关就行政机关的违法行为（包括不作为）向行政机关制发检察建议后，行政机关未能在法定期限内履行，或不符合法律规定履行导致没有全部纠正违法行为，但在案件审理过程中纠正了全部违法行为，此时检察机关仍然请求法院确认行政机关原行政行为违法的，法院能否支持，学界观点存在分歧。一种观点认为，当行政机关已经纠正全部违法行为、公共利益已经得到周延保护、客观秩序已然恢复正常的情形下，行政机关的违法行为或者怠于履行职责已经不再具备确认利益，此时的确认违法判决便丧失其价值目标和现实意义，法院也就没有作出确认违法判决的必要（徐本鑫 等，2020）。另一种观点则认为，如行政机关对其法定职责及其行为违法性认识违背法律规定，即使依照诉讼请求被动履行了职责，检察机关仍可以诉请判决确认违法，由人民法院通过裁判明确行政机关的行为性质，避免同类违法行为再次发生，从而维护法律的权威（刘艺，2018）。而本案即采纳了第二种观点。这种观点经由《最高人民法院关于适用〈中华人民共和国行政诉讼法〉的解释》第八十一条[①]规定作为制度固定下来。此外，《最高人民法院、最高人民检察院关于检察公益诉讼案件适用法律若干问题的解释》第二十四条也进一步规定，在行政公益诉讼案件审理过程中，被告纠正违法行为或者依法履行职责而使人民检察院的诉讼请求全部实现，人民检察院撤回起诉的，人民法院应当裁定准许；人民检察院变更诉讼请求，请求确认原行政行为违法的，人民法院应当判决确认违法。后者还就确认违法的适用情形作出明确，为在行政公益诉讼中确认行政行为违法的适用提供了依据。

3. 检察公益诉讼中检察机关行使抗诉权的角色冲突

《中华人民共和国宪法》第一百二十九条规定：中华人民共和国人民检察院是国家的法律监督机关。2017 年 9 月，习近平总书记在致第二十二届国际检察官联合会年会暨会员代表大会的贺信中指出，“中国检察机关是国家的法律监督机关，承担惩治和预防犯罪、对诉讼活动进行监督等职责，是保护国家利益和社会公共利益的一支重要力量”。无论是法律规定还是习近平总书记的重要论述，都充分阐明了检察机关“法律监督机关”的职能定位。

---

① 该条第三款规定，被告改变原违法行政行为，原告仍要求确认原行政行为违法的，人民法院应当依法作出确认判决。

检察公益诉讼由人民检察院以公益诉讼起诉人身份提起公益诉讼，集中展现了公益司法保护的中国方案，在社会公共利益维护方面提供了中国样本。在检察公益诉讼中，检察机关是以公益代表的原告身份向法院提起诉讼，履行维护社会公益职能。因此，在公益诉讼检察中，检察机关事实上具有诉讼监督者和原告的双重身份。对于履行监督职能时兼具诉讼当事人的身份是否存在法理冲突，学界也存在不同见解。一种观点认为，应当取消检察机关在公益诉讼中的审判监督权，或对检察机关内部承担公诉职能和诉讼监督职能的机构进行分立设置，从而消解检察机关“两权同栖”模式对诉讼地位平等原则的损害（韩静茹，2019）。从这种观点出发，有学者进一步提出了消解冲突的路径，即应克制使用司法监督的手段，通过取消抗诉权来优化配置检察机关具体职权，突出检察权在检察公益诉讼中执法监督和守法监督的主要权能（邹雄等，2022）。另一种观点则认为，检察机关的诉讼监督权能与原告当事人身份不存在冲突，理由在于检察机关的抗诉权为程序启动权，不具有司法终局性，抗诉的内容是否合理合法，决定权归于法院，检察机关没有实体决定权（唐震，2018）。本案中即采用了此观点，明确了不服法院二审公益诉讼判决时检察机关可以提出抗诉。吉林省高级人民法院认为，在当时的法律框架之下，根据《行政诉讼法》的规定，上级人民检察院发现下级人民法院已经发生法律效力的诉讼判决、裁定确有错误，应当依法提出抗诉，这一规定也适用于公益诉讼判决和裁定。吉林省高级人民法院和吉林省人民检察院还就相关问题举行了专家座谈会等，上级检察院就二审生效公益诉讼案件可以依法提出抗诉这一问题达成了一致意见。最终，吉林省人民检察院通过抗诉启动了再审程序，吉林省高级人民法院支持了吉林省人民检察院的抗诉意见，撤销一审、二审裁定，指定德惠市人民法院重新审理。

总体上看，本案是行政公益诉讼案件的“全流程样本”，不仅在程序的流转上给未来行政公益诉讼提供了完整的模板，在部分争议问题的解决上也提供了思路和方向。虽然司法实践中，大多数行政公益诉讼都在诉前阶段得以解决，但并非所有案件都能在诉前实现保护公益目的，因此，在审判实践中不断就新问题探索新的解决方案，对于完善行政公益诉讼制度具有重要的推动作用。

指导意义

应正确理解行政机关的“监督管理职责”。《行政诉讼法》第二十五条第四款规定的“监督管理职责”，不仅包括行政机关对违法行为的行政处罚职责，也包括行政机关为避免公益损害持续或扩大，依据法律、法规、行政规章和规范性文件相关授权，运用公共权力、使用公共资金等，对受损公益进行修复等综合性治理的职责。检察机关提起行政公益诉讼，其目的是通过督促行政机关依法履行监督管理职责，维护国家利益和社会公共利益。行政公益诉讼应当聚焦受损的公共利益，督促行政机关按照法律、法规、行政规章以及其他规范性文件的授权，对违法行为进行监管，对受损公益督促修复；在无法查明违法主体等特殊情形下，自行组织修复，发挥其综合管理职责。《中华人民共和国地方各级人民代表大会和地方各级人民政府组织法》《中华人民共和国环境保护法》等法律赋予基层人民政府对辖区环境的综合管理职责，对于历史形成的农村垃圾堆放场，基层人民政府应当主动依法履职进行环境整治，而不能将自身履职标准仅仅限缩于对违法行为的行政处罚。

检察机关提起行政公益诉讼后，行政机关认为其不负有相应履职义务，即使对受损公益完成修复或治理的，检察机关仍可以诉请判决确认违法。《最高人民法院关于适用〈中华人民共和国行政诉讼法〉的解释》第八十一条对于行政机关在诉讼过程中履行作为义务下适用确认违法的情形作了规定。《最高人民法院、最高人民检察院关于检察公益诉讼案件适用法律若干问题的解释》第二十四条规定："在行政公益诉讼案件审理过程中，被告纠正违法行为或者依法履行职责而使人民检察院的诉讼请求全部实现，人民检察院撤回起诉的，人民法院应当裁定准许；人民检察院变更诉讼请求，请求确认原行政行为违法的，人民法院应当判决确认违法。"进一步明确了行政公益诉讼中确认违法的适用情形。据此，在行政公益诉讼案件审理过程中，行政机关认可检察机关起诉意见并依法全面履行职责，诉讼请求全部实现的，检察机关可以撤回起诉。反之，行政机关对其法定职责及其行为违法性认识违背法律规定，即使依照诉讼请求被动履行了职责，检察机关仍可以诉请人民法院通过裁判明确行政机关的行为性质，确认其违法，以促进形成行政执法与司法共识。

三、山西省检察机关督促整治矿企非法开采行政公益诉讼案

案情介绍

山西浑源A煤业有限公司（以下简称A公司）、山西浑源B露天煤业有限责任公司（以下简称B公司）等32家煤矿、花岗岩矿、萤石矿等矿企，分别地处恒山国家级风景名胜区、恒山省级自然保护区、恒山国家森林公园及周边（以下简称恒山风景名胜区及周边）。上述矿企在开采和经营过程中，违反生态环境和自然资源保护法律法规，无证开采、越界开采，严重破坏生态环境和矿产、耕地及林草资源。其中，A公司矿区在未办理建设用地使用手续的情况下，非法占用农用地，造成农用地大量被毁，涉及耕地面积达9305亩。B公司等其他矿企也分别长期存在越界开采煤炭资源，违反矿山开发利用方案，多采区同时开采，存在未经审批占用耕地、林地等违法行为，违法开采造成生态环境受损面积达8.4万余亩，经济损失约9.5亿元。

检察机关履职过程

2017年12月，山西省人民检察院通过公益诉讼大数据信息平台收集到多条反映浑源县矿企破坏恒山风景名胜区及周边生态环境和自然资源的线索，报告最高人民检察院（以下简称最高检）后，最高检挂牌督办。山西省人民检察院启动一体化办案机制，统筹推进省、市、县三级检察院开展立案调查。

检察机关通过调取涉案地区卫星遥感图片和无人机航拍照片，初步查实恒山风景名胜区及周边露天开采矿企底数、生态破坏面积等基本情况。经委托专门鉴定机构现场勘查测绘，针对不同矿企制作现场平面图、三维建模图等，检察机关摸清了生态环

境和资源遭受破坏情况，并及时固定了证据。初步认定，A公司、B公司等矿企违反《风景名胜区条例》的规定，长期实施非法采矿、非法占地、非法排污及无证经营等违法行为，使当地煤炭、花岗岩等矿产和耕地、林草资源遭到严重破坏。2018年9月3日，浑源县人民检察院根据《中华人民共和国行政诉讼法》决定作为公益诉讼案件立案办理，此后相关检察院也经指定管辖先后依法立案。

根据查明的违法情形及损害后果，并结合行政机关法定职责，检察机关研判认为，依据《中华人民共和国矿产资源法》《中华人民共和国土地管理法》《中华人民共和国森林法》《中华人民共和国固体废物污染环境防治法》，自然资源、林草、生态环境、应急管理、水务、市场监管部门及乡、镇政府等行政机关负有监管职责，且不同的矿产资源、林地权属及矿企的违法行为由不同层级的行政机关监管。其中，煤矿、花岗岩矿分别由省级和市级自然资源部门颁发采矿许可予以监管；矿企破坏林地的违法行为分别由市级、县级林草部门监管；矿企违法占地、未取得安全生产许可证生产、非法倾倒固体废物、无营业执照经营等违法行为分别由县级自然资源、应急管理、生态环境、市场监管等部门监管。多年来，上述相应的行政机关对涉案矿企的违法行为曾采取过罚款、没收违法所得、责令退回本矿区范围内开采、下达停工通知和停止违法违规生产建设行为通知等监管治理措施，但生态环境和自然资源受损状况不但没有改观，反而日益加剧。2018年8月至12月，大同市两级检察机关针对花岗岩矿、萤石矿、黏土砖矿企业实施的破坏生态环境和自然资源违法行为，根据同级监督的原则，分别向负有监督管理职责的相应行政机关发出检察建议，督促对涉案矿企的违法行为依法全面履行监管职责。

因该案涉及矿企数量众多，违法和公益损害的情形多样，涉及不同层级多个行政机关，为有效推进案件办理，大同市人民检察院发挥一体化办案优势，统筹辖区办案资源，除浑源县人民检察院外，还将该案相关具体线索分别指定辖区多个县级检察院管辖。根据大同市人民检察院的指定，云冈区人民检察院就A公司剥离废渣石随意堆积污染环境违法行为，于2018年10月15日向浑源县生态环境部门制发诉前检察建议，建议其依法履职，督促A公司采取有效防范措施，防止固体废弃物（以下简称固废）污染环境。同年12月10日，生态环境部门回复已完成对剥离废渣石等固废的整治并建立矿山监管长效机制。广灵县、左云县、平城区、天镇县人民检察院根据大同市人民检察院指定，先后向大同市国土资源局、林业局，浑源县国土资源局、林业局、安监局以及浑源县青瓷窑乡、千佛岭乡政府等发出诉前检察建议并持续跟进，相关行政机关均按期回复，查处整治、植被恢复等整改任务均已落实到位。

依据《安全生产许可证条例》《中华人民共和国矿产资源法实施细则》的规定，

山西省自然资源厅系A公司、B公司等5家涉案煤矿企业采矿许可证的发证机关，对涉案煤企的违法行为负有监管职责。2019年1月21日，山西省人民检察院向山西省自然资源厅发出行政公益诉讼诉前检察建议，督促其对涉案煤矿企业破坏资源环境和耕地的违法行为依法全面履行监管职责。1月29日，山西省自然资源厅函复山西省人民检察院，对被非法占用的耕地和基本农田及时组织开展补划工作，协调开展技术评审，同时派员赴大同市、浑源县对接查处整治和生态修复工作，全程指导浑源县矿山地质环境恢复、综合治理规划、露天采矿生态环境治理修复可行性研究、勘察设计制定、生态环境治理修复工程实施等工作。3月19日，山西省自然资源厅书面回复山西省人民检察院，已在全省开展严厉打击非法用地用矿专项行动，并组织对破坏资源的鉴定工作，建议动用5家煤矿企业预存的5500万元土地复垦费用直接用于生态修复，并联合山西省财政厅下达专项资金，支持浑源县开展露天矿山生态修复。

鉴于相关违法行为具有一定的普遍性和典型性，且损害重大公共利益，为督促相关省级行政机关加大对下级主管部门的行政执法监督和指导力度，2019年1月29日，山西省人民检察院向省市场监督管理局、省应急管理厅、省生态环境厅、省林业和草原局等行政机关发出社会治理检察建议，建议上述机关针对涉案煤矿无安全生产许可证开采经营、无环评手续非法生产、擅自倾倒堆放固废、违法占用林地等违法行为，分别督促大同市、浑源县有关部门依法及时查处。上述四个省级行政机关迅即向大同市、浑源县通报情况并实地督导，在项目规划、资金筹措、技术支持、法规适用等方面跟踪指导并相互配合，确保生态修复有序推进。

相关行政机关收到检察建议后，均在法定期限内予以回复，依法全面履职，整治涉案矿企违法违规行为，积极推进生态修复。采取注销采矿许可证、拆除、搬迁等措施，全面遏制涉案矿企违法违规开采及破坏环境资源违法行为，部分花岗岩矿和黏土砖矿完成搬迁拆除或注销，涉案5家煤矿根据违法违规情形被责令逐步分批分期退出。

在本案办理过程中，检察机关根据调查核实掌握的证据，就有关公职人员不依法履行监管职责、大面积耕地被非法占用等情况进行研判，向纪检监察机关移送公职人员违纪违法线索92件，其中77人受到党政纪处分，9人被追究刑事责任；向公安机关移送涉嫌非法占用农用地等涉嫌犯罪线索31件，公安机关立案侦查35人，检察机关向人民法院提起公诉30人。

浑源县政府制定了恒山风景名胜区及周边生态修复整治方案，提出“一年见绿，两年见树，三年见景”的生态修复目标。截至2021年年底，修复工程完成矿山生态治理面积5.39万亩，其中恢复林地耕地1.1万亩，栽种各类树木348.55万株，铺设各类灌溉管网16.525万米，累计投入10亿余元；其余受损生态也在按修复整治方案因地因势治理中。

法条索引

《中华人民共和国人民检察院组织法》(2018)

第二十一条　人民检察院行使本法第二十条规定的法律监督职权，可以进行调查核实，并依法提出抗诉、纠正意见、检察建议。有关单位应当予以配合，并及时将采纳纠正意见、检察建议的情况书面回复人民检察院。

抗诉、纠正意见、检察建议的适用范围及其程序，依照法律有关规定。

《中华人民共和国行政诉讼法》(2017)

第二十五条　行政行为的相对人以及其他与行政行为有利害关系的公民、法人或者其他组织，有权提起诉讼。

有权提起诉讼的公民死亡，其近亲属可以提起诉讼。

有权提起诉讼的法人或者其他组织终止，承受其权利的法人或者其他组织可以提起诉讼。

人民检察院在履行职责中发现生态环境和资源保护、食品药品安全、国有财产保护、国有土地使用权出让等领域负有监督管理职责的行政机关违法行使职权或者不作为，致使国家利益或者社会公共利益受到侵害的，应当向行政机关提出检察建议，督促其依法履行职责。行政机关不依法履行职责的，人民检察院依法向人民法院提起诉讼。

《中华人民共和国矿产资源法》(2009)

第二十九条　开采矿产资源，必须采取合理的开采顺序、开采方法和选矿工艺。矿山企业的开采回采率、采矿贫化率和选矿回收率应当达到设计要求。

第四十条　超越批准的矿区范围采矿的，责令退回本矿区范围内开采、赔偿损失，没收越界开采的矿产品和违法所得，可以并处罚款；拒不退回本矿区范围内开采，造成矿产资源破坏的，吊销采矿许可证，依照刑法有关规定对直接责任人员追究刑事责任。

第四十四条　违反本法规定，采取破坏性的开采方法开采矿产资源的，处以罚款，可以吊销采矿许可证；造成矿产资源严重破坏的，依照刑法有关规定对直接责任人员追究刑事责任。

第四十五条　本法第三十九条、第四十条、第四十二条规定的行政处罚，由县级以上人民政府负责地质矿产管理工作的部门按照国务院地质矿产主管部门规定的权限决定。第四十三条规定的行政处罚，由县级以上人民政府工商行政管理部门决定。第四十四条规定的行政处罚，由省、自治区、直辖市人民政府地质矿产主管部门决定。给予吊销勘查许可证或者采矿许可证处罚的，须由原发证机关决定。

依照第三十九条、第四十条、第四十二条、第四十四条规定应当给予行政处罚而不给予行政处罚的，上级人民政府地质矿产主管部门有权责令改正或者直接给予行政处罚。

《中华人民共和国煤炭法》(2016)

第二十条　煤矿投入生产前，煤矿企业应当依照有关安全生产的法律、行政法规的规定取得安全生产许可证。未取得安全生产许可证的，不得从事煤炭生产。

第二十二条　开采煤炭资源必须符合煤矿开采规程，遵守合理的开采顺序，达到规定的煤炭资源回采率。

煤炭资源回采率由国务院煤炭管理部门根据不同的资源和开采条件确定。

国家鼓励煤矿企业进行复采或者开采边角残煤和极薄煤。

第二十六条　关闭煤矿和报废矿井，应当依照有关法律、法规和国务院煤炭管理部门的规定办理。

《中华人民共和国土地管理法》(2019)

第七十五条　违反本法规定，占用耕地建窑、建坟或者擅自在耕地上建房、挖沙、采石、采矿、取土等，破坏种植条件的，或者因开发土地造成土地荒漠化、盐渍化的，由县级以上人民政府自然资源主管部门、农业农村主管部门等按照职责责令限期改正或者治理，可以并处罚款；构成犯罪的，依法追究刑事责任。

第七十七条　未经批准或者采取欺骗手段骗取批准，非法占用土地的，由县级以上人民政府自然资源主管部门责令退还非法占用的土地，对违反土地利用总体规划擅自将农用地改为建设用地的，限期拆除在非法占用的土地上新建的建筑物和其他设施，恢复土地原状，对符合土地利用总体规划的，没收在非法占用的土地上新建的建筑物和其他设施，可以并处罚款；对非法占用土地单位的直接负责的主管人员和其他直接责任人员，依法给予处分；构成犯罪的，依法追究刑事责任。

超过批准的数量占用土地，多占的土地以非法占用土地论处。

第八十二条　擅自将农民集体所有的土地通过出让、转让使用权或者出租等方式用于非农业建设，或者违反本法规定，将集体经营性建设用地通过出让、出租等方式交由单位或者个人使用的，由县级以上人民政府自然资源主管部门责令限期改正，没收违法所得，并处罚款。

《中华人民共和国森林法》(2019)

第十五条　林地和林地上的森林、林木的所有权、使用权，由不动产登记机构统一登记造册，核发证书。国务院确定的国家重点林区（以下简称重点林区）的森林、林木和林地，由国务院自然资源主管部门负责登记。

森林、林木、林地的所有者和使用者的合法权益受法律保护，任何组织和个人不得侵犯。

森林、林木、林地的所有者和使用者应当依法保护和合理利用森林、林木、林地，不得非法改变林地用途和毁坏森林、林木、林地。

第三十七条　矿藏勘查、开采以及其他各类工程建设，应当不占或者少占林地；确需占用林地的，应当经县级以上人民政府林业主管部门审核同意，依法办理建设用地审批手续。

占用林地的单位应当缴纳森林植被恢复费。森林植被恢复费征收使用管理办法由国务院财政部门会同林业主管部门制定。

县级以上人民政府林业主管部门应当按照规定安排植树造林，恢复森林植被，植树造林面积不得少于因占用林地而减少的森林植被面积。上级林业主管部门应当定期督促下级林业主管部门组织植树造林、恢复森林植被，并进行检查。

第七十四条　违反本法规定，进行开垦、采石、采砂、采土或者其他活动，造成林木毁坏的，由县级以上人民政府林业主管部门责令停止违法行为，限期在原地或者异地补种毁坏株树一倍以上三倍以下的树木，可以处毁坏林木价值五倍以下的罚款；造成林地毁坏的，由县级以上人民政府林业主管部门责令停止违法行为，限期恢复植被和林业生产条件，可以处恢复植被和林业生产条件所需费用三倍以下的罚款。

违反本法规定，在幼林地砍柴、毁苗、放牧造成林木毁坏的，由县级以上人民政府林业主管部门责令停止违法行为，限期在原地或者异地补种毁坏株数一倍以上三倍以下的树木。

向林地排放重金属或者其他有毒有害物质含量超标的污水、污泥，以及可能造成林地污染的清淤底泥、尾矿、矿渣等的，依照《中华人民共和国土壤污染防治法》的有关规定处罚。

《中华人民共和国固体废物污染环境防治法》(2020)

第二十条　产生、收集、贮存、运输、利用、处置固体废物的单位和其他生产经营者，应当采取防扬散、防流失、防渗漏或者其他防止污染环境的措施，不得擅自倾倒、堆放、丢弃、遗撒固体废物。

禁止任何单位或者个人向江河、湖泊、运河、渠道、水库及其最高水位线以下的滩地和岸坡以及法律法规规定的其他地点倾倒、堆放、贮存固体废物。

《安全生产许可证条例》(2014)

第三条　国务院安全生产监督管理部门负责中央管理的非煤矿矿山企业和危险化学品、烟花爆竹生产企业安全生产许可证的颁发和管理。

省、自治区、直辖市人民政府安全生产监督管理部门负责前款规定以外的非煤矿矿山企业和危险化学品、烟花爆竹生产企业安全生产许可证的颁发和管理，并接受国务院安全生产监督管理部门的指导和监督。

国家煤矿安全监察机构负责中央管理的煤矿企业安全生产许可证的颁发和管理。

在省、自治区、直辖市设立的煤矿安全监察机构负责前款规定以外的其他煤矿产业安全生产许可证的颁发和管理，并接受国家煤矿安全监察机构的指导和监督。

《风景名胜区条例》(2016)

第二十六条　在风景名胜区内禁止进行下列活动:(一)开山、采石、开矿、开荒、修坟立碑等破坏景观、植被和地形地貌的活动;(二)修建储存爆炸性、易燃性、放射性、毒害性、腐蚀性物品的设施;(三)在景物或者设施上刻画、涂污;(四)乱扔垃圾。

《中华人民共和国矿产资源法实施细则》(1994)

第八条　国务院地质矿产主管部门主管全国矿产资源勘查、开采的监督管理工作。国务院有关主管部门按照国务院规定的职责分工，协助国务院地质矿产主管部门进行矿产资源勘查、开采的监督管理工作。

省、自治区、直辖市人民政府地质矿产主管部门主管本行政区域内矿产资源勘查、开采的监督管理工作。省、自治区、直辖市人民政府有关主管部门，协助同级地质矿产主管部门进行矿产资源勘查、开采的监督管理工作。

设区的市人民政府、自治州人民政府和县级人民政府及其负责管理矿产资源的部门，依法对本级人民政府批准开办的国有矿山企业和本行政区域内的集体所有制矿山企业、私营矿山企业、个体采矿者以及在本行政区域内从事勘查施工的单位和个人进行监督管理，依法保护探矿权人、采矿权人的合法权益。

上级地质矿产主管部门有权对下级地质矿产主管部门违法的或者不适当的矿产资源勘查、开采管理行政行为予以改变或者撤销。

《最高人民法院、最高人民检察院关于检察公益诉讼案件适用法律若干问题的解释》（2020）

第二十一条　人民检察院在履行职责中发现生态环境和资源保护、食品药品安全、国有财产保护、国有土地使用权出让等领域负有监督管理职责的行政机关违法行使职权或者不作为，致使国家利益或者社会公共利益受到侵害的，应当向行政机关提出检察建议，督促其依法履行职责。

行政机关应当在收到检察建议书之日起两个月内依法履行职责，并书面回复人民检察院。出现国家利益或者社会公共利益损害继续扩大等紧急情形的，行政机关应当在十五日内书面回复。

行政机关不依法履行职责的，人民检察院依法向人民法院提起诉讼。

《人民检察院检察建议工作规定》（2018）

第十一条　人民检察院在办理案件中发现社会治理工作存在下列情形之一的，可以向有关单位和部门提出改进工作、完善治理的检察建议：

（一）涉案单位在预防违法犯罪方面制度不健全、不落实，管理不完善，存在违法犯罪隐患，需要及时消除的；

（二）一定时期某类违法犯罪案件多发、频发，或者已发生的案件暴露出明显的管理监督漏洞，需要督促行业主管部门加强和改进管理监督工作的；

（三）涉及一定群体的民间纠纷问题突出，可能导致发生群体性事件或者恶性案件，需要督促相关部门完善风险预警防范措施，加强调解疏导工作的；

（四）相关单位或者部门不依法及时履行职责，致使个人或者组织合法权益受到损害或者存在损害风险，需要及时整改消除的；

（五）需要给予有关涉案人员、责任人员或者组织行政处罚、政务处分、行业惩戒，或者需要追究有关责任人员的司法责任的；

（六）其他需要提出检察建议的情形。

案例评析

矿产资源是重要的自然资源，是人类社会赖以生产和发展的重要物质基础，更是国家稳定与经济社会发展的根本保障。习近平总书记指出，“要加强矿产资源勘查、保护、合理开发”，“资源开发利用既要支撑当代人过上幸福生活，也要为子孙后代留下生存根基”。与其他自然资源相比，矿产资源具有其显著特点，包括但不限于不可再生性、空间不均衡性、贮存状态的复杂多样性等。在现阶段人口增长和经济发展的双重压力下，经营模式粗放、管理方式混乱等弊端加剧了矿产资源短缺问题，非法采矿活动破坏了开采区域山体、土壤、河道和植被，导致生态服务功能的丧失或弱化，也破坏了国家的矿产资源和矿业生产管理制度（闫晶晶，2022b）。以牟利为目的，矿企实施的诸如未依法取得开采许可证而私自开采、越界开采[①]，造成矿产资源减损、生态环境破坏和相应经济损失的行为，严重损害了国家利益和社会公共利益。本案例中的矿企非法开采造成生态破坏面积 3.4 万余亩，经济损失 9.5 亿元。矿产资源保护属于“生态环境和资源保护”领域，是公益诉讼检察的法定范围，因此，山西省检察机关对负有整治职能的行政机关予以督促，以纠正当地矿企非法采矿行为，恢复受损的矿山生态环境。通过检察机关一体化办案机制、综合运用诉前检察建议和社会治理检察建议、维护公益举措中充分发挥多方合力等，保护矿产资源并推动经济高质量发展的目标得以实现。该案展现了检察机关保护矿产资源的经验成效，被最高检选为指导性案例。检察机关针对办案中发现的治理漏洞，能够主动发挥公益诉讼职能作用，推动地方政府治理非法开采乱象，共同保护了矿产资源科学、有序、合法开发利用（闫晶晶，2022b）。

1. 充分发挥一体化办案机制的优势与作用

本案案情重大复杂，非法开采、越界开采的矿企数量众多，违法和公益损害的情形多样，涉及不同层级多个行政机关，如果由相应的检察机关各自为政，必然不能彻底解决矿产资源开发乱象，因此，山西省人民检察院在办案过程中及时就案件进展情况向最高检请示汇报，由最高检进行督办。考虑到相关违法行为具有一定的普遍性和典型性，且损害重大公共利益，大同市人民检察院发挥一体化办案优势，统筹辖区办案资源，除浑源县人民检察院外，还将本案相关具体线索分别指定辖区多个县级检察院管辖。山西省人民检察院也向涉案煤矿企业采矿许可证发证机关即山西省自然资源厅发出行政公益诉讼诉前检察建议，督促其对涉案煤矿企业破坏资源环境和耕地的违法行为依法全面履行监管职责（杨慧侠 等，2022）。一体化办案机制着眼于系统性和整体性，在最高检督办之下，由省、市、县三级检察机关统一研判监督策略、统一把握案件的关键环节，强化“一盘棋”意识，整合办案资源，提高了处理矿企非法开采

① 根据《中华人民共和国矿产资源法》第三条和第三十二条的规定，企业采矿必须依法取得采矿证，并依据生态环境保护和自然资源管理法律法规所确定的标准合法开采矿产资源。

的案件质效，有效破解了办案阻力，取得了“办理一案，治理一片”的效果。

本案的成功办理和取得的办案实效，为后续办理同类的涉及不同层级行政机关的重大公益诉讼案件提供了参照。对于此类生态环境保护公益诉讼案件，检察机关应当统筹发挥一体化办案机制作用，在全面查清公益损害事实和确定相应监管机关的基础上，上级检察机关加强督办指导，采取统分结合方式立案办理，由不同层级检察机关对应监督同级行政机关，督促不同行政机关各司其职，促进受损公益得到全面修复，推动形成保护矿产资源的强大合力，提升重大案件的办案实效。

2. 合理运用诉前检察建议和社会治理检察建议

行政公益诉讼诉前检察建议，是指检察机关在提起行政公益诉讼之前，先行向负有法定监管职责但违法行使职权或者不作为的行政机关提出的检察建议（温建军，2018），是督促其依法履行职责、实现自我纠错的一种方式。诉前检察建议具有尽量减少诉讼环节、节约司法资源等制度优势，是公益诉讼制度的重要程序性内容。但不可否认，其也存在一些缺点，包括缺乏刚性而不具有强制力、执行监督措施效果不理想、个案建议的效果范围狭窄造成难以以点带面等，使得诉前检察建议的作用难以体现（温建军，2018）。

社会治理检察建议与公益诉讼检察建议一样，属于检察建议的类型之一[①]。所谓社会治理检察建议，即指检察机关各业务部门在办案中发现线索后制发的，覆盖广泛对象的，旨在完善制度、改进管理和处置人员的，具有社会治理功能的检察建议的总称（刘艺，2021）。《人民检察院检察建议工作规定》第五条对社会治理检察建议这一制度作出了规定，第十一条则列举了适用社会治理检察建议的情形，包括“相关单位或者部门不依法及时履行职责，致使个人或者组织合法权益受到损害或者存在损害危险，需要及时整改消除的”等六种情形。本案即属于可以制发社会治理检察建议的情形。相较于行政公益诉讼诉前检察建议，此种类型的检察建议覆盖范围更广、形式更多元、内容更具有针对性，具有独特优势，且此种协商形式更易化解相关行政机关的抵触情绪，从而提高建议的可接受度。

综合运用公益诉讼诉前检察建议和社会治理检察建议，可以实现两种检察建议在实际效用上的互补。办理整改难度大、违法情形具有普遍性的重大公益损害案件时，检察机关在通过制发诉前检察建议督促负有直接监督管理职责的行政机关依法履职的

---

① 检察建议的类型包括再审检察建议、纠正违法检察建议、公益诉讼检察建议、社会治理检察建议和其他检察建议。

同时，还可以向负有领导、督促和指导整改工作职责的上级行政机关发出社会治理检察建议。通过两种检察建议的结合运用，推动行政机关上下联动，形成检察监督与行政层级监督合力，促使受损公益尽快得到修复。在本案中，为督促相关省级行政机关加大对下级主管部门的行政执法监督和指导力度，山西省人民检察院向山西省市场监督管理局、省应急管理厅、省生态环境厅、省林业和草原局等行政机关发出社会治理检察建议，分别针对涉案煤矿无安全生产许可证开采经营、无环评手续非法生产、擅自倾倒堆放固废、违法占用林地等违法行为，建议上述机关督促大同市、浑源县有关部门依法及时查处。上述四厅（局）随即向大同市、浑源县通报情况并实地督导，在项目规划、资金筹措、技术支持、法规适用等方面跟踪指导并相互配合，确保生态修复工作有序推进（杨慧侠 等，2022）。

3. 维护公益举措应充分发挥多方合力

公益诉讼检察制度是以习近平同志为核心的党中央部署的重大改革举措。习近平总书记作出一系列重要论述，深刻阐明了建立此项制度的重要意义。公益诉讼检察制度也是服务经济社会大局的重要司法制度，是一项厚植党的执政基础的民心工程。深刻领会立法精神并严格遵循司法规律，是灵活运用检察公益诉讼制度的前提。生态修复治理是一项系统工程，需要多方力量共同努力，形成合力，才能实现预期治理效果。因此，对整改措施和生态修复举措的落实，检察机关应增强主动性，积极向党委报告重大情况，争取政府支持，统筹推进整改工作。对发现的涉嫌犯罪或职务违法、违纪线索，应及时移送公安、纪检监察等有管辖权的机关，依法惩治环境犯罪，强化公益保护效果。在本案中，矿企违规开采对当地经济社会大局和人民群众生产生活的影响，受到了山西省委的高度重视，山西省委常委会专题研究并成立整治浑源露天矿山违法开采破坏生态环境专项工作领导小组，扎实推动相关整改工作，促使问题最终得以解决。此外，为避免受制于专业局限，检察机关应主动加强与环境保护、食品药品监督管理、国土资源等行政部门的沟通，在线索摸排、调查取证、法律政策理解与适用等方面加强配合，在信息共享、技术咨询等方面加强协作（王治国 等，2017），在维护公益中争取各方的切实支持。

司法实践中，检察机关督促整治非法采矿公益诉讼案件数量颇多，如重庆市大足区人民检察院督促整治非法采矿行政公益诉讼案、山西省右玉县人民检察院督促整治非法采砂行政公益诉讼案、江苏省镇江市检察机关督促整治长江非法采砂行政公益诉讼案等。各地检察机关积极探索运用多种手段督促负有监督职责的行政机关依法履职，同时争取各级党委、政府的支持，统筹各机关合力解决非法采矿、越界采矿等生态环境治理和修复难题。这一努力应具有持续性，以生态修复效果为导向，检察机关在督促行政机关依法履职后，还应当坚持“回头看”，正视实际修复治理效果与预设整改目标之间的差距，持续跟进监督，以体现在保护矿产资源和助力高质量发展中的检察担当。

指导意义

统分结合，分层级精准监督，推动受损生态全面修复。重大公益诉讼案件往往涉及不同层级的多个行政机关，检察机关要统筹发挥一体化办案机制作用，在全面查清公益损害事实和相应监管机关的基础上，上级检察机关加强督办指导，采取统分结合的办法立案办理，由不同层级检察机关对应监督同级行政机关，督促不同行政机关各司其职，促进受损公益得到全面修复。

多措并举，综合运用诉前检察建议和社会治理检察建议，推动行政机关上下联动。《中华人民共和国人民检察院组织法》第二十一条规定，人民检察院行使法律监督职权，可以向有关单位发出检察建议。《人民检察院检察建议工作规定》第十一条规定，“人民检察院在办理案件中发现社会治理工作存在下列情形之一的，可以向有关单位和部门提出改进工作、完善治理的检察建议”，其中包括“相关单位或者部门不依法及时履行职责，致使个人或者组织合法权益受到损害或者存在损害危险，需要及时整改消除的”。根据上述规定，针对整改难度大、违法情形具有普遍性的重大公益损害案件，检察机关在通过制发诉前检察建议督促负有直接监督管理职责的行政机关依法履职的同时，可以向负有领导、督促和指导整改工作的上级行政机关发出社会治理检察建议，通过诉前检察建议和社会治理检察建议的结合运用，推动行政机关上下联动，形成层级监督整改合力，促进受损公益尽快得到修复。

综合治理，争取党委领导、政府支持，协同发挥公益诉讼检察与刑事检察职能作用，并与纪检监察、公安等机关有效衔接配合。检察机关办理重大公益诉讼案件过程中，要积极向党委报告重大情况，争取政府支持，统筹推进整改工作。对发现的涉嫌犯罪或者职务违法、违纪线索，应当及时移送公安、纪检监察等有管辖权的机关依法惩治破坏环境资源等犯罪及其背后的职务犯罪，强化公益保护的整体效应。

四、浙江省浮梁县人民检察院诉A化工集团有限公司污染环境民事公益诉讼案

案情介绍

2018年3月3日至7月31日，浙江省A化工集团有限公司（以下简称A公司）生产叠氮化钠的蒸馏系统设备损坏，导致大量硫酸钠废液无法正常处理。该公司生产部经理吴某甲向公司法定代表人请示，公司法定代表人指定吴某甲负责对硫酸钠废液进行处置。在处置过程中，A公司为吴某甲报销了两次费用。吴某甲将硫酸钠废液交给无危险废物处置资质的吴某乙处理。吴某乙雇请李某某，由范某某押运、董某某和周某某带路，在江西省浮梁县寿安镇八角井、湘湖镇洞口村两处地块违法倾倒30车共计1124.1吨硫酸钠废液，致使周边8.08亩范围内土壤和地表水、地下水受到污染，当地3.6千米河道、6.6千米^{2}流域环境受影响，造成1000余名群众饮水和用水困难。经鉴定，两处地块修复的总费用为2168000元，环境功能性损失费用为57135.45元。

2020年11月17日，浮梁县人民检察院以A公司为被告提起民事公益诉讼。2021年1月4日，浮梁县人民法院公开审理本案并当庭宣判，支持检察机关全部诉讼请求。

检察机关履职过程

江西省浮梁县人民检察院在办理吴某甲等六人涉嫌污染环境罪刑事案件时发现公益受损的线索。浮梁县人民检察院即引导侦查机关和督促生态环境部门固定污染环境的相关证据，同时建议当地政府采取必要应急措施，防止污染进一步扩大。办案过程中，经委托鉴定机构进行司法鉴定，确定浮梁县两处倾倒点的土壤表层均存在列入《国家危险废物名录》（2016年版）中的危险废物叠氮化钠污染，八角井倾倒点水体中

存在叠氮化钠且含量超标2.2～177.33倍不等，对周边约8.08亩范围内的环境造成污染；两处地块修复的总费用为2168000元，环境功能性损失费用为57135.45元。

浮梁县人民检察院经审查，对吴某甲等六人提起刑事诉讼。2019年12月18日，浮梁县人民法院以污染环境罪分别判处被告人吴某甲等六人有期徒刑3年2个月至6年6个月不等，并处罚金2万元到5万元不等。一审宣判后，吴某甲、李某某不服，提起上诉。2020年4月7日，江西省景德镇市中级人民法院裁定驳回上诉，维持原判。值得关注的是，本案中浮梁县人民检察院履职过程涉及两个阶段，一个是通过诉前公告程序确定起诉主体，一个是作为公益诉讼起诉人提起环境公益诉讼。

根据《最高人民法院、最高人民检察院关于检察公益诉讼案件适用法律若干问题的解释》第五条之规定，民事公益诉讼由侵权行为地或者被告住所地中级人民法院管辖。但因本案的环境污染侵权行为发生地和损害结果地均在浮梁县，且本案的刑事部分已由浮梁县人民检察院侦办，从案件调查取证、生态环境恢复等的便利性考虑，应继续由该院负责民事公益诉讼。经与江西省高级人民法院协商，江西省人民检察院2020年6月22日将本案指定浮梁县人民检察院管辖，江西省高级人民法院将该案指定浮梁县人民法院审理。2020年7月1日，浮梁县人民检察院对本案立案审查并进行调查核实，调取了刑事案件卷宗和相关证据材料。2020年7月2日，浮梁县人民检察院发布公告，公告期满后没有适格主体提起诉讼。

2020年11月17日，浮梁县人民检察院以A公司为被告提起民事公益诉讼，诉请法院判令被告承担污染修复费2168000元，环境功能性损失费57135.45元，应急处置费532860.11元，检测、鉴定费95670元，共计2853665.56元，并在国家级新闻媒体上向社会公众赔礼道歉。

浮梁县人民检察院经审查认为，A公司工作人员将公司生产的硫酸钠废液交由无危险废物处置资质的个人处理，非法倾倒在浮梁县境内，造成了当地水体、土壤等生态环境严重污染，损害了社会公共利益。案件审理过程中，《中华人民共和国民法典》（以下简称《民法典》）于2021年1月1日正式实施。虽然案涉污染环境、破坏生态的侵权行为发生在《民法典》施行前，但是侵权人未采取有效措施修复生态环境，生态环境持续性受损，严重损害社会公共利益，为更有利于保护生态环境，维护社会秩序和公共利益，根据《最高人民法院关于适用〈中华人民共和国民法典〉时间效力的若干规定》第二条规定，“民法典实施前的法律事实引起的民事纠纷案件，当时的法律、司法解释有规定，适用当时的法律、司法解释的规定，但是适用民法典的规定更有利于保护民事主体合法权益，更有利于维护社会和经济秩序，更有利于弘扬社会主义核心价值观的除外”。A公司生产部经理吴某甲系经法定代表人授权处理废液，公司也两次为其报销了产生的相关费用，吴某甲污染环境的行为应认定为职务行为，A公司应承担污染环境的侵权责任。因公司工作人员违法故意污染环境造成严重后果，为更加有力、有效地保护社会公共利益，根据《民法典》第一千二百三十二条之规定，A公司除应承担环境污染损失和赔礼道歉的侵权责任外，还应承担惩罚性赔偿金。

2021年1月3日，浮梁县人民检察院依法变更诉讼请求，在原诉讼请求基础上增加诉讼请求，要求A公司以环境功能性损失费的3倍承担环境侵权惩罚性赔偿金171406.35元。

2021年1月4日，浮梁县人民法院公开审理本案并当庭宣判，支持检察机关全部诉讼请求：一、被告于本判决生效之日起十日内赔偿生态环境修复费用2168000元，环境功能性损失费用57135.45元，应急处置费用532860.11元，检测、鉴定费95670元，并承担环境污染惩罚性赔偿171406.35元，以上共计3025071.91元；二、被告于本判决生效之日起三十日内对违法倾倒硫酸钠废液污染环境的行为在国家级新闻媒体上向社会公众赔礼道歉。

一审宣判后，被告未上诉。判决生效后，被告主动将赔偿款缴纳到位。为修复被污染的环境，2021年9月，浮梁县人民法院将被告缴纳的环境修复费用委托第三方依法公开招标确定修复工程施工主体，并邀请当地政府、生态环境部门和村民进行全程监督，目前被倾倒点生态环境修复治理已经完成。

法条索引

《中华人民共和国民法典》(2020)

第一百二十条　民事权益受到侵害的，被侵权人有权请求侵权人承担侵权责任。

第一百七十八条　二人以上依法承担连带责任的，权利人有权请求部分或者全部连带责任人承担责任。

连带责任人的责任份额根据各自责任大小确定；难以确定责任大小的，平均承担责任。实际承担责任超过自己责任份额的连带责任人，有权向其他连带责任人追偿。

连带责任，由法律规定或者当事人约定。

第一百七十九条　承担民事责任的方式主要有：

（一）停止侵害；

（二）排除妨碍；

（三）消除危险；

（四）返还财产；

（五）恢复原状；

（六）修理、重作、更换；

（七）继续履行；

（八）赔偿损失；

（九）支付违约金；

（十）消除影响、恢复名誉；

（十一）赔礼道歉。

法律规定惩罚性赔偿的，依照其规定。

本条规定的承担民事责任的方式，可以单独适用，也可以合并适用。

第一千一百九十一条　用人单位的工作人员因执行工作任务造成他人损害的，由用人单位承担侵权责任。用人单位承担侵权责任后，可以向有故意或者重大过失的工作人员追偿。

第一千二百二十九条　因污染环境、破坏生态造成他人损害的，侵权人应当承担侵权责任。

第一千二百三十二条　侵权人违反法律规定故意污染环境、破坏生态造成严重后果的，被侵权人有权请求相应的惩罚性赔偿。

第一千二百三十四条　违反国家规定造成生态环境损害，生态环境能够修复的，国家规定的机关或者法律规定的组织有权请求侵权人在合理期限内承担修复责任。侵权人在期限内未修复的，国家规定的机关或者法律规定的组织可以自行或者委托他人进行修复，所需费用由侵权人负担。

《中华人民共和国环境保护法》（2014）

第六条　一切单位和个人都有保护环境的义务。

地方各级人民政府应当对本行政区域的环境质量负责。

企业事业单位和其他生产经营者应当防止、减少环境污染和生态破坏，对所造成的损害依法承担责任。

公民应当增强环境保护意识，采取低碳、节俭的生活方式，自觉履行环境保护义务。

第四十八条　生产、储存、运输、销售、使用、处置化学物品和含有放射性物质的物品，应当遵守国家有关规定，防止污染环境。

《中华人民共和国民事诉讼法》(2021)

第五十八条　对污染环境、侵害众多消费者合法权益等损害社会公共利益的行为，法律规定的机关和有关组织可以向人民法院提起诉讼。

人民检察院在履行职责中发现破坏生态环境和资源保护、食品药品安全领域侵害众多消费者合法权益等损害社会公共利益的行为，在没有前款规定的机关和组织或者前款规定的机关和组织不提起诉讼的情况下，可以向人民法院提起诉讼。前款规定的机关或者组织提起诉讼的，人民检察院可以支持起诉。

《最高人民法院、最高人民检察院关于检察公益诉讼案件适用法律若干问题的解释》(2020)

第十三条　人民检察院在履行职责中发现破坏生态环境和资源保护，食品药品安全领域侵害众多消费者合法权益，侵害英雄烈士等的姓名、肖像、名誉、荣誉等损害社会公共利益的行为，拟提起公益诉讼的，应当依法公告，公告期间为三十日。

公告期满，法律规定的机关和有关组织、英雄烈士等的近亲属不提起诉讼的，人民检察院可以向人民法院提起诉讼。

《最高人民法院关于审理环境民事公益诉讼案件适用法律若干问题的解释》(2020)

第十八条　对污染环境、破坏生态，已经损害社会公共利益或者具有损害社会公共利益重大风险的行为，原告可以请求被告承担停止侵害、排除妨碍、消除危险、恢复原状、赔偿损失、赔礼道歉等民事责任。

第十九条　原告为防止生态环境损害的发生和扩大，请求被告停止侵害、排除妨碍、消除危险的，人民法院可以依法予以支持。

原告为停止侵害、排除妨碍、消除危险采取合理预防、处置措施而发生的费用，请求被告承担的，人民法院可以依法予以支持。

第二十条　原告请求恢复原状的，人民法院可以依法判决被告将生态环境修复到损害发生之前的状态和功能。无法完全修复的，可以准许采用替代性修复方式。

生态环境修复费用包括制定、实施修复方案的费用和监测、监管等费用。

第二十一条　原告请求被告赔偿生态环境受到损害至恢复原状期间服务功能损失的，人民法院可以依法予以支持。

第二十二条　原告请求被告承担检验、鉴定费用，合理的律师费以及为诉讼支出的其他合理费用的，人民法院可以依法予以支持。

《最高人民法院关于适用〈中华人民共和国民法典〉时间效力的若干规定》(2020)

第二条　民法典施行前的法律事实引起的民事纠纷案件，当时的法律、司法解释有规定，适用当时的法律、司法解释的规定，但是适用民法典的规定更有利于保护民事主体合法权益、更有利于维护社会和经济秩序、更有利于弘扬社会主义核心价值观的除外。

《人民检察院公益诉讼办案规则》（2020）

第九十八条　人民检察院可以向人民法院提出要求被告停止侵害、排除妨碍、消除危险、恢复原状、赔偿损失等诉讼请求。

针对不同领域案件，还可以提出以下诉讼请求：

（一）破坏生态环境和资源保护领域案件，可以提出要求被告以补植复绿、增殖放流、土地复垦等方式修复生态环境的诉讼请求，或者支付生态环境修复费用，赔偿生态环境受到损害至修复完成期间服务功能丧失造成的损失、生态环境功能永久性损害造成的损失等诉讼请求，被告违反法律规定故意污染环境、破坏生态造成严重后果的，可以提出惩罚性赔偿等诉讼请求；

（二）食品药品安全领域案件，可以提出要求被告召回并依法处置相关食品药品以及承担相关费用和惩罚性赔偿等诉讼请求；

（三）英雄烈士等的姓名、肖像、名誉、荣誉保护案件，可以提出要求被告消除影响、恢复名誉、赔礼道歉等诉讼请求。

人民检察院为诉讼支出的鉴定评估、专家咨询等费用，可以在起诉时一并提出由被告承担的诉讼请求。

《最高人民法院关于审理生态环境侵权纠纷案件适用惩罚性赔偿的解释》（2021）

第十二条　国家规定的机关或者法律规定的组织作为被侵权人代表，请求判令侵权人承担惩罚性赔偿责任的，人民法院可以参照前述规定予以处理。但惩罚性赔偿金数额的确定，应当以生态环境受到损害至修复完成期间服务功能丧失导致的损失、生态环境功能永久性损害造成的损失数额作为计算基数。

案例评析

习近平总书记强调，“生态文明建设是关乎中华民族永续发展的根本大计”，“良好生态环境是最公平的公共产品，是最普惠的民生福祉”。党的十八大以来，习近平总书记着眼于我国经济社会发展的现实，从民族复兴的战略高度审视生态文明建设的重要性，向全党全社会发出了“生态兴则文明兴，生态衰则文明衰”的深刻警示，以习近平同志为核心的党中央更是以前所未有的力度抓生态文明建设（汪功平 等，2020）。以习近平生态文明思想和习近平法治思想为指引，《民法典》总则编确立了绿色原则这一基本原则；第一百七十九条对惩罚性赔偿作出了原则性规定；第一千二百三十二条规定了生态环境损害惩罚性赔偿制度。初步构建起来的生态环境损害惩罚性赔偿制度，具有鲜明的中国特色、实践特色、时代特色。惩罚性赔偿，作为损害赔偿填平原则的突破，目的在于提高侵权人的违法成本，更加有效地发挥制裁和预防功能，遏制污染环境、破坏生态的行为发生，为惩治生态环境侵权行为，推动生态文明建设，满足人民日益增长的对优美生态环境的需要和期待，提供有力的制度保障，对以法治方式推进环境治理体系和治理能力现代化具有重要意义。

2021 年 1 月 4 日，江西省浮梁县人民检察院诉浙江 A 化工集团有限公司污染环境民事公益诉讼案（以下简称浙江 A 案）公开宣判。本案是我国首例适用《民法典》惩罚性赔偿条款的环境污染民事公益诉讼案件。审理法院在判令被告承担生态环境修复费用、环境功能性损失等补偿性费用之外，采取“基数 + 倍数”的计算方式，结合具体案情，决定以环境功能性损失费用为计算基数，综合考虑侵权人主观过错程度，侵权后果的严重程度，侵权人的经济能力、赔偿态度、受到行政处罚的情况等调节因素确定倍数，进而确定最终的惩罚性赔偿数额，为正确适用环境污染和生态破坏责任惩罚性赔偿制度提供了有益借鉴。

1. 环境民事公益诉讼中检察机关请求惩罚性赔偿的依据及意义

对于《民法典》第一千二百三十二条中“被侵权人有权请求相应的惩罚性赔偿”的规定及其适用，学界存在不同观点。有学者认为，“被侵权人”并不包括检察机关等国家机关，所以检察机关等国家机关不能在公益诉讼中请求惩罚性赔偿。为此，2022 年 1 月，最高人民法院出台《关于审理生态环境侵权纠纷案件适用惩罚性赔偿的解释》（以下简称《解释》），其中第十二条就明确规定，国家规定的机关或者法律规定的组织可以作为被侵权人代表，请求人民法院判令侵权人承担惩罚性赔偿责任。《解释》将提出惩罚性赔偿诉讼请求的主体限定为法定机关和组织，而根据相关规定精神和我国的司法实践，检察机关应当属于该条规定的法定主体。根据 2021 年修订的《中华人民共和国民事诉讼法》第五十八条的规定，检察机关有权对环境污染侵权行为提起民事公益诉讼。根据该条规定的逻辑进行延伸，检察机关是国家规定的公益诉讼起诉主体，因此也有权在公益诉讼中提出惩罚性赔偿。此外，2021 年 7 月施行的《人民检察院公益诉讼办案规则》第九十八条第二款也进一步明确，检察机关在破坏生态环境和资源保护领域案件中可以提出惩罚性赔偿的诉讼请求。

检察机关在环境民事公益诉讼中请求惩罚性赔偿，既符合《民法典》确立的绿色原则，也体现先进的生态保护理念。首先，弥补了先前补偿性赔偿制度的局限。传统的补偿性赔偿制度在环境侵权案件适用中存在着不足，其只能填补实际发生的损害，无法对环境所遭受的潜在损害进行补偿和救济。而在环境污染领域适用惩罚性赔偿制度，可以使环境损害得到全方位的救济，获得充分补偿，从而有力保障后续环境修复工作的开展。其次，体现了在生态环境侵权中法律对公益和私益的同等保护。污染环境、破坏生态的行为，对公共利益的损害，所造成的严重后果往往比侵害私益范围更大、更严重。而《解释》第十二条为生态环境领域民事公益诉讼适用惩罚性赔偿确立了依据，构建了私益惩罚性赔偿与公益惩罚性赔偿共存并行的制度。最后，体现了检察机关的公共利益代表性。检察机关是社会公共利益的代表，是检察公益诉讼制度的起诉主体，其虽不是直接的“被侵权人”，但可以代表受到侵害但无法单独接受救济的社会公众提出惩罚性赔偿（刘家璞 等，2022）。

2. 生态环境损害惩罚性赔偿的适用要件

根据《民法典》第一千二百二十九条规定，生态环境侵权责任适用无过错责任归责原则，即在侵权人的污染、破坏的行为与他人损害有因果关系的情形下，不考虑侵权人是否存在过错、排污是否符合规定的标准，均应承担侵权责任。但惩罚性赔偿作为一种主要针对具有不法性和道德上应受谴责的行为而适用的责任方式，其赔偿数额更大，违法成本更高，具有显著的惩罚功能，在适用条件上更加严格。《解释》用五个条文（第四至八条）规定了生态环境惩罚性赔偿的特别构成要件及其认定的考量因素和典型情形，为法官裁判案件提供指引（刘竹梅 等，2022）。根据《民法典》第一千二百三十二条规定，生态环境侵权惩罚性赔偿责任的特别构成要件包括以下三个方面：

一是实施不法行为。行为违法性将惩罚性赔偿的适用范围限定在违反法律规定的环境侵害行为，排除了合法行为造成的生态环境严重损害，从而平衡侵权人和受害人利益，防止惩罚性赔偿的滥用，使环境保护与经济发展间达到动态平衡（张锋 等，2022）。同时《解释》第五条也对“法律规定”进行了限定，包含法律、法规、规章。本案中，被告 A 公司的生产部经理吴某甲将公司生产的硫酸钠废液交由无危险废物处置资质的吴某乙处理，放任污染环境危害结果的发生，其行为违反了《中华人民共和国环境保护法》第四十八条关于生产、储存、运输、销售、使用、处置化学物品的规定，且已被生效刑事判决认定为污染环境的犯罪行为。

二是主观上具有故意。惩罚性赔偿责任的主要目的，就是制裁不法的恶意侵权人，故行为人是否具有主观故意，是惩罚性赔偿责任能否成立的特别要件之一。《解释》结合审判实践中的典型案例，对认定人是否具有主观故意的考量因素进行了总结，并列举了 9 种足以认定其具有污染环境、破坏生态主观故意的情形，将侵权人的主观心理状态以客观行为外化，为审判实践提供明确、具体的裁判指引（刘竹梅 等，2022）。本案中，被告 A 公司生产叠氮化钠的蒸馏系统设备损坏后，该公司生产部经理吴某甲为了生产需要处理硫酸钠废液。在处理前，经向公司法定代表人叶某某请示，叶某某同意将硫酸钠废液处置一事交由其处理。在处理该废液的过程中，被告 A 公司为其报销了两次运输费用。吴某甲处理硫酸钠废液的行为应认定为执行工作任务的行为。该职务行为与吴某乙、李某某、范某某的行为直接结合，导致 1124.1 吨硫酸钠废液被运输到浮梁县寿安镇八角井、浮梁县湘湖镇洞口村的山上倾倒，造成当地水体、土壤等环境受到污染的严重后果（谢君宜 等，2021）。其行为属于《解释》第七条列举的 9 种足以从侵权人的外在行为认定其具有污染环境、破坏生态主观故意的情形之一，即无危险废物经营许可证而从事收集、贮存、利用、处置危险废物经营活动，或者知道、应当知道他人无许可证而将危险废物提供或委托给其从事收集、贮存、利用、处置等活动的情形，故人民法院认定侵权人主观上具有污染环境、破坏生态的故意。

三是不法行为造成了严重后果。惩罚性赔偿制度应审慎适用，保持谦抑性，避免其滥用可能给侵权人带来合法权益侵害，对其适用要聚焦于损害后果严重的生态环境侵权行为，且此种严重后果，必须是已经实际发生的、现实存在的人身损害、财产损失或者生态环境损害，不能仅是一种风险。《环境损害鉴定评估推荐方法（第Ⅱ版）》第 4.1 条将环境损害定义为：指因污染环境或破坏生态行为导致人体健康、财产价值或生态环境及其生态系统服务的可观察的或可测量的不利改变；第 4.5 条将“生态环境损害”界定为由于污染环境或破坏生态行为直接或间接地导致生态环境的物理、化学或生物特性的可观察的或可测量的不利改变，以及提供生态系统服务能力的破坏或损伤。对于这种损害，可以从“质”和“量”两个方面来判断。从“质”的方面看，要把生态环境的损害区别于其他的损害；对损害“量”的判断，要确定其是否达到破坏生态平衡的程度（吕忠梅，2020）。这些涉及环境损害程度的确定甚至后果的量化，具有较高的专业技术性。《解释》第八条第一款明确了认定是否造成严重后果的酌定因素，包括污染环境、破坏生态行为的持续时间；污染环境、破坏生态行为的地域范围；环境污染、生态破坏的范围和程度；社会影响等。《解释》第八条第二款对足以认定为造成严重后果情形也作出了规定。本案中，倾倒废液行为造成了浮梁县寿安镇八角井周边约 8.08 亩范围内的环境受到污染，影响到浮梁县湘湖镇洞口村约 6.6 千米^{2}流域的环境，妨碍了当地一千余名居民饮用水安全，浮梁县寿安镇八角井、湘湖镇洞口村两处倾倒点的环境修复费用、环境功能性损失等达数百万元，该行为直接污染了环境，损害了社会公共利益，造成严重后果。同时值得注意的是，浮梁县湘湖镇洞口村洞口组的废液倾倒点紧邻洞口村水源地，基于地势地貌特点，该倾倒处的山体承担着水源涵养等重要生态功能。因污染环境事故的发生，导致当地水体、土壤等环境向公众或者其他生态系统提供服务的功能减损，损害了社会公众本应享有的生态环境利益。可见，倾倒废液行为给生态环境造成了严重的损害后果。此外，进行应急处置亦花费巨额成本，应当认定造成了严重损害结果。

3. 生态环境损害惩罚性赔偿金的计算基数

《民法典》第一千二百三十二条规定被侵权人有权请求相应的惩罚性赔偿，但未明确具体的赔偿幅度以及惩罚性赔偿金数额的计算方法。《解释》第九条、第十二条规定了生态环境损害惩罚性赔偿金的计算基数，即环境公益诉讼在适用惩罚性赔偿时应当以被侵权人因环境污染、生态破坏受到的实际损失作为计算基数。如若以违法获利为基数，赔偿数额易导致侵权人过度负担，虽有效威慑环境侵权行为，但过度惩戒极易影响经济发展。实践中，司法机关应以实际损失来确定赔偿基数，其中生态环境可修复的部分，计算基数为生态环境受到损害至修复完成期间服务功能丧失导致的损失以及生态环境的修复费用数额；生态环境无法修复的部分，计算基数为生态环境功能永久性损害造成的损失数额。

本案中，浮梁县湘湖镇洞口村洞口组的废液倾倒点紧邻洞口村水源地，基于地势地貌特点，该倾倒处的山体承担着水源涵养等重要生态功能。因污染环境事故发生，导致当地水体、土壤等环境向公众或者其他生态系统提供服务的功能减损，损害了社会公众本应享有的环境权益，将环境功能性损失费用作为确定惩罚性赔偿的标准，更能体现民事公益诉讼维护社会公共利益的宗旨。被告A公司对于环境污染的发生虽有责任，但事后认错态度好并积极赔偿，参照环境功能性损失费用确定惩罚性赔偿更为符合过罚相当的法律原则。

4. 生态环境损害惩罚性赔偿金的确定标准与倍数考量

惩罚性赔偿，旨在加大侵权人的违法成本，更加有效地发挥制裁、预防功能，遏制污染环境、破坏生态的行为发生。作为损害补偿原则的例外，其数额不应是无限的，而应是合理的。人民法院判令侵权人赔偿超出实际损失数额的额度，应与侵权人的主观恶意、损害后果以及对侵权人的震慑等大致相当。《解释》第十条第一款规定了惩罚性赔偿金数额应考量的因素，即侵权人的恶意程度，侵权后果的严重程度，侵权人因污染环境、破坏生态行为所获得的利益或者侵权人所采取的修复措施及其效果等。同时对其倍数进行了明确规定，不超过人身损害赔偿金、财产损失数额的两倍，以防止给侵权人带来难以承受的惩罚（刘竹梅 等，2022）。

本案判决时，《解释》尚未出台，并无具体规范性文件和指导性案件提供依据和参考，法院只得参照《中华人民共和国消费者权益保护法》《中华人民共和国食品安全法》等法律规定，以所受损失的一至三倍确定惩罚性赔偿的数额。生态环境与消费者权益、食品安全、产品责任等均属于公共利益，故环境惩罚性赔偿在该幅度内不会超出当事人的合理预期。为体现用“最严格制度最严密法治”来保护生态环境的理念，综合被告 A 公司的过失程度、赔偿态度、损害后果、承担责任的经济能力、受到行政处罚等因素，法院认为，被告 A 公司按照环境功能性损失费用的三倍承担环境污染惩罚性赔偿 171406.35 元，应属于法有据（张旭东 等，2022）。

同时值得注意的是，惩罚性赔偿标准倍数的确定不宜直接与消费者权益、食品安全等领域相比较。检察机关应当结合个案案情，根据侵权人主观故意程度、损害后果严重程度以及经济状况等综合考虑。为确保倍数确定得科学合理，可通过专家论证、公开听证等方式，公平合理地予以确定。如果倍数过高，导致惩罚性赔偿金数额过大，会给侵权人带来过重负担，如不能履行到位，反而不利于受损生态环境的治理和修复。

5. 结语

《民法典》将惩罚性赔偿引入生态环境侵权领域具有重大的实践价值和理论意义。检察机关提起环境民事公益诉讼适用惩罚性赔偿制度不但具有理论上的正当性，而且也符合我国社会治理与司法实践的需要（孟穗 等，2022）。但检察机关提起环境民事公益诉讼并适用惩罚性赔偿制度时，应当秉持审慎态度，避免惩罚性赔偿制度的滥用。

指导意义

检察机关提起环境民事公益诉讼时，可以依法提出惩罚性赔偿诉讼请求。《民法典》在环境污染和生态破坏责任中规定惩罚性赔偿，目的在于加大侵权人的违法成本，更加有效地发挥制裁、预防功能，遏制污染环境、破坏生态的行为发生。《民法典》第一千二百三十二条关于惩罚性赔偿的规定是环境污染和生态环境破坏责任的一般规定，既适用于环境私益诉讼，也适用于环境公益诉讼。故意污染环境侵害公共利益，损害后果往往更为严重，尤其需要发挥惩罚性赔偿的惩戒功能。检察机关履行公共利益代表的职责，在依法提起环境民事公益诉讼时应当重视适用惩罚性赔偿，对于侵权人违反法律规定故意污染环境、破坏生态造成严重后果的，可以请求人民法院判令侵权人承担惩罚性赔偿责任。

检察机关应当综合考量具体案情提出惩罚性赔偿数额。基于保护生态环境的公益目的，检察机关在确定环境侵权惩罚性赔偿数额时，应当以生态环境受到损害至修复完成期间服务功能丧失导致的损失、生态环境功能永久性损害造成的损失等可量化的生态环境损害作为计算基数，同时结合具体案情，综合考量侵权人主观过错程度，损害后果的严重程度，生态修复成本，侵权人的经济能力、对案件造成危害后果及承担责任的态度、所受行政处罚和刑事处罚等因素，提出请求判令赔偿的数额。

检察机关可以要求违反污染防治责任的企业承担生态环境修复等民事责任。我国对危险废物污染环境防治实行污染者依法承担责任的原则。危险废物产生者未按照法律法规规定的程序和方法将危险废物交由有处置资质的单位或者个人处置，属于违反污染防治责任的行为，应对由此造成的环境污染承担民事责任。同时，根据《民法典》第一千一百九十一条关于用人单位的工作人员因执行工作任务造成他人损害的，由用人单位承担侵权责任的规定，企业职工在执行工作任务时，实施违法处置危险废物的行为造成环境污染的，企业应承担民事侵权责任。因承担刑事责任和民事责任的主体不同，检察机关不能提出刑事附带民事公益诉讼的，可以在刑事诉讼结束后，单独提起民事公益诉讼，要求企业对其处理危险废物过程中违反国家规定造成生态环境损害的行为，依法承担民事责任。

五、山东省淄博市人民检察院对A发展基金会诉B石油化工有限公司、C化工有限公司民事公益诉讼检察监督案

案情介绍

2014年4月至9月，B石油化工有限公司（以下简称B公司）、C化工有限公司（以下简称C公司）分别将125车5107.1吨、70车2107.2吨废硫酸交由不具有危险废物处置资质的个人，违法倾倒至山东省淄博市淄川区岭子镇台头崖村附近废弃煤井和渗坑中，造成严重环境污染。2017年3月1日，淄博市淄川区人民检察院以被告单位B公司、C公司、被告人刘某等十四人犯污染环境罪向淄博市淄川区人民法院提起公诉。2020年3月23日，淄博市淄川区人民法院判决两被告企业犯污染环境罪，分别判处罚金1000万元、600万元，其他被告人被依法判处有期徒刑一年十个月至六年十个月不等，并处罚金2万元至45万元不等。

淄博市淄川区人民检察院在办理上述刑事案件中发现B公司、C公司等污染环境的行为已严重损害社会公共利益，依法于2018年1月26日将该公益诉讼案件线索移送淄博市人民检察院。2018年3月20日，淄博市人民检察院依法立案并发布民事公益诉讼诉前公告。2018年4月，A发展基金会（以下简称A基金会）向淄博市中级人民法院提起民事公益诉讼，请求两被告企业承担环境侵权责任，具体赔偿生态环境损害费用以鉴定或评估报告为准，未请求其他侵权人承担环境侵权责任。

经淄博市环境保护局（2018年改称生态环境局）淄川分局委托，山东省环境保护科学研究设计院于2017年8月出具检验报告，评估被污染场地的生态环境损害费用为14474.18万元。2019年12月，淄博市中级人民法院根据淄博市公安局淄川分局查

明的事实及上述检验报告，鉴于涉案环境污染系两被告以及河北省三家单位倾倒废硫酸共同造成，综合考量两被告非法倾倒污染物的数量及生态环境修复的难易程度、防治污染设备的运行成本、被告因侵害行为获得的利益以及过错程度等因素，作出一审判决：两被告因非法倾倒造成涉案地环境污染，应承担生态环境修复费用和生态环境服务功能损失费，由B公司承担生态损害赔偿金6000万元，由C公司承担生态损害赔偿金3000万元，分别支付至山东省生态环境损害赔偿资金账户。

B公司不服一审判决，上诉至山东省高级人民法院。二审期间，A基金会、B公司、C公司三方达成和解协议：A基金会同意B公司、C公司在分别承担6000万元和3000万元生态损害赔偿金范围内自行修复所损害的生态环境。如按照修复方案完成修复工作，A基金会不再要求B公司、C公司承担生态损害赔偿金等。三方当事人请求法院对和解协议效力予以确认，2020年10月9日，山东省高级人民法院对该和解协议予以公告。公告期间，淄博市人民检察院会同淄博市生态环境局向山东省高级人民法院提出书面异议，指出和解协议内容无法保证受损生态环境实现有效修复的目的，可能损害社会公共利益。山东省高级人民法院经审查认为，淄博市人民检察院和淄博市生态环境局在和解协议公告期间提出异议，故对和解协议效力不予确认。2020年12月10日依法作出民事判决，认为原审判决认定事实清楚，适用法律正确，B公司的上诉请求不能成立，不予支持，判决驳回上诉，维持一审判决。

检察机关履职过程

淄博市淄川区人民检察院在办理上述刑事案件中发现B公司、C公司等污染环境的行为已严重损害社会公共利益，依法于2018年1月26日将该公益诉讼案件线索移送淄博市人民检察院。

2018年3月20日，淄博市人民检察院依法立案并发布民事公益诉讼诉前公告。2018年4月，A基金会向淄博市中级人民法院提起民事公益诉讼。一审后被告不服判决，提起上诉，二审期间，A基金会、B公司、C公司三方达成和解协议。

淄博市人民检察院在和解协议公告期间得知协议内容，根据《最高人民法院关于适用〈中华人民共和国民事诉讼法〉的解释》《最高人民法院关于审理环境民事公益诉讼案件适用法律若干问题的解释》规定，认为该和解协议未达到有效修复受损生态环境的目的，如经法院司法确认，社会公共利益可能受到严重损害，遂向山东省人民检察院报告。

山东省人民检察院经审查，确定了“调查核实、提出异议、跟进监督”的工作指导意见。淄博市人民检察院通过向生态环境部门调取《山东省生态环境损害修复效果后评估工作办法》等文件资料、对被污染地进行现场勘验、询问当地村民、就环境修复问题咨询专业机构意见等方式调查取证，初步证明被污染地一直未修复，和解协议可能无法实现修复目的，社会公共利益遭受损害。

淄博市人民检察院会同市、区两级生态环境部门召开专家论证会，委托山东大学、山东省环境保护科学研究设计院等单位环保专家实地查看被污染现场，就和解协议实质内容、修复可行性、是否违反法律规定以及是否足以保护公共利益等进行论证。专家认为，和解协议在未对被污染地是否具有实际修复可行性进行论证的前提下，约定侵权人自行修复受损环境及完成修复后不再承担生态损害赔偿金，缺乏第三方有效参与和监督，从程序上不足以保障社会公共利益得到切实救济。

经调查核实，检察机关认为和解协议不能确保受损生态环境得到有效修复，将损害社会公共利益。一方面，受损环境是否具有实际修复可行性应在调查论证基础上得出结论，而不应由和解协议随意约定。山东省环境保护科学研究设计院出具的《淄川区岭子镇台头崖村污染环境案环境损害检验报告》显示，本案污染现场的环境损害范围已无法准确估算。在环境损害范围无法准确估算的前提下，A 发展基金会与两涉案企业作为原、被告双方约定企业自行修复受损环境且不再承担生态环境损害赔偿金，虽然有助于提升纠纷解决效率，但更可能因无法对受损环境进行充分救济，而导致公共利益受损状态持续。另一方面，案发 6 年多来，两涉案企业始终未出具任何修复方案，也未实际承担任何损害赔偿责任。和解协议未确定环境修复方案，也未约定当地环境保护部门和被污染地村民等第三方进行参与和监管，仅交由外地的侵权企业自行修复受损环境，修复时间（协议约定 5 年内完成修复）和修复效果无法保证。

2020 年 11 月 9 日，根据《最高人民法院关于审理环境公益诉讼案件的工作规范（试行）》第二十九条的规定，淄博市人民检察院会同淄博市生态环境局向山东省高级人民法院提出书面异议，指出和解协议内容无法保证受损生态环境实现有效修复的目的，可能损害社会公共利益，法院依法不应据此出具调解书；并将专家论证意见、走访当地村民和政府工作人员调查笔录、生态环境损害结果地所在村村委会诉求书、相关刑事判决书等证据提交山东省高级人民法院。山东省高级人民法院对和解协议效力不予确认，并判决驳回上诉，维持一审判决。

判决生效后，检察机关督促法院加大执行力度，并主动对接生态环境和财政部门，对已执行到账的生态环境损害赔偿金使用跟进监督，确保用于修复受损的生态环境。

法条索引

《中华人民共和国民事诉讼法》(2017)

第五十五条　对污染环境、侵害众多消费者合法权益等损害社会公共利益的行为，法律规定的机关和有关组织可以向人民法院提起诉讼。

人民检察院在履行职责中发现破坏生态环境和资源保护、食品药品安全领域侵害众多消费者合法权益等损害社会公共利益的行为，在没有前款规定的机关和组织或者前款规定的机关和组织不提起诉讼的情况下，可以向人民法院提起诉讼。前款规定的机关或者组织提起诉讼的，人民检察院可以支持起诉。

第二百零八条　最高人民检察院对各级人民法院已经发生法律效力的判决、裁定，上级人民检察院对下级人民法院已经发生法律效力的判决、裁定，发现有本法第二百条规定情形之一的，或者发现调解书损害国家利益、社会公共利益的，应当提出抗诉。

地方各级人民检察院对同级人民法院已经发生法律效力的判决、裁定，发现有本法第二百条规定情形之一的，或者发现调解书损害国家利益、社会公共利益的，可以向同级人民法院提出检察建议，并报上级人民检察院备案；也可以提请上级人民检察院向同级人民法院提出抗诉。

各级人民检察院对审判监督程序以外的其他审判程序中审判人员的违法行为，有权向同级人民法院提出检察建议。

《最高人民法院关于适用〈中华人民共和国民事诉讼法〉的解释》(2022)

第二百八十七条　对公益诉讼案件，当事人可以和解，人民法院可以调解。

当事人达成和解或者调解协议后，人民法院应当将和解或者调解协议进行公告。公告期间不得少于三十日。

公告期满后，人民法院经审查，和解或者调解协议不违反社会公共利益的，应当出具调解书；和解或者调解协议违反社会公共利益的，不予出具调解书，继续对案件进行审理并依法作出裁判。

《最高人民法院、最高人民检察院关于检察公益诉讼案件适用法律若干问题的解释》(2020)

第二条　人民法院、人民检察院办理公益诉讼案件主要任务是充分发挥司法审判、法律监督职能作用，维护宪法法律权威，维护社会公平正义，维护国家利益和社会公共利益，督促适格主体依法行使公益诉权，促进依法行政、严格执法。

《最高人民法院关于审理环境民事公益诉讼案件适用法律若干问题的解释》(2020)

第十一条　检察机关、负有环境资源保护监督管理职责的部门及其他机关、社会组织、企业事业单位依据民事诉讼法第十五条的规定，可以通过提供法律咨询、提交书面意见、协助调查取证等方式支持社会组织依法提起环境民事公益诉讼。

第二十五条　环境民事公益诉讼当事人达成调解协议或者自行达成和解协议后，人民法院应当将协议内容公告，公告期间不少于三十日。

公告期满后，人民法院审查认为调解协议或者和解协议的内容不损害社会公共利益的，应当出具调解书。当事人以达成和解协议为由申请撤诉的，不予准许。

调解书应当写明诉讼请求、案件的基本事实和协议内容，并应当公开。

《人民检察院公益诉讼办案规则》(2020)

第九条　人民检察院提起诉讼或者支持起诉的民事、行政公益诉讼案件，由负责民事、行政检察的部门或者办案组织分别履行诉讼监督的职责。

第二十八条　人民检察院经过评估，认为国家利益或者社会公共利益受到侵害，可能存在违法行为的，应当立案调查。

第一百零一条　人民检察院可以采取提供法律咨询、向人民法院提交支持起诉意见书、协助调查取证、出席法庭等方式支持起诉。

第一百零二条　人民检察院在向人民法院提交支持起诉意见书后，发现有以下不适合支持起诉情形的，可以撤回支持起诉：

（一）原告无正当理由变更、撤回部分诉讼请求，致使社会公共利益不能得到有效保护的；

（二）原告撤回起诉或者与被告达成和解协议，致使社会公共利益不能得到有效保护的；

（三）原告请求被告承担的律师费以及为诉讼支出的其他费用过高，对社会公共利益保护产生明显不利影响的；

（四）其他不适合支持起诉的情形。

人民检察院撤回支持起诉的，应当制作《撤回支持起诉决定书》，在三日内提交人民法院，并发送原告。

第一百零三条　人民检察院撤回支持起诉后，认为适格主体提出的诉讼请求不足以保护社会公共利益，符合立案条件的，可以另行立案。

《最高人民法院关于审理环境公益诉讼案件的工作规范（试行）》（2017）

第二十八条 【调解公告的内容】当事人达成调解协议或者自行达成和解协议的，人民法院应将协议内容同时在法院公告栏、受诉人民法院官网或者其他相应媒体公告，并通知负有环境保护监督管理职责的部门。公告期间不少于三十日。

调解协议或者和解协议一般应包括以下内容：

（一）确认被告实施了环境污染、破坏生态的行为以及停止实施环境污染、破坏生态行为的具体方案；

（二）对于已经受到损害的生态环境，明确被告应承担的环境修复责任；

（三）确定环境修复方案、环境修复的实施和监督主体，以及环境修复费用的具体金额、支付对象等；

（四）对于已经造成生态环境服务功能损失的，明确被告应承担的赔偿金额；

（五）原告请求赔礼道歉的，应明确在有相当影响的媒体上进行书面道歉；

（六）确定被告承担的检验、鉴定费用，原告合理的律师费以及为诉讼支出的其他合理费用。

第二十九条 【调解公告的异议】调解书公告期间届满前，自然人、法人和社会组织认为调解协议或者和解协议不足以保护社会公共利益的，可以向人民法院提出书面异议。经人民法院审查，异议成立的，不予出具调解书；当事人不能重新达成调解协议的，人民法院应对案件继续审理并依法作出裁判。

案例评析

党的二十大报告提出完善公益诉讼制度，这为公益诉讼制度的进一步发展指明了方向。检察机关是公共利益的守护者，在践行“绿水青山就是金山银山”理念、加强生态环境保护、推进美丽中国建设等方面发挥着重要作用。但当前公益诉讼制度的发展主要依靠检察机关大力推进，社会组织的力量并未充分发挥。而相较于检察机关，社会组织在公益诉讼方面具有分布范围广、社会根基深、无地域限制等优势，既能及时发现损害社会公共利益的环境违法行为并启动诉讼程序，也能全面高效地参与社会公共利益保护之中，加强社会公益的保护力量。可见，要有效发挥社会组织的作用，大力支持社会组织参与公益保护，更要加强检察机关和社会组织的合作与监督，促使其凝聚共识，形成公益保护合力，从而构建具有中国特色的公益诉讼制度。

1. 社会组织作为适格主体提起民事公益诉讼的条件

《中华人民共和国民事诉讼法》(以下简称《民事诉讼法》)第五十五条规定了民事公益诉讼制度，明确法律规定的机关和有关组织可以提起环境公益诉讼。《中华人民共和国环境保护法》(以下简称《环境保护法》)第五十八条进一步对社会组织提起环境公益诉讼的具体条件进行了明确规定。此外，《最高人民法院关于审理环境民事公益诉讼案件适用法律若干问题的解释》(以下简称《解释》)第四条明确了对于社会组织专门从事环境保护公益活动的判断标准，即“社会组织章程确定的宗旨和主要业务范围是维护社会公共利益，且从事环境保护公益活动的，可以认定为《环境保护法》第五十八条规定的‘专门从事环境保护公益活动’。社会组织提起的诉讼所涉及的社会公共利益，应与其宗旨和业务范围具有关联性”。结合上述法条及司法解释，参考最高人民法院关于A基金会主体资格认定的类案，有关本案A基金会是否可以作为“专门从事环境保护公益活动”的社会组织提起本案诉讼，应重点从其宗旨和业务范围是否包含维护环境公共利益、是否实际从事环境保护公益活动、所维护的环境公共利益是否与其宗旨和业务范围具有关联性等三个方面进行审查（王旭光 等，2018）。

一是关于A基金会章程规定的宗旨和业务范围是否包含维护环境公共利益的问题。社会公众所共享的环境利益，乃是在合适、惬意、令人愉悦的环境里获得幸福与舒适。这一利益可以表现为多种形式，应从其内涵出发，判断社会组织的理念和职责范围是否涉及环境公共利益的保护。即使社会组织章程未直接规定维护环境公共利益，但若其工作内容属于保护各种影响人类生存和发展的天然的和经过人工改造的自然因素的范畴，包括对大气、水、海洋、土地、矿藏、森林、草原、湿地、野生生物、自然遗迹、人文遗迹、自然保护区、风景名胜区、城市和乡村等环境要素及其生态系统的保护，均可以认定为宗旨和业务范围包含维护环境公共利益（王旭光 等，2018）。同时《环境保护法》第三十条也对生物多样性的保护进行了规定，可见，生物多样性保护是环境保护的重要内容，亦属维护环境公共利益的当然要求。本案中，A基金会章程中明确规定，其宗旨为“广泛动员全社会关心和支持生物多样性保护和绿色发展事业，保护国家战略资源，促进生态文明建设和人与自然和谐，构建人类美好家园”，符合联合国《生物多样性公约》和《环境保护法》保护生物多样性的要求。同时，“促进生态文明建设”“人与自然和谐”“构建人类美好家园”等内容契合绿色发展理念，亦与环境保护密切相关，属于维护环境公共利益的范畴。故法院认定A基金会的宗旨和业务范围包含维护环境公共利益内容（参见中国生物多样性保护与绿色发展基金会环境污染责任纠纷案（2016）最高法民再45号裁定书）。

二是关于A基金会是否实际从事环境保护公益活动的问题。环境保护公益行动不仅包含改善生态环境如植树造林、濒危物种保护、节能减排、环境修复等行为，还涵盖与环保相关的宣传教育、研究培训、学术交流、法律援助、公益诉讼等，这些行动有利于完善环境治理体系、提高治理能力、促进形成广泛的环保共识。A基金会在本案审理期间提交的历史沿革、公益活动照片、以往公益诉讼文书等相关证据材料，足以显示A基金会自1985年成立以来长期实际从事包括举办环境保护研讨会、组织生态考察、开展环境保护宣传教育、提起环境民事公益诉讼等环境保护活动，符合《环境保护法》和《解释》的规定。同时，上述证据亦证明A基金会从事环境保护公益活动的时间已满五年，符合《环境保护法》第五十八条关于社会组织从事环境保护公益活动应连续五年以上的规定。

三是关于本案所涉及的社会公共利益与A基金会宗旨和业务范围是否具有关联性的问题。依据《解释》第四条的规定，社会组织提起的公益诉讼涉及的环境公共利益，应与社会组织的宗旨和业务范围具有一定关联。此项规定旨在促使社会组织所起诉的环境公共利益保护事项与其宗旨和业务范围具有对应或者关联关系，以保证社会组织具有相应的诉讼能力。因此，即使社会组织起诉事项与其宗旨和业务范围不具有对应关系，但若与其所保护的环境要素或者生态系统具有一定的联系，亦应基于关联性标准确认其主体资格（叶阳，2017）。本案环境公益诉讼系针对化工企业环境污染提起。A基金会起诉认为B公司、C公司分别将125车5107.1吨、70车2107.2吨废硫酸交由不具有危险废物处置资质的个人，违法倾倒至山东省淄博市淄川区岭子镇台头崖村附近废弃煤井和渗坑中，造成严重环境污染，所涉及的环境公共利益之维护属于A基金会宗旨和业务范围。

此外，A基金会的法人登记证书显示，A基金会是在中华人民共和国民政部登记的基金会法人。A基金会提交的2010—2014年度检查证明材料，显示其在提起本案公益诉讼前五年年检合格。A基金会还按照《解释》第五条的规定提交了其五年内未因从事业务活动违反法律、法规的规定而受到行政、刑事处罚的无违法记录声明。据此，A基金会亦符合《环境保护法》第五十八条，《解释》第二条、第三条、第五条对提起环境公益诉讼社会组织的其他要求，具备提起环境民事公益诉讼的主体资格。

2. 检察机关对社会组织支持起诉的适用条件

最高人民检察院于2021年4月发布《"十四五"时期检察工作发展规划》，强调检察机关要完善支持起诉制度，规范支持起诉的范围、条件和程序。同时检察机关开展民事支持起诉工作具有重大价值与意义，这不仅是贯彻习近平法治思想的一项具体措施，也是在新时代检察理念的指导下，以《中华人民共和国民法典》的贯彻实施为契机，检察机关根据职能定位，聚焦对诉讼能力较弱的特殊群体的保护等问题，强化源头治理和系统治理，为经济社会高质量发展提供服务的一项重要措施（刘霞 等，2022）。

回顾我国支持起诉制度的发展历程，其源自1982年施行的《民事诉讼法（试行）》第十三条，后《民事诉讼法》经过2017年修订后，在第五十五条对民事公益诉讼中检察机关支持起诉制度进行了专门规定，至此我国的支持起诉制度才以条文的形式予以确定下来，为检察机关支持起诉的实践提供了依据。之后，为进一步加强完善检察机关支持起诉制度，2021年施行的《人民检察院公益诉讼办案规则》对检察机关支持起诉范围、撤回支持起诉等予以具体规定，但上述条款并未明确支持起诉启动方式和适用条件，导致检察机关实践中缺乏明确指引，这亟须通过立法予以完善。一般来讲，支持起诉的程序应当依申请并经检察机关审查后启动。但作为法律监督机关和社会公共利益代表，检察机关拥有督促社会组织依法行使公益诉权的职责，当其发现社会组织违法行使公益诉权，极有可能导致社会公共利益严重受损时，可主动依职权启动支持起诉程序，不应仅拘束于社会组织的申请而启动（王浩 等，2022）。而支持起诉条件一般应当包括：社会公共利益遭受严重侵害、社会影响较大、人民群众反映强烈、原告诉讼能力较弱等。检察机关与拟提起民事公益诉讼的社会组织，在被告和诉讼请求认定等方面存在严重分歧时，也可以决定不予支持起诉，并向社会组织说明理由。本案中，检察机关依法发出诉前公告后，A基金会申请淄博市人民检察院支持起诉。淄博市人民检察院与该基金会沟通协商后，发现在被告认定、诉讼请求等方面存在分歧，便向山东省人民检察院请示是否支持起诉，山东省人民检察院组织专家召开法律论证会，经论证认为，检察机关审查发现不符合支持起诉条件的，可决定不予支持起诉。

虽本案检察机关未支持起诉，但不可否认的是，检察机关支持起诉制度在平衡诉讼主体间利益关系、维护公共利益、提升社会组织诉讼能力等方面发挥着重要作用，极大彰显了中国特色检察制度的优势。实践中，检察机关通过提供法律咨询、向人民法院提交支持起诉意见书、派员出席法庭等方式支持起诉，可以有效促进、协调以及引导具备资格的社会组织依法开展民事公益诉讼活动。同时检察机关应当支持社会组织的调查取证活动。一方面，检察机关应积极行使调查权，帮助社会组织更好地应对在证据调查中出现的各种高难度问题；另一方面，作为具有强大后援保障的法律监督机关，检察机关更应该秉持司法为民的理念，支持社会组织提起民事公益诉讼，避免社会组织因受到其他因素干扰而影响公共利益的保护。

3. 检察机关对社会组织提起民事公益诉讼的监督

《中华人民共和国宪法》赋予了检察机关监督法律实施的职能，使其在国家权力结构中发挥监督者作用，对于法律实施的全过程而言，检察机关就如一双“无形的手”，纠正错误，保障公平公正运行（朱旖，2022）。在民事公益诉讼中，即使检察机关支持社会组织提起公益诉讼，其也应履行好法律监督的职责，对民事公益诉讼的程序和实体部分进行全面有效的监督，对民事公益诉讼启动、开展和执行的全过程进行监督。

检察机关是国家法律监督机关，在支持起诉工作中，不仅要保持客观中立的态度，还要充分发挥其法律监督职能，监督社会组织依法、及时提起民事公益诉讼，切实维护社会公共利益。检察机关对社会组织提起民事公益诉讼的监督具体可以体现在三个方面。首先，社会组织提起诉讼后，无正当理由变更、撤回部分诉讼请求等，致使社会公共利益不能得到有效保护等不适合支持起诉情形出现的，检察机关可以根据《公益诉讼办案规则》第一百零二条，撤回支持起诉，并基于公益诉讼检察的法定职责，全面运用调查核实权，依法开展监督。其次，发现社会组织提起公益诉讼的已经发生法律效力的公益诉讼判决、裁定确有错误，损害社会公共利益的，检察机关应当根据《公益诉讼办案规则》第六十四条，依法提出抗诉；对社会组织提起诉讼的调解书损害社会公共利益的，检察机关根据《人民检察院民事诉讼监督规则》第七十五条，依法向人民法院提出再审检察建议或者抗诉。最后，对社会组织表示拟提起诉讼，但是无正当理由久拖不诉，造成无法及时有效保护社会公共利益的，检察机关可以直接提起民事公益诉讼（王浩 等，2022）。

4. 对社会组织与被告签署和解协议的司法审查

《最高人民法院、最高人民检察院关于检察公益诉讼案件适用法律若干问题的解释》第二十五条规定了法院对民事公益诉讼和解协议的审查权。同时，最高人民法院《关于审理环境公益诉讼案件的工作规范（试行）》第二十九条规定了自然人、法人和社会组织对于认为调解协议或者和解协议不足以保护社会公共利益的，可以向人民法院提出书面异议。由此可知，我国对涉及公共利益保护的和解协议建立了司法审查和社会监督制度，足以看出对社会公益的重视，但相较于法院的司法审查和社会公众的异议，检察院的检察监督更具有优势。

检察机关拥有《中华人民共和国宪法》赋予的法律监督权，同时又是社会公共利益的代表，其对社会组织与被告签署和解协议的检察监督有着正当性基础。同时为防止社会组织擅自处分公共利益，检察机关应对社会组织与侵权人达成的和解协议从合法性、可行性等方面进行审查。对可能损害社会公共利益的，在协议公告期间届满前发现的，应当向人民法院提出书面异议，人民法院未采纳检察机关提出的书面异议而出具调解书，可能损害社会公共利益的，检察机关应当依法提出抗诉或者再审检察建议；在协议生效后发现的，损害社会公共利益的，检察机关应当通过抗诉、检察建议等方式依法履行诉讼监督职责。显而易见的是，相较于其他监督形式，检察院的全方位、全过程性监督，发现问题更及时、监督纠错更直接，更有利于维护社会公益。

综上，检察机关在办理民事公益诉讼案件过程中，应注重与社会组织形成“支持+配合+监督”的良性互动关系。一方面，检察机关应积极支持、协助社会组织承担更多的公益保护职责，发挥其在公益保护治理中的功能和作用；另一方面，检察机关应督促、监督社会组织依法行使公益诉权。

指导意义

对于检察机关依法立案的民事公益诉讼案件，社会组织在公告期间提起民事公益诉讼的，检察机关应当继续关注，并依法履行法律监督机关和公共利益代表的相应职责。根据《最高人民法院、最高人民检察院关于检察公益诉讼案件适用法律若干问题的解释》第二条规定，人民法院、人民检察院办理公益诉讼案件主要任务是充分发挥司法审判、法律监督职能作用，维护宪法法律权威，维护社会公平正义，维护国家利益和社会公共利益，督促适格主体依法行使公益诉权，促进依法行政、严格执法。

社会组织依法提起民事公益诉讼的，检察机关可以督促其依法行使公益诉权。对损害后果严重、社会影响较大、社会组织诉讼能力较弱等情形，检察机关可以采取提供法律咨询、向人民法院提交支持起诉意见书、协助调查取证、派员出席法庭等方式支持起诉。社会组织与侵权人达成和解协议的，检察机关应从合法性、可行性、有效性等方面进行审查，对可能损害社会公共利益的，在协议公告期间届满前发现的，应当向人民法院提出书面异议。人民法院未采纳检察机关提出的书面异议而出具调解书，可能损害社会公共利益的，检察机关应当依法提出抗诉或者再审检察建议；在协议生效后发现的，应当依职权主动开展检察监督。

六、海南省海口市人民检察院诉A公司、B公司等三被告非法向海洋倾倒建筑垃圾民事公益诉讼案

案情介绍

2018年，海口B公司中标美丽沙项目两地块土石方施工工程后，将土石方外运工程分包给海南A公司。A公司实际控制人陈某以A公司的名义申请临时码头，虚假承诺将开挖的土石方用船运到湛江市某荒地进行处置，实际上却组织人员将工程固废倾倒于海口市美丽沙海域。

海口市秀英区人民检察院在“12345”平台发现，群众多次举报有运泥船在美丽沙海域附近倾倒废物，随后通过多次蹲点和无人机巡查，拍摄到船舶向海洋倾倒建筑垃圾的行为。海口市人民检察院在前期工作基础上，2018年12月14日与海洋行政执法人员共同出海，联合开展特定海域调查行动，在海上截获一艘已倾倒完建筑垃圾正返回临时码头的开底船。12月17日，针对行政机关对相关海域多次违法倾倒建筑垃圾行为存在未依法履职问题，海口市人民检察院作出行政公益诉讼立案决定。2019年1月2日，海口市人民检察院向海口市海洋与渔业局送达检察建议，要求查处非法倾废行为，并追究违法行为人的生态环境损害赔偿责任。2019年5月16日，海口市海洋与渔业局对A公司及公司实际控制人陈某各处10万元罚款。

检察机关调查发现，A公司无海洋倾废许可，倾倒的海域亦非政府指定的海洋倾废区域。在申请美丽沙临时码头时，A公司声称将开挖出的建筑垃圾运往湛江市某经济合作社，但经实地调查，建筑垃圾均未被运往湛江进行处置，相关合同系伪造。陈某系A公司实际控制人及船舶所有人，经手办理案涉合同签订、申请码头、联系调度倾废船舶等事宜，并获取大部分违法所得。B公司虽在招标时书面承诺外运土方绝不

倾倒入海，却通过组织车辆同步运输等方式积极配合A公司海上倾废活动，B公司对海洋生态环境侵害构成共同侵权，依法应当承担连带责任。检察机关还发现，行政处罚认定的非法倾废量为1.57万米^3，与当事人接受调查时自报的数量一致，但该数量明显与事实不符。根据工程结算凭证等证据，检察机关查明A公司海洋倾废量至少为6.9万米^3。经委托生态环境部华南环境科学研究所（以下简称华南所）鉴定，倾倒入海的建筑垃圾中含有镉、汞、镍、铅、砷、铜等有毒有害物质，这些有毒有害物质会进入海洋生物链，破坏海洋生态环境和资源，生态环境损害量化共计860.064万元。

2020年3月26日，海口海事法院开庭审理此案。三被告辩称，鉴定评估在资质、取样、程序、依据等方面均存在问题，损害赔偿金量化为860.064万元与事实不符；实际海洋倾废数量并非6.9万米^3。A公司还辩称，美丽沙项目用地原系填海造地，倾倒的土方原本就取之于海，系清洁疏浚物，不是建筑垃圾，且鉴定和监测显示有毒有害物质均未超标，倾倒的土方对海洋无损害。陈某辩称其与A公司不存在财产混同，不应承担连带责任；案涉土方均倾倒于政府规定的海域；且其已被处以20万元罚款，不应再承担巨额赔偿。B公司辩称，合同已明确要求A公司要合法合规处置建筑垃圾，作为发包人其不再负有任何义务；起诉认为其通过组织车辆同步运输等方式积极配合海洋倾废没有事实根据。2020年3月26日，海口海事法院当庭宣判，支持检察机关的全部诉讼请求。三被告对一审判决不服，向海南省高级人民法院提出上诉。主要理由是：定案的关键证据，即鉴定意见在资质、程序、检材取样、计算方式、依据的法律法规等方面存在重大错误；倾倒的淤泥、土方并非建筑垃圾；倾倒物未造成海洋生态环境损害；倾倒入海的建筑垃圾仅1.57万米^3。

2020年11月23日，海南省高级人民法院作出二审判决，驳回上诉，维持原判。

检察机关履职过程

在本案调查过程中，对可能涉嫌污染环境罪的线索，海口市人民检察院公益诉讼检察部门于2019年1月21日将案件移送刑事检察部门审查。结合案件调查情况及鉴定意见，依据《中华人民共和国刑法》第三百三十八条及有关司法解释的规定，海口市人民检察院刑事检察部门与公安机关刑侦部门经研究，认为现有证据不能认定该倾废行为已构成污染环境罪。检察机关遂书面建议海口市自然资源和规划局（承接原海洋与渔业局相关职能）依法启动海洋生态环境损害赔偿程序，该局于2019年8月11日回函称，因正处于机构改革过程中，缺乏法律专业人才和诉讼经验，请求检察机关提起民事公益诉讼。2019年8月23日，海口市人民检察院发布诉前公告，公告期满，没有其他适格主体提起民事公益诉讼。

2019年11月，海口市人民检察院以A公司、陈某、B公司为共同被告，向海口海事法院提起民事公益诉讼，请求判令：一、被告A公司赔偿生态环境损害费860.064万元，被告陈某和B公司承担连带赔偿责任；二、三被告在全国发行的媒体上公开赔礼道歉；三、三被告承担本案鉴定费47.5万元及公告费。检察机关申请了财产保全，法院查封了陈某名下的房产、船舶，冻结了陈某和B公司的银行账户。

在一审法庭上，检察机关根据调查收集的档案、书证、讯问笔录、视听资料、鉴定意见等56份证据，进行了针对性的举证、质证和辩论。根据无人机拍摄的现场视频等证据，案涉建筑垃圾倾倒入海的地点即美丽沙海域；根据现场开挖情况、车辆运输、工程款支付等结算证据，可以证明倾倒入海的建筑垃圾量至少为6.9万米^3；检察机关依法委托的华南所是生态环境部编制的《环境损害评估推荐机构名录（第一批）》推荐的环境损害鉴定评估机构，具备水环境、土壤环境、固体废弃物处置、环境风险评估、污染损害评估等多方面专业评估资质，其出具的环境损害鉴定评估报告程序规范，量化生态环境损害赔偿金为860.064万元的结论具有专业性和科学性；倾倒入海的建筑垃圾虽未达到危险废物标准，但含有毒有害物质，已对海洋生态环境造成损害；民事赔偿与行政处罚系不同法律性质的责任形式，不能相互替代，陈某应承担的环境损害民事赔偿责任不应因受到行政处罚而免除；B公司作为建筑垃圾的直接生产单位，陈某作为A公司的实际控制人和倾废船舶的所有人，与A公司三方分工协作，相互配合，共同完成非法倾废行为，实际上是以合同分包为名，行非法倾废之实，构成共同侵权，依法应当承担连带赔偿责任。

二审开庭后，海南省人民检察院指派两名检察官与海口市人民检察院检察官共同参加庭审活动。海口市人民检察院出庭检察官围绕诉讼请求及争议焦点进行了举证，通过视频、数据、鉴定意见和评估报告等证据，证明三被告共同实施了污染海洋环境侵权行为，依据《最高人民法院关于审理海洋自然资源与生态环境损害赔偿纠纷案件若干问题的规定》，应当承担赔偿损失等民事责任。海南省人民检察院出庭检察官参加了全部庭审活动，并阐明：所倾倒对象的性质并非疏浚物，而属于建筑垃圾；案涉倾废数量认定依据准确，符合法律、司法解释的规定；鉴定意见认定倾倒垃圾对海洋生态环境造成的损害数额清楚、取样程序规范。华南所参与鉴定的专家出庭接受质询，对30多个问题进行了专业解答。

法条检索

《中华人民共和国民事诉讼法》(2017)

第五十五条　对污染环境、侵害众多消费者合法权益等损害社会公共利益的行为，法律规定的机关和有关组织可以向人民法院提起诉讼。

人民检察院在履行职责中发现破坏生态环境和资源保护、食品药品安全领域侵害众多消费者合法权益等损害社会公共利益的行为，在没有前款规定的机关和组织或者前款规定的机关和组织不提起诉讼的情况下，可以向人民法院提起诉讼。前款规定的机关或者组织提起诉讼的，人民检察院可以支持起诉。

《中华人民共和国海洋环境保护法》(2017)

第四条　一切单位和个人都有保护海洋环境的义务，并有权对污染损害海洋环境的单位和个人，以及海洋环境监督管理人员的违法失职行为进行监督和检举。

第八十九条　造成海洋环境污染损害的责任者，应当排除危害，并赔偿损失；完全由于第三者的故意或者过失，造成海洋环境污染损害的，由第三者排除危害，并承担赔偿责任。

对破坏海洋生态、海洋水产资源、海洋保护区，给国家造成重大损失的，由依照本法规定行使海洋环境监督管理权的部门代表国家对责任者提出损害赔偿要求。

《中华人民共和国民法典》(2020)

第一百七十九条　承担民事责任的方式主要有：

（一）停止侵害；

（二）排除妨碍；

（三）消除危险；

（四）返还财产；

（五）恢复原状；

（六）修理、重作、更换；

（七）继续履行；

（八）赔偿损失；

（九）支付违约金；

（十）消除影响、恢复名誉；

（十一）赔礼道歉。

法律规定惩罚性赔偿的，依照其规定。

本条规定的承担民事责任的方式，可以单独适用，也可以合并适用。

第一千一百六十八条　二人以上共同实施侵权行为，造成他人损害的，应当承担连带责任。

第一千二百二十九条　因污染环境、破坏生态造成他人损害的，侵权人应当承担侵权责任。

《最高人民法院、最高人民检察院关于检察公益诉讼案件适用法律若干问题的规定》（2018）

第十一条　人民法院审理第二审案件，由提起公益诉讼的人民检察院派员出庭，上一级人民检察院也可以派员参加。

第十三条　人民检察院在履行职责中发现破坏生态环境和资源保护、食品药品安全领域侵害众多消费者合法权益，侵害英雄烈士等的姓名、肖像、名誉、荣誉等损害社会公共利益的行为，拟提起公益诉讼的，应当依法公告，公告期间为三十日。

公告期满，法律规定的机关和有关组织、英雄烈士等的近亲属不提起诉讼的，人民检察院可以向人民法院提起诉讼。

人民检察院办理侵害英雄烈士等的姓名、肖像、名誉、荣誉的民事公益诉讼案件，也可以直接征询英雄烈士等的近亲属的意见。

《最高人民法院关于审理海洋自然资源与生态环境损害赔偿纠纷案件若干问题的规定》（2018）

第七条　海洋自然资源与生态环境损失赔偿范围包括：

（一）预防措施费用，即为减轻或者防止海洋环境污染、生态恶化、自然资源减少所采取合理应急处置措施而发生的费用；

（二）恢复费用，即采取或者将要采取措施恢复或者部分恢复受损害海洋自然资源与生态环境功能所需费用；

（三）恢复期间损失，即受损害的海洋自然资源与生态环境功能部分或者完全恢复前的海洋自然资源损失、生态环境服务功能损失；

（四）调查评估费用，即调查、勘查、监测污染区域和评估污染等损害风险与实际损害所发生的费用。

《最高人民法院关于审理环境民事公益诉讼案件适用法律若干问题的解释》（2014）

第十八条　对污染环境、破坏生态，已经损害社会公共利益或者具有损害社会公共利益重大风险的行为，原告可以请求被告承担停止侵害、排除妨碍、消除危险、恢复原状、赔偿损失、赔礼道歉等民事责任。

第二十二条　原告请求被告承担检验、鉴定费用，合理的律师费以及为诉讼支出的其他合理费用的，人民法院可以依法予以支持。

《中华人民共和国海洋倾废管理条例》(2017)

第六条　需要向海洋倾倒废弃物的单位，应事先向主管部门提出申请，按规定的格式填报倾倒废弃物申请书，并附报废弃物特性和成分检验单。

主管部门在接到申请书之日起两个月内予以审批。对同意倾倒者应发给废弃物倾倒许可证。

任何单位和船舶、航空器、平台及其他载运工具，未依法经主管部门批准，不得向海洋倾倒废弃物。

案例评析

目前，我国海洋生态环境面临着污染与开发的双重压力，近海污染、垃圾倾倒、违法填海、违规排污等环境污染问题突出，海洋环境污染防治是当前海洋生态环境保护工作的重中之重。而在海洋生态环境保护中，检察机关一直发挥着不可或缺的作用，检察公益诉讼制度正式建立，特别是最高人民检察院部署开展“守护海洋”检察公益诉讼专项监督活动以来，检察机关积极履职，对向海洋倾倒废物、违法排污、破坏海洋生态的各类违法行为重拳出击，办理了一批有影响力的典型公益诉讼检察案件，极大地彰显了公益诉讼检察在海洋生态环境保护中的独特作用和价值。同时，为深入贯彻落实习近平法治思想和习近平生态文明思想，聚焦海洋生态环境突出问题，持续改善海洋生态环境，有必要认真分析、科学界定海洋生态环境损害赔偿制度与海洋检察公益诉讼的定位和关系，对海洋生态环境损害事实与赔偿数额的特殊认定、多方共同侵权的认定以及责任承担方式的适用等开展深入研究。

1. 加强海洋生态环境检察公益诉讼与生态环境损害赔偿制度的衔接

由于生态环境损害赔偿制度与环境检察公益诉讼均以保护生态环境公共利益为目的，故二者在功能上具有共通之处，应妥善衔接和协调好两者的关系。依据 2017 年修订的《中华人民共和国民事诉讼法》第五十五条的规定，我国生态环境公益诉讼的原告包括法定机关和符合相应条件的社会组织。而可以提起生态环境公益诉讼的法定机关，当然涵盖《中华人民共和国海洋环境保护法》第八十九条规定的海洋环境监管部门，由此可见，海洋生态环境损害赔偿诉讼在性质上属于公益诉讼的范畴，同时其所保护的海洋自然资源和生态环境利益属于国家利益、社会公共利益，且胜诉结果由国家和全体人民共享，也契合生态环境公益诉讼制度的特性和目的（徐忠麟 等，2021）。

立法应加强海洋生态环境检察公益诉讼与生态环境损害赔偿制度的衔接，切实维护公共利益。对于海洋生态环境保护，行政机关担负着第一顺位职责，生态损害赔偿制度具有适用的优先性。而检察机关作为法律监督机关，是社会公共利益的代表，基于法律的明确授权，通过提起检察公益诉讼，在保护海洋自然资源和生态环境权益方面发挥最后的屏障作用，具有补充性和兜底性的特征。同时，海洋行政监管部门代表国家行使海洋自然资源的所有权以及海洋生态环境的监管权，且其在日常工作中积累了大量有关海洋环境的调查、监测、评价和研究等工作经验，同时拥有海洋环境保护方面的专业设备和专门人才，检察机关应充分尊重有关行政机关在海洋自然资源和生态环境公益保护领域的履职优先地位，积极发挥检察职能，支持有关行政机关提起海洋自然资源和生态环境损害赔偿诉讼（方剑明 等，2020）。如若海洋行政监管部门对违法行为人进行行政处罚之后，未能完全实现维护公益的目的，经书面建议和督促后又不提起生态环境损害赔偿诉讼的，检察机关可以不再继续通过行政公益诉讼督促行政机关履职，而依法提起民事公益诉讼，切实发挥保护海洋生态环境、维护社会公共利益的职能作用。

2. 海洋生态环境损害事实与赔偿金额的确定

对于海洋生态环境损害事实与赔偿金额的认定，检察机关应综合运用各类调查手段，查明海洋生态环境损害的事实，确定海洋生态环境损害金额。为了查明海洋生态环境损害事实，检察机关可利用无人机、大数据等智能化手段辅助开展调查工作。鉴于海洋生态环境调查取证的特殊性，在前期必要工作基础上，还可以与行政机关联合调查，完成特定现场取证。针对海洋生态损害后果，检察机关可以委托有资质的专业鉴定机构出具鉴定评估意见，还可通过召开专家论证会等形式进行审查论证，同时做好鉴定人出庭作证、应对提问和质询等工作，使鉴定意见经得起庭审考验 。

本案中，检察机关调查收集了包括物证、书证、讯问笔录、视听资料、鉴定意见等在内的 56 份证据，为海洋损害事实的认定提供了证据支持。根据无人机拍摄的现场视频等证据，案涉建筑垃圾倾倒入海的地点即美丽沙海域；根据现场开挖情况、车辆运输、工程款支付等结算证据，可以证明倾倒入海的建筑垃圾量至少为 6.9 万米 ^{3}；检察机关依法委托的华南所是生态环境部编制的《环境损害评估推荐机构名录（第一批）》推荐的环境损害鉴定评估机构，具备水环境、土壤环境、固体废弃物处置、环境风险评估、污染损害评估等多方面专业评估资质，其出具的环境损害鉴定评估报告程序规范，结论具有专业性和科学性。经鉴定，倾倒的垃圾中含有镉、汞、镍、铅、砷、铜等有毒有害物质，倾倒入海以后通过迁移扩散作用，涉事海域的汞、镍、铅、砷、铜增量均出现了超出海水水质第四类标准的现象。而 2017 年，涉事海域水质总体情况良好。因此，本次倾废行为对案涉海域的海水水质造成了一定影响。同时，重金属通过生物富集、食物链传递作用，会对海洋水生环境产生持久影响，会直接改变案涉海域底栖生物的栖息环境，局部海域的地质环境将彻底改变，大部分底栖物种将被掩埋、覆盖。在潮流输送作用影响下，悬浮泥沙最大增量会超出海水水质第四类标准，且增量浓度大于 10 毫克 / 升的最大影响面积可以达到 9.745 千米 ^{2}，会对该区域范围内以底栖生物为主的海洋生物栖息环境造成不利影响（乐雯，2021）。

司法机关应在查明公益损害事实的基础上，合理确定公益损害赔偿数额。但由于海洋生态损害后果具有隐蔽性、不确定性、延后性和综合性，使得环境损害赔偿金额的确定成为理论界与实务界公认的难题（刘建功，2016）。因此，确定海洋生态环境损害赔偿数额要谨慎，应采用科学的评估办法，以权威鉴定机构的评估报告作为参照，结合环境公益诉讼司法解释的精神，综合考量侵权行为对环境影响的范围和程度、生态环境恢复的难易程度、被告因侵权行为所获得的利益以及过错程度等多种因素，最终确定合理的海洋生态环境损害赔偿数额。对海洋生态环境损害赔偿数额的评估方法，可以参考生态环境部发布的《生态环境损害鉴定评估技术指南》和《环境损害鉴定评估推荐方法》中的基础方法，择优选择。

在本案中，对生态环境损害修复费用进行量化时，评估鉴定机构根据案涉海域的实际情况，考虑生态环境损害已经无法通过恢复工程完全恢复，选择采用虚拟治理成本法进行量化评估，通过排污总量乘以单位污染物虚拟治理成本方式计算，即以建筑垃圾总量乘以单位清污成本，再乘以倾倒区水体类别对应的敏感系数（2），计算得出生态环境损害赔偿金 860 余万元。同时，华南所系具有生态建设和环境工程专业评估资质的鉴定机构，本次评估采用了资料收集、现场勘查、监测分析、综合分析等多种评估方法，确保出具的评估意见客观公允。评估人现场采样时，海口市海洋和渔业局、海口市人民检察院执法人员到场监督，土方开挖单位 B 公司项目现场主管严某、车队司机朱某到场确认，所取土样封存完好，不存在取样程序瑕疵问题。评估人测试建筑垃圾倾倒入海对海洋水生环境的影响，虽然采用的是瞬时排放法，但该方法对本案损害赔偿数额的确定并无直接影响。本案赔偿金额的确定主要由排污总量和倾废海域水体类别决定，两项因素不因采用瞬时倾倒模式模拟测试产生变数。故此，最终法院采信鉴定所给出的专门性意见结论，认定案涉环境损害的赔偿数额。

3. 海洋污染中多方共同侵权的认定

共同侵权行为致生态环境破坏，属于同一的、不可分割的损害，各侵权行为主体应当承担连带责任。环境共同侵权行为的构成包含以下要件：首先，行为实施者的人数为复数；其次，主观过错的共同性或数个行为的共同关联性；再次，共同侵权行为导致的损害后果具有统一性；最后，共同行为与损害结果之间具有因果关系（许苏丹，2018）。本案中，三被告的行为构成一个整体，主观上存在意思联络，其共同行为对海洋生态造成严重损害，且因果关系明确，符合环境共同侵权行为的构成要件，应当承担连带责任。

在本案中，A公司承担B公司所开挖的土方的处理工作，但并未为案涉建筑垃圾倾倒入海办理废弃物海洋倾倒许可证，因此，根据《海洋倾废管理条例》第六条的规定，A公司向我国海域倾倒建筑垃圾，已经构成违法行为，依法应当承担损害赔偿责任。陈某是A公司的实际控制人，也是本案土石方运输项目的具体经营人，是两艘抛泥船的所有人和经营人。此外，陈某还参与了A公司案涉分包合同的签订，具体实施伪造退塘还林合同，还是海域使用权的经办人和案涉建筑垃圾运输、倾倒的组织协调者，且陈某还使用自己所有的两条船舶参与倾废，直接或间接收取了绝大部分工程款，是倾废行为的直接受益人之一。因此，陈某与A公司从一开始即具有共同侵权之故意，并且二者的行为紧密结合而成立一个侵权行为。根据《中华人民共和国民法典》第一千一百六十八条的规定，陈某的行为构成共同侵权，依法应当承担连带赔偿责任。并且，《中华人民共和国海洋环境保护法》第四条规定："一切单位和个人都有保护海洋环境的义务。"陈某不但未履行公民应尽的海洋环境保护义务，还违法向海洋倾废，依法应当承担违法行为后果。B公司系案涉建筑垃圾的直接产生单位，负有合法处置建筑垃圾的法定义务，该义务不因其将垃圾运输和处理事务分包给A公司而解除，即使双方在合同中约定由A公司处置垃圾，此系双方内部约定，无法对抗第三人。同时，B公司负有选取专业守法的分包人并对分包人担负监督之责，包括应审查A公司是否办理废弃物海洋倾倒许可证等法定必需手续。但显然B公司并未履行其法定义务，具有主观过错。另外，案涉土方运输车辆由B公司提供，B公司与A公司、陈某合作两月余，完成上述土方的处置。上述行为足以证明B公司与A公司和陈某分工协作、相互配合，共同完成了非法倾废过程。因此，B公司也是非法倾废行为的参与者和实施者，其行为构成共同侵权，应当承担连带赔偿责任。综上，三被告依法应当承担损害赔偿责任。

4. 环境民事公益诉讼中公开赔礼道歉的具体适用

2015年最高人民法院出台的《关于审理环境民事公益诉讼案件适用法律若干问题

的解释》规定环境诉讼中可适用赔礼道歉。赔礼道歉责任形式的引入丰富了公益诉讼领域中环境侵权行为的制裁手段，加强了对环境人格利益的保护。但精神损害是适用赔礼道歉的前提，故而在环境民事公益诉讼中适用赔礼道歉的责任承担方式，需要对环境公共利益中包含精神利益进行论证。环境利益具有精神利益属性，环境利益是指人在舒适的、健康的环境中生存和发展的权益。而健康的生态环境不仅是物质财富，更是精神财富，会给人们生活带来美好的幸福感体验（齐凯兵，2021）。习近平总书记指出，良好生态环境是最公平的公共产品，是最普惠的民生福祉。如果行为人污染环境、损害生态，不仅会造成生态环境的损害，还会影响人民群众的美好生活，给公众造成精神上的痛苦。可见，在环境民事公益诉讼中适用赔礼道歉的责任承担方式，具有重要的个人价值和社会价值，其能够在大规模环境侵权等案件中抚慰受影响的公众，承担集体救济的功能，还可促进社会和谐稳定，实现法律的预防、惩罚、补偿、教育的功能（唐芒花，2016）。

本案中，非法倾废对海洋生态环境所造成的具体损害已为专业性意见所确认，三被告的非法倾废行为也已然侵害了美丽沙海域周边居民所享有的美好生态环境的精神利益。《最高人民法院关于审理环境民事公益诉讼案件适用法律若干问题的解释》等多部司法解释都明确规定，环境损害赔偿纠纷中的被侵权人可以请求侵权人承担赔礼道歉的民事责任。因此，对被告关于公益诉讼起诉人请求赔礼道歉没有事实与法律依据的辩解，法院不予支持，三被告依法应当为其侵害海洋环境的行为公开赔礼道歉，对美丽沙海域周边居民的精神损害进行抚慰。

同时值得注意的是，作为民事责任承担方式之一，赔礼道歉的适用应结合具体案情进行综合考量，合理审慎地适用。首先考虑侵权人的主观过错程度，对明显存在故意污染破坏生态环境的情形，可以判令赔礼道歉，但不可忽视侵权人主观过错程度，无差别地适用赔礼道歉，从而背离制度设立的目的（靳先德，2020）。同时更要将损害结果与社会影响纳入考量之中，具体可依据相关司法解释以及鉴定标准，对受损的生态环境范围、修复难度、功能减损程度等因素进行考量。对跨流域、跨地域的环境侵权行为和社会影响极大的案件，在适用赔礼道歉责任形式时更应考虑如何充分体现权责相适应的救济原则。

指导意义

检察机关应加强海洋生态环境检察公益诉讼与生态环境损害赔偿制度的衔接，切实维护公共利益。对于海洋生态环境保护，海洋监管机关担负着第一顺位职责，生态损害赔偿制度具有优先适用性，公益诉讼检察则具有补充性和兜底性。海洋监管部门虽然对违法行为人进行了行政处罚，但未能完全实现维护公益的目的，经书面建议和督促后又不提起生态环境损害赔偿诉讼的，检察机关可以不通过行政公益诉讼督促行政机关履职，而直接对违法行为人依法提起民事公益诉讼。

综合运用各类调查手段，查明公益损害的事实，确定公益损害赔偿数额。检察机关可利用无人机等科技手段充分履行调查职能，全面查明海洋污染情况。鉴于海洋生态环境调查取证的特殊性，在前期必要工作基础上，还可以与行政机关进行联合调查，完成特定现场取证。针对海洋生态损害后果，检察机关应委托有资质的专业鉴定机构出具鉴定评估意见，可通过召开专家论证会等形式进行审查论证，同时协调做好鉴定人出庭作证、应对提问和质询等工作，使鉴定意见经得起庭审考验。

注意发挥上级检察机关派员出庭作用，形成维护公共利益的合力。根据《最高人民法院、最高人民检察院关于检察公益诉讼案件适用法律若干问题的解释》，人民法院审理第二审案件，由提起公益诉讼的人民检察院派员出庭，上一级人民检察院也可以派员参加。人民检察院办理公益诉讼案件的任务是充分发挥法律监督职能作用，维护宪法法律权威，维护社会公平正义，维护国家利益和社会公共利益。对于公益诉讼二审案件，原起诉检察院和上级检察院都应立足于法律监督职能和公益诉讼任务，全力以赴，认真履行法定职责，共同做好出庭工作。上级检察院应当指派检察官在全面阅卷审查和熟悉案情的基础上做好各种预案，与下级检察院的检察官共同出席二审庭审过程。两级检察院出庭检察官应当加强协调配合，上级检察院出庭人员可以在庭审的各个阶段发表意见，与下级检察院出庭人员加强配合，从而取得良好的庭审效果。

七、江苏省徐州市××县人民检察院督促处置危险废物行政公益诉讼案

案情介绍

2017年10月，冯某某等将从浙江省舟山市A清舱有限公司（以下简称A公司）非法收购的船舶清舱油泥，运输至江苏省徐州市××县（本案例中“××县”均指该县）境内，非法倾倒过程中被公安机关现场查获，清理出油泥及污染物共计135吨。××县生态环境局将油泥转移至一停车场内，其中71吨用塑料桶贮存，64吨临时放置货车上。经江苏省环境科学研究院鉴定，涉案油泥属于《国家危险废物名录》（2016年版）中的“废矿物油与含矿物油废物”，其中所含甲苯、四氯乙烯、四氯化碳等成分均超过《危险废物鉴别标准浸出毒性鉴别》（GB 5085.3—2007）相应标准值，系具有毒性和易燃性的危险废物。

根据当地集中管辖规定，2018年5月，××县公安局将案件移送徐州铁路运输检察院审查起诉。徐州铁路运输检察院于7月23日就刑事部分向徐州铁路运输法院提起公诉，并于9月18日提起刑事附带民事公益诉讼。2019年8月8日，徐州铁路运输法院作出刑事附带民事公益诉讼判决，支持检察机关全部诉讼请求，判令冯某某等赔偿尚未倾倒的64吨油泥需要支出的应急处置费545166元以及135吨油泥混合物处置费用931665.8元；冯某某等五人分别被判处有期徒刑六年至一年八个月不等，A公司被判处罚金50万元。后被告均未提出上诉，并主动支付相关处置费用。

2019年4月17日，在刑事附带民事公益诉讼案件审理期间，鉴于本案刑事诉讼证据已经固定，涉案油泥在未按规定进行专业技术封存的情况下存放长达18个月，持续造成环境污染，××县人民检察院会同该县人民法院、公安、生态环境局等部门召开油泥处置协调会并形成会议纪要，考虑到污染者处于刑事羁押状态，检察机关已经通过刑事附带民事公益诉讼要求法院判令其承担环境修复费用，为避免污染状态持

续，依据《中华人民共和国固体废物污染环境防治法》《中华人民共和国行政强制法》的相关规定，应由环境主管部门组织对污染物代为处置。但会后，×× 县生态环境局未依法履职。2019 年 7 月 16 日，×× 县人民检察院以徐州市 ×× 县生态环境局为被告，向徐州铁路运输法院提起行政公益诉讼。

2019 年 11 月 15 日，徐州铁路运输法院作出判决，支持了检察机关的起诉意见。×× 县生态环境局未上诉，判决生效。

检察机关履职过程

由于 ×× 县生态环境局存在怠于履职的问题，×× 县人民检察院于 2019 年 5 月 22 日以行政公益诉讼案件立案，并多次到油泥存放现场调查取证，向公安机关核实相关情况，通过拍照、录像、讯问证人等方式固定现场证据。经现场勘查，贮存油泥的塑料桶未采取专业技术封存，现场未设置危险废物识别标识，亦未采取防扬散、防流失、防渗漏或者其他防止污染环境的措施，导致油泥持续挥发并部分渗漏，对周边空气、土壤造成二次污染。

2019 年 5 月 27 日，×× 县人民检察院向该生态环境局发出诉前检察建议，督促其依据《中华人民共和国固体废物污染防治法》《危险废物经营许可证管理办法》等的规定履行环境监管职责。2019 年 7 月 2 日，该局书面回复称，其没有处置固体废物的职责，且油泥作为刑事案件证据，不能在办案过程中处置。对此，×× 县人民检察院再次向公安机关核实涉案污染物最新情况，并到油泥堆放现场跟进调查，证实油泥处置不影响刑事案件办理；检察建议发出后，生态环境局始终未履行代处置职责。因值梅雨季节，油泥渗漏、流淌情形加重，生态环境仍持续受到损害。

2019 年 7 月 16 日，×× 县人民检察院以徐州市 ×× 县生态环境局为被告，向徐州铁路运输法院提起行政公益诉讼。2019 年 8 月 14 日，徐州铁路运输法院公开开庭审理本案。

出庭检察人员宣读起诉书，请求：一、确认被告对涉案危险废物贮存状况不履行监管职责的行为违法；二、判令被告依法履行监管职责，尽快将涉案危险废物移交有处置资质的单位依法处置。×× 县生态环境局辩称：油泥作为刑事案件的重要物证，暂不能处置。该局已联系有资质单位落实处置工作，并当庭出示了向公安机关移送涉嫌犯罪线索的卷宗等证据。

在法庭举证、质证阶段，×× 县人民检察院围绕生态环境局在危险废物（以下简称危废）处置上的法定职责、权限、法律依据，以及由于该局不依法履行职责致使公共利益受损等情况向法庭出示了相关证据。

出庭检察人员发表辩论意见认为：一是根据《中华人民共和国环境保护法》《中华人民共和国固体废物污染环境防治法》等法律规定，被告人因刑事犯罪被羁押而无法处置危废，生态环境局应当依法履行代处置职责。二是生态环境局不依法履职，致使部分油泥渗漏、流淌，造成周边空气、土壤严重污染，损害了社会公共利益。

生态环境局辩称：一是该局已对油泥进行鉴定，并移交公安机关立案侦查；二是该局履行了油泥贮存的监管职责，符合危废转移、贮存的规范化标准；三是油泥系刑事案件的重要物证，该局多次征求公安机关意见，公安机关认为案件未结，油泥不能处置。

针对答辩意见，×× 县人民检察院认为，生态环境局虽然在案发之初将犯罪线索移交，但在明知油泥系危废的情况下，未及时将油泥委托有危险品保管资质的公司贮存，且未采取有效的防扬散、防流失、防渗漏等措施，任其长期露天放置。公安机关出具的《情况说明》证明，生态环境局并未与其联系处置油泥事宜，且在油泥处置协调会明确生态环境局的处置职责后，亦未及时履职。

2019 年 11 月 15 日，徐州铁路运输法院作出行政公益诉讼判决，支持了检察机关的起诉意见。生态环境局未上诉，判决生效。庭审后，生态环境局在网上发布采购公示、中标公告，确定了承担危废处置工作的企业。在生态环境局的监督下，该企业对涉案油泥及部分受污染的土壤进行了无害化处置，对涉案现场进行了规范化处置。检察机关对上述过程进行了全程监督。

法条索引

《中华人民共和国行政诉讼法》(2017)

第二十五条　行政行为的相对人以及其他与行政行为有利害关系的公民、法人或者其他组织，有权提起诉讼。

有权提起诉讼的公民死亡，其近亲属可以提起诉讼。

有权提起诉讼的法人或者其他组织终止，承受其权利的法人或者其他组织可以提起诉讼。

人民检察院在履行职责中发现生态环境和资源保护、食品药品安全、国有财产保护、国有土地使用权出让等领域负有监督管理职责的行政机关违法行使职权或者不作为，致使国家利益或者社会公共利益受到侵害的，应当向行政机关提出检察建议，督促其依法履行职责。行政机关不依法履行职责的，人民检察院依法向人民法院提起诉讼。

《中华人民共和国环境保护法》(2014)

第十条　国务院环境保护主管部门，对全国环境保护工作实施统一监督管理；县级以上地方人民政府环境保护主管部门，对本行政区域环境保护工作实施统一监督管理。

县级以上人民政府有关部门和军队环境保护部门，依照有关法律的规定对资源保护和污染防治等环境保护工作实施监督管理。

《中华人民共和国固体废物污染环境防治法》(2016)

第十条　国务院环境保护行政主管部门对全国固体废物污染环境的防治工作实施统一监督管理。国务院有关部门在各自的职责范围内负责固体废物污染环境防治的监督管理工作。

县级以上地方人民政府环境保护行政主管部门对本行政区域内固体废物污染环境的防治工作实施统一监督管理。县级以上地方人民政府有关部门在各自的职责范围内负责固体废物污染环境防治的监督管理工作。

国务院建设行政主管部门和县级以上地方人民政府环境卫生行政主管部门负责生活垃圾清扫、收集、贮存、运输和处置的监督管理工作。

第十七条　收集、贮存、运输、利用、处置固体废物的单位和个人，必须采取防扬散、防流失、防渗漏或者其他防止污染环境的措施；不得擅自倾倒、堆放、丢弃、遗撒固体废物。

禁止任何单位或者个人向江河、湖泊、运河、渠道、水库及其最高水位线以下的滩地和岸坡等法律、法规规定禁止倾倒、堆放废弃物的地点倾倒、堆放固体废物。

第五十二条　对危险废物的容器和包装物以及收集、贮存、运输、处置危险废物的设施、场所，必须设置危险废物识别标志。

第五十五条　产生危险废物的单位，必须按照国家有关规定处置危险废物，不得擅自倾倒、堆放；不处置的，由所在地县级以上地方人民政府环境保护行政主管部门责令限期改正；逾期不处置或者处置不符合国家有关规定的，由所在地县级以上地方人民政府环境保护行政主管部门指定单位按照国家有关规定代为处置，处置费用由产生危险废物的单位承担。

第六十八条　违反本法规定，有下列行为之一的，由县级以上人民政府环境保护行政主管部门责令停止违法行为，限期改正，处以罚款：

（一）不按照国家规定申报登记工业固体废物，或者在申报登记时弄虚作假的；

（二）对暂时不利用或者不能利用的工业固体废物未建设贮存的设施、场所安全分类存放，或者未采取无害化处置措施的；

（三）将列入限期淘汰名录被淘汰的设备转让给他人使用的；

（四）擅自关闭、闲置或者拆除工业固体废物污染环境防治设施、场所的；

（五）在自然保护区、风景名胜区、饮用水水源保护区、基本农田保护区和其他需要特别保护的区域内，建设工业固体废物集中贮存、处置的设施、场所和生活垃圾填埋场的；

（六）擅自转移固体废物出省、自治区、直辖市行政区域贮存、处置的；

（七）未采取相应防范措施，造成工业固体废物扬散、流失、渗漏或者造成其他环境污染的；

（八）在运输过程中沿途丢弃、遗撒工业固体废物的。

有前款第一项、第八项行为之一的，处五千元以上五万元以下的罚款；有前款第二项、第三项、第四项、第五项、第六项、第七项行为之一的，处一万元以上十万元以下的罚款。

《中华人民共和国行政强制法》(2011)

第五十条　行政机关依法作出要求当事人履行排除妨碍、恢复原状等义务的行政决定，当事人逾期不履行，经催告仍不履行，其后果已经或者将危害交通安全、造成环境污染或者破坏自然资源的，行政机关可以代履行，或者委托没有利害关系的第三人代履行。

《最高人民法院、最高人民检察院关于检察公益诉讼案件适用法律若干问题的解释》(2018)

第二十一条　人民检察院在履行职责中发现生态环境和资源保护、食品药品安全、国有财产保护、国有土地使用权出让等领域负有监督管理职责的行政机关违法行使职权或者不作为，致使国家利益或者社会公共利益受到侵害的，应当向行政机关提出检察建议，督促其依法履行职责。

行政机关应当在收到检察建议书之日起两个月内依法履行职责，并书面回复人民检察院。出现国家利益或者社会公共利益损害继续扩大等紧急情形的，行政机关应当在十五日内书面回复。

行政机关不依法履行职责的，人民检察院依法向人民法院提起诉讼。

《危险废物经营许可证管理办法》(2016)

第四条　县级以上人民政府环境保护主管部门依照本办法的规定，负责危险废物经营许可证的审批颁发与监督管理工作。

第五条 申请领取危险废物收集、贮存、处置综合经营许可证，应当具备下列条件：

（一）有3名以上环境工程专业或者相关专业中级以上职称，并有3年以上固体废物污染治理经历的技术人员；

（二）有符合国务院交通主管部门有关危险货物运输安全要求的运输工具；

（三）有符合国家或者地方环境保护标准和安全要求的包装工具，中转和临时存放设施、设备以及经验收合格的贮存设施、设备；

（四）有符合国家或者省、自治区、直辖市危险废物处置设施建设规划，符合国家或者地方环境保护标准和安全要求的处置设施、设备和配套的污染防治设施；其中，医疗废物集中处置设施，还应当符合国家有关医疗废物处置的卫生标准和要求；

（五）有与所经营的危险废物类别相适应的处置技术和工艺；

（六）有保证危险废物经营安全的规章制度、污染防治措施和事故应急救援措施；

（七）以填埋方式处置危险废物的，应当依法取得填埋场所的土地使用权。

第十七条 县级以上人民政府环境保护主管部门应当通过书面核查和实地检查等方式，加强对危险废物经营单位的监督检查，并将监督检查情况和处理结果予以记录，由监督检查人员签字后归档。

公众有权查阅县级以上人民政府环境保护主管部门的监督检查记录。

县级以上人民政府环境保护主管部门发现危险废物经营单位在经营活动中有不符合原发证条件的情形的，应当责令其限期整改。

《环境保护行政执法与刑事司法衔接工作办法》（2017）

第十条 环保部门应当自接到公安机关立案通知书之日起3日内将涉案物品以及与案件有关的其他材料移交公安机关，并办理交接手续。

涉及查封、扣押物品的，环保部门和公安机关应当密切配合，加强协作，防止涉案物品转移、隐匿、损毁、灭失等情况发生。对具有危险性或者环境危害性的涉案物品，环保部门应当组织临时处理处置，公安机关应当积极协助；对无明确责任人、责任人不具备履行责任能力或者超出部门处置能力的，应当呈报涉案物品所在地政府组织处置。上述处置费用清单随附处置合同、缴费凭证等作为犯罪获利的证据，及时补充移送公安机关。

案例评析

近年来，危险废物污染环境案件数量逐渐增多，最高检联合公安部、生态环境部开展了“严厉打击危险废物环境违法犯罪行为专项行动”。在专项行动中，检察机关严格履行法律监督职责，对因处置危废污染环境的犯罪进行重点打击，在追究刑事责任的同时，依法追究环境侵权责任，持续强化生态环境修复治理。本案作为最高人民检察院公布的检察机关督促处置危险废物的典型案例，在认定行政机关履职行为、夯实环境执法行政机关代为处置职能等方面具有典型指导意义。在环境行政公益诉讼中，认定被诉行政机关是否履行法定职责，应遵循以下认定思路：公益诉讼人是否符合行政公益诉讼的受案范围和起诉条件——行政机关是否具有法定环境监管职责——是否穷尽环境监管手段——环境利益是否得到保护。同时，在判断行政机关是否具有法定环境监管职责和是否穷尽环境监管手段时，应采用合理的认定标准，综合判断行政机关的履职可能性。

1. 检察机关提起行政公益诉讼的依据

检察机关公益诉讼制度，是党的十八届四中全会作出的一项重大改革部署，也是以法治思维和法治方式推进国家治理体系和治理能力现代化的一项重要制度安排（孙谦，2022）。2017 年 6 月，经第十二届全国人民代表大会常务委员会第二十八次会议修订的《中华人民共和国行政诉讼法》，其中第二十五条明确了检察机关提起行政公益诉讼的范围和条件。根据修订后的《行政诉讼法》，人民检察院在履行职责中发现生态环境和资源保护、食品药品安全、国有财产保护、国有土地使用权出让等领域负有监督管理职责的行政机关违法行使职权或者不作为，致使国家利益或者社会公共利益受到侵害的，应当向行政机关提出检察建议，督促其依法履行职责。行政机关不依法履行职责的，人民检察院依法向人民法院提起公益诉讼。此后，修订后的《人民检察院组织法》和《检察官法》也将公益诉讼检察职能写进其中。在以习近平同志为核心的党中央坚强领导下，在全国人民代表大会（以下简称全国人大）及其常委会有力监督下，我国公益诉讼检察制度从顶层设计到实践落地，从局部试点到全面推开、健康发展，形成了公益司法保护的“中国方案”（张军，2019）。

本案中，公益诉讼起诉人 ×× 县人民检察院在履职过程中，因被告该县生态环境局就涉案危险废物的存放和处置未全面履行环境保护行政监管法定职责，致使出现环境污染后果，社会公共利益持续处于受侵害状态，依法向被告发出检察建议，被告收到检察建议后在法定期限内仍未履职，故公益诉讼起诉人依法提起行政公益诉讼，符合《中华人民共和国行政诉讼法》第二十五条第四款、第四十九条第二项、第三项、第四项及《最高人民法院、最高人民检察院关于检察公益诉讼案件适用法律若干问题的解释》第二十一条、第二十二条的规定，于法有据。

2. 被诉行政机关是否具有环境监管法定职责

判定行政机关不履行法定职责的前提是被诉行政机关具有相应的职责义务。检察机关办理行政公益诉讼案件，督促行政机关依法履行职责，首先需要明确行政机关本身法定职责的来源和依据。但对于作为行政机关履职依据的“法”，本身就存在着不同的理解。依狭义解释，“法”就是指“法律”，即仅涉及由全国人大及其常委会制定的法律，但依广义解释，“法”包括《中华人民共和国宪法》、法律、行政法规、地方性法规、规章以及规章以下的规范性文件。而由这些法律明确规定的行政机关职责所引起的争议，是否都可以通过行政诉讼予以解决，存在着不同意见。

《中华人民共和国行政诉讼法》第六十三条规定人民法院审理行政案件，要以法律和行政法规、地方性法规为依据，参照规章。2018 年出台的《最高人民法院关于适用〈中华人民共和国行政诉讼法〉的解释》第一百条进一步细化，将合法的规章以下其他规范性文件纳入“法”的范畴。因此，检察机关在办理行政公益诉讼案件中，应将“法”作广义理解，不仅包括法律、行政法规、规章，还包括规范性文件。当然，适用规范性文件时，要注意先对规范性文件进行合法性审查，不合法的规范性文件规定的职责显然无效（刘洋，2021）。

本案中，被告 ×× 县生态环境局对涉案危险废物的贮存、处置具有法定监督管理职责。《中华人民共和国环境保护法》第十条第一款规定：“县级以上地方人民政府环境保护主管部门，对本行政区域环境保护工作实施统一监督管理。”《中华人民共和国固体废物污染环境防治法》第十条第二款规定：“县级以上人民政府环境保护主管部门对本行政区域内固体废物污染环境的防治工作实施统一监督管理。”第十七条第一款规定：“收集、贮存、运输、利用、处置固体废物的单位和个人，必须采取防扬散、防流失、防渗漏或者其他防止污染环境的措施；不得擅自倾倒、堆放、丢弃、遗撒固体废物。”第五十二条规定：“对危险废物的容器和包装物以及收集、贮存、运输、处置固体废物的设施、场所，必须设置危险废物识别标志。”第五十五条规定：“产生危险废物的单位，必须按照国家有关规定处置危险废物，不得擅自倾倒、堆放；不处置的，由所在地县级以上地方人民政府环境保护行政主管部门责令限期改正；逾期不处置或者处置不符合国家有关规定的，由所在地县级以上地方人民政府环境保护行政主管部门指定单位按照国家有关规定代为处置，处置费用由产生危险废物的单位承担。”故被告作为环境保护行政主管机关，对其辖区范围内固体废物污染环境防治工作应实施统一监督管理，对涉案危险废物的收集、贮存、运输、处置等各环节均具有法定的监管职责（孟源 等，2021）。

3. 被诉行政机关是否穷尽环境监管手段的认定

在确定行政机关的法定环境监管职责后，就要判断其是否存在履职的可能性，是否穷尽环境监管手段，是否存在履职不能的阻却事由。行政机关在实际履职过程中会遭遇自然天气、历史遗留、资金技术等诸多方面的限制。若行政机关不具备履职可能性或已经穷尽现有的环境监管手段，法院仍认定其未依法履行法定职责，则有超越行政权界限之嫌。因此，法院在判断行政机关是否履职时应该排除行政不能的情况——行政机关因为不可归责于自己的客观原因，不能履行法定职责的行为状态，即为“行政不能”，具有违法阻却性、不可归责性（黄学贤，2009）。实践中，存在许多因素可能导致行政机关不能履行职责。比如不具备履职的物质基础条件，履职时遭受不可抗力因素、受到自然灾害等客观条件限制等情形。总体上，在判断行政机关是否存在履职可能性、是否穷尽环境监管手段时，需要结合被诉机关的现实情况，具体问题具体分析，综合考量。

本案中，被告××县生态环境局虽在污染行为发生后对相关事实进行了调查取证，后将案件移送公安机关，并对涉案油泥及污染物进行包装后转移，采取了一定的应急处置措施，但其在明知涉案油泥系具有毒性、易燃性的危险废物，需要依法收集、贮存并及时处置的情况下，未对涉案危废寻找符合条件的场所进行贮存，而是简单堆放于无危废贮存管理资质的危险品运输公司停车场内；在收集、转移、贮存等过程中未采取任何防扬散、防流失、防渗漏等污染防治措施；在涉案油泥的包装物上及存放场所内亦未设置相关危废识别标志；涉案油泥贮存期间未进行有效的日常管护，在存放容器出现破损以致油泥流失、渗漏的情况下亦未及时采取合理的应急处理措施，有悖于《中华人民共和国环境保护法》《中华人民共和国固体废物污染环境防治法》的规定，明显存在监管缺失。

此外，《最高人民法院、最高人民检察院关于检察公益诉讼案件适用法律若干问题的解释》第二十一条第二款规定：行政机关应当在收到检察建议书之日起两个月内依法履行职责，并书面回复人民检察院；出现国家利益或者社会公共利益损害继续扩大等紧急情形的，行政机关应当在十五日内书面回复。被告××县生态环境局作为负有环境保护职责的行政主管机关，对涉案危废本应及时妥善处置，做好污染风险管控，使社会公共利益免受不必要的侵害，但被告不仅未依法积极作为，而且在涉案油泥存在滴落、流淌、渗漏造成新的环境污染且公益诉讼起诉人发出检察建议后，仍未采取及时、有效的监管措施，导致社会公共利益持续处于受侵害状态。被告作为环境保护行政主管机关，具备环境污染风险防控能力和技术，理应了解涉案危废的特性及二次污染的危害，但其无视新的污染发生，放任污染后果扩大，拒不接受检察机关的履职建议，构成行政不作为（孟源 等，2021）。

4. 环境利益是否得到有效保护的认定

学界对如何认定“依法履职”，主要有以下两种观点：第一种观点主张适用“行为标准”，从肯定层面主张“依法履职”，意指行政机关将法定职责落到实处，在法律所规定的监管措施已经穷尽的情况下，国家利益或社会公共利益受侵害的状态即使未消除，也应被认定为依法履职。第二种观点主张适用“结果标准”，从否定层面对行政机关未依法履职进行认定，只要未消除国家利益或社会公共利益受侵害的状态，即应被认定不依法履职。两种标准虽各有优势，但是却陷入了顾此失彼的两难境地（李瑰华，2021）。对此情形，司法实践中提出了新的标准，即兼采两种标准之优点，以环境利益是否得到有效保护作为判断行政机关是否依法履职的标准。最高人民检察院在第十三批指导性案例中明确指出：“对行政机关不依法履行法定职责的判断和认定，应以法律规定的行政执法机关法定职责为依据，对照行政机关的执法权力清单和责任清单，以是否全面运用或者穷尽法律法规和规范性文件规定的行政监管手段制止违法行为，国家利益和社会公共利益是否得到了有效保护为标准。”

可见，对行政机关是否“依法履职”的判断，既不能单纯把注意力放在行政机关的履职行为本身，也不能单纯关注国家利益或者社会公共利益的受侵害状态。为了最大限度地发挥行政公益诉讼的功能，在判断行政机关是否“依法履职”时，应该注重“两条腿走路”，即采用行为标准和结果标准相结合的判断方式，以确保相对人违法行为得到纠正，公共利益得到保护。具体来说，在认定行政机关是否“依法履行职责”时，要综合法律法规以及实际意义等因素进行综合判断，要在厘清行政机关法定职责的基础上，考量检察建议要求行政机关依法履职是否具备维护公共利益的实际意义，并着重考量行政机关在收到检察建议后是否能在合理期限内穷尽环境监管手段。本案中，被告作为环保行政机关，更应深刻认识生态环境保护的价值和自身肩负的使命，秉持正确的执法理念和执法态度，做到依法、全面、及时履职，切实维护好环境安全。但被告对法定职责认识不清，管理制度存在疏漏，虽存在相应履职行为，但行为明显存在监管缺失，且并未达到有效保护环境利益的履职标准，属于未依法履职。

综上而言，在判断行政机关是否“依法履职”时，不论是检察机关、行政机关还是法院，都不能过于偏向“行为标准”或者“结果标准”，需要在关注公共利益受损结果的同时，用客观的态度考虑行政机关履行其职责之后能否真正地实现保护公共利益的目的，考虑行政机关在履行职责时所采取的态度，对行政机关履行职责的相关程序以及行政机关的履职范围、履职能力、客观障碍等各种影响因素进行综合判断。

指导意义

检察机关可以在办理环境污染犯罪案件中，综合运用刑事诉讼、民事公益诉讼职能，同时追究环境污染者的刑事责任和环境损害赔偿责任。依据《最高人民法院、最高人民检察院关于检察公益诉讼案件适用法律若干问题的解释》规定，人民检察院对破坏生态环境和资源保护等损害社会公共利益的犯罪行为提起公诉时，可以向人民法院一并提起附带民事公益诉讼，由人民法院同一审判组织审理。检察机关可以依据相关规定，诉请判令违法行为人承担生态环境损害赔偿责任，包括污染物处置费用、生态环境修复费用等。检察机关要注重加强刑事检察与公益诉讼检察职能的衔接和协同，形成惩治不法行为、修复生态环境的合力。

违法行为人对造成的环境污染拒绝履行或者没有能力履行环境修复义务，导致环境污染持续发生，损害国家利益或者社会公共利益的，检察机关可以通过行政公益诉讼督促污染物所在地的环境主管部门履行代处置职责。《中华人民共和国环境保护法》规定，县级以上地方人民政府环境保护主管部门对本行政区域环境保护工作实施统一监督管理。违法行为人跨区域倾倒危险废物，危险废物倾倒地的环境主管部门对本行政区域内的环境污染具有监督管理职责。违法行为人拒绝履行或者没有能力履行环境修复义务的，检察机关可以依据《中华人民共和国固体废物污染环境防治法》《中华人民共和国行政强制法》相关规定，督促危险废物倾倒地的环境主管部门代为处置。

针对行政执法与刑事司法衔接中涉案物品不及时处置可能导致公益受损的情况，检察机关可以通过公益诉讼程序督促行政机关及时进行处置。依据生态环境部、公安部、最高人民检察院《环境保护行政执法与刑事司法衔接工作办法》的规定，对具有危险性或者环境危害性的涉案物品，环境执法机关和刑事司法机关应当加强衔接、及时处置。针对实践中行政执法与刑事司法衔接中涉案物品危害环境的情形，刑事证据固定后，即应开展对受损环境的修复工作，行政机关以处置对象系涉案证物或者刑事案件未结为由拒绝组织对具有环境危害性的涉案物品代为处置，导致国家利益或者社会公共利益受损的，检察机关应当开展公益诉讼监督，及时维护公共利益，充分发挥检察公益诉讼的独特价值。

八、江西省上饶市人民检察院诉张某某、毛某某等三人故意损毁三清山巨蟒峰民事公益诉讼案

案情介绍

江西省上饶市境内的三清山景区属于世界自然遗产地、世界地质公园、国家重点风景名胜区和国家5A级景区。巨蟒峰位于其核心景区，是经长期自然风化和重力崩解作用形成的巨型花岗岩石柱，是具有世界级地质地貌意义的地质遗迹，2017年被认证为“世界最高的天然蟒峰”，是不可再生的珍稀自然资源性资产和可持续利用的自然遗产，具有重大的科学价值、美学价值和经济价值。

2017年4月15日，张某某、毛某某、张某前往三清山风景名胜区攀爬巨蟒峰，并采用电钻钻孔、打岩钉、布绳索的方式先后攀爬至巨蟒峰顶部。经现场勘查，张某某等在巨蟒峰自下而上打入岩钉26枚。公安机关委托专家组论证认为，钉入巨蟒峰的26枚岩钉属于钢铁物质，会直接诱发和加重巨蟒峰物理、化学、生物风化过程，巨蟒峰的最细处（直径约7米）已至少被打入4个岩钉，形成了新裂隙，会加快花岗岩柱体的侵蚀进程，甚至造成其崩解。张某某等三人的打岩钉攀爬行为对巨蟒峰造成了永久性损害，破坏了自然遗产的自然性、原始性和完整性。2017年10月，张某某等三人因涉嫌故意损毁名胜古迹罪被公安机关移送起诉。2019年12月26日，上饶市中级人民法院作出刑事判决，认定张某某、毛某某、张某犯故意损毁名胜古迹罪，分别判处张某某有期徒刑一年、毛某某有期徒刑六个月，分处罚金10万元、5万元，张某免予刑事处罚。

上饶市人民检察院于2018年8月29日向上饶市中级人民法院提起民事公益诉讼，要求判令张某某等三被告赔偿损失，并支付专家评估费用。2019年12月27日，上饶

市中级人民法院作出一审判决，在参照江西财经大学专家组的评估报告且兼顾三被告的经济条件和赔偿能力等的基础上，判令三被告连带赔偿环境资源损失600万元，连带承担专家评估费15万元，并在全国性媒体上刊登公告向社会公众赔礼道歉。三被告不服，提起上诉，江西省高级人民法院于2020年5月18日作出二审判决，驳回上诉，维持原判。

检察机关履职过程

上饶市信州区人民检察院在审查起诉过程中发现张某某等三人故意损毁三清山巨蟒峰的行为可能损害社会公共利益，于2018年3月29日将线索移送上饶市人民检察院。上饶市人民检察院认为，自然遗迹、风景名胜是生态环境的组成部分，三清山巨蟒峰作为世界级的地质地貌，承载着特殊的遗迹价值和广泛的公共利益。张某某等三人的损害行为侵害了生态环境利益和不特定社会公众的环境权益，本案属于生态环境民事公益诉讼的案件范围。张某某等三人在明知法律禁止破坏自然遗迹的情况下，故意实施破坏性攀爬行为，造成不可修复的严重损毁和极大的负面影响，存在加速山体崩塌的重大风险。三人具备事前共同谋划、事中相互配合等行为，符合共同侵权的构成要件，依法应当承担连带责任。

2018年5月，上饶市人民检察院委托江西财经大学三名专家成立专家组对三清山巨蟒峰的受损价值进行评估，并形成《评估报告》。专家组采用国际通用的条件价值法对三清山巨蟒峰受损后果进行价值评估，分析得出该事件对巨蟒峰生态服务价值造成损失的最低阈值为0.119亿元。

2018年4月18日，上饶市人民检察院发出公告，告知法律规定的机关和有关组织可以提起民事公益诉讼。公告期满后，没有法定的机关和组织提起诉讼。

上饶市人民检察院于2018年8月29日向上饶市中级人民法院提起民事公益诉讼，要求判令张某某等三被告依法对巨蟒峰非使用价值造成的损失0.119亿元和专家评估费15万元承担连带赔偿责任，并在全国性新闻媒体上公开赔礼道歉。

庭审过程中，三被告辩称：一、上饶市人民检察院不符合法定的起诉条件。二、三被告的行为不符合侵权责任的构成要件，且本案发生前就存在他人在巨蟒峰上打岩钉的情况，三清山风景名胜区管理委员会在巨蟒峰上安装的监控系统也有损害作用，三被告造成的损害属于多因一果的损害，应由各方分担责任。三、江西财经大学专家组所采用的评估方法不科学、数据不可靠，评估报告不能采信。

公益诉讼起诉人答辩如下：第一，根据《中华人民共和国环境保护法》第二条的规定，自然遗迹、风景名胜是环境的组成部分，本案属于环境民事公益诉讼的案件范围。本案系检察机关在履行职责中发现，且已经履行诉前公告程序，上饶市人民检察院对本案提起民事公益诉讼符合法定程序和条件。第二，三被告在明知法律禁止在景物上刻画、涂污以及以其他方式破坏景物设施的情况下，故意实施破坏性攀爬行为，且事前共同谋划、事中相互配合，符合共同侵权的构成要件，依法应当承担连带侵权责任。专家组出具的《评估报告》系针对三被告在巨蟒峰打入26个岩钉造成的损害进行的评估，不涉及他人造成的损害；三清山风景名胜区管理委员会在案发后出于维护公共利益考量，依法经许可和设计后在巨蟒峰周围安装监测设施（共计6个摄像头），该监测设施均不在巨蟒峰独柱体岩石上，避免了对巨蟒峰独柱体岩石的损害，其行为与三被告的行为不具有同一性。第三，此次评估所采用的条件价值法是经国家行政主管部门认可、国际通用的价值评估法，评估方法科学有据，评估过程严谨规范。评估专家依法出庭接受了质证，该专家意见可以作为认定损害赔偿数额的依据。

2019年12月27日，上饶市中级人民法院作出一审判决。张某某、张某对一审判决不服，提出上诉，江西省高级人民法院于2020年5月8日公开开庭进行了审理，江西省人民检察院与上饶市人民检察院依据《最高人民法院、最高人民检察院关于检察公益诉讼案件适用法律若干问题的解释》的规定，共同派员出庭，就案件事实、证据、程序和一审判决情况发表了意见。江西省高级人民法院于2020年5月18日作出二审判决，驳回上诉，维持原判。

法条索引

《中华人民共和国民事诉讼法》（2017）

第五十五条　对污染环境、侵害众多消费者合法权益等损害社会公共利益的行为，法律规定的机关和有关组织可以向人民法院提起诉讼。

人民检察院在履行职责中发现破坏生态环境和资源保护、食品药品安全领域侵害众多消费者合法权益等损害社会公共利益的行为，在没有前款规定的机关和组织或者前款规定的机关和组织不提起诉讼的情况下，可以向人民法院提起诉讼。前款规定的机关或者组织提起诉讼的，人民检察院可以支持起诉。

《中华人民共和国环境保护法》（2014）

第二条　本法所称环境，是指影响人类生存和发展的各种天然的和经过人工改造的自然因素的总体，包括大气、水、海洋、土地、矿藏、森林、草原、湿地、野生生物、自然遗迹、人文遗迹、自然保护区、风景名胜区、城市和乡村等。

第二十九条　国家在重点生态功能区、生态环境敏感区和脆弱区等区域划定生态保护红线，实行严格保护。

各级人民政府对具有代表性的各种类型的自然生态系统区域，珍稀、濒危的野生动植物自然分布区域，重要的水源涵养区域，具有重大科学文化价值的地质构造、著名溶洞和化石分布区、冰川、火山、温泉等自然遗迹，以及人文遗迹、古树名木，应当采取措施予以保护，严禁破坏。

第六十四条　因污染环境和破坏生态造成损害的，应当依照《中华人民共和国侵权责任法》的有关规定承担侵权责任。

《中华人民共和国民法典》(2020)

第一百七十九条　承担民事责任的方式主要有:

(一)停止侵害;

(二)排除妨碍;

(三)消除危险;

(四)返还财产;

(五)恢复原状;

(六)修理、重作、更换;

(七)继续履行;

(八)赔偿损失;

(九)支付违约金;

(十)消除影响、恢复名誉;

(十一)赔礼道歉。

法律规定惩罚性赔偿的，依照其规定。

本条规定的承担民事责任的方式，可以单独适用，也可以合并适用。

第一千一百六十五条　行为人因过错侵害他人民事权益造成损害的，应当承担侵权责任。

依照法律规定推定行为人有过错，其不能证明自己没有过错的，应当承担侵权责任。

第一千一百六十八条　二人以上共同实施侵权行为，造成他人损害的，应当承担连带责任。

《最高人民法院关于审理环境民事公益诉讼案件适用法律若干问题的解释》(2014)

第十五条　当事人申请通知有专门知识的人出庭，就鉴定人作出的鉴定意见或者就因果关系、生态环境修复方式、生态环境修复费用以及生态环境受到损害至修复完成期间服务功能丧失导致的损失等专门性问题提出意见的，人民法院可以准许。

前款规定的专家意见经质证，可以作为认定事实的根据。

第十八条　对污染环境、破坏生态，已经损害社会公共利益或者具有损害社会公共利益重大风险的行为，原告可以请求被告承担停止侵害、排除妨碍、消除危险、修复生态环境、赔偿损失、赔礼道歉等民事责任。

第二十二条　原告请求被告承担以下费用的，人民法院可以依法予以支持：

（一）生态环境损害调查、鉴定评估等费用；

（二）清除污染以及防止损害的发生和扩大所支出的合理费用；

（三）合理的律师费以及为诉讼支出的其他合理费用。

第二十三条　生态环境修复费用难以确定或者确定具体数额所需鉴定费用明显过高的，人民法院可以结合污染环境、破坏生态的范围和程度，生态环境的稀缺性，生态环境恢复的难易程度，防治污染设备的运行成本，被告因侵害行为所获得的利益以及过错程度等因素，并可以参考负有环境资源保护监督管理职责的部门的意见、专家意见等，予以合理确定。

《最高人民法院、最高人民检察院关于检察公益诉讼案件适用法律若干问题的解释》（2018）

第八条　人民法院开庭审理人民检察院提起的公益诉讼案件，应当在开庭三日前向人民检察院送达出庭通知书。

人民检察院应当派员出庭，并应当自收到人民法院出庭通知书之日起三日内向人民法院提交派员出庭通知书。派员出庭通知书应当写明出庭人员的姓名、法律职务以及出庭履行的具体职责。

第九条　出庭检察人员履行以下职责：

（一）宣读公益诉讼起诉书；

（二）对人民检察院调查收集的证据予以出示和说明，对相关证据进行质证；

（三）参加法庭调查，进行辩论并发表意见；

（四）依法从事其他诉讼活动。

第十一条　人民法院审理第二审案件，由提起公益诉讼的人民检察院派员出庭，上一级人民检察院也可以派员参加。

《风景名胜区条例》（2016）

第二十四条　风景名胜区内的景观和自然环境，应当根据可持续发展的原则，严格保护，不得破坏或者随意改变。

风景名胜区管理机构应当建立健全风景名胜资源保护的各项管理制度。

风景名胜区内的居民和游览者应当保护风景名胜区的景物、水体、林草植被、野生动物和各项设施。

第二十六条　在风景名胜区内禁止进行下列活动：

（一）开山、采石、开矿、开荒、修坟立碑等破坏景观、植被和地形地貌的活动；

（二）修建储存爆炸性、易燃性、放射性、毒害性、腐蚀性物品的设施；

（三）在景物或者设施上刻画、涂污；

（四）乱扔垃圾。

案例评析

自然遗迹是人类遗产的一部分，是自然界在其自身发展过程中天然形成和遗留下来的，在科学文化、艺术观赏等方面具有突出价值的自然客体及其保留地或遗迹地，是全人类的共同财富。自检察公益诉讼制度建立以来，检察机关不断加大公益诉讼案件办理力度，突出办理了一大批生态环境和资源保护领域的公益诉讼案件，为生态文明建设贡献了检察智慧和力量。作为全国首例故意损毁自然遗迹入刑的刑事案件和全国首例检察机关针对损毁自然遗迹提起的环境民事公益诉讼案件，上饶市人民检察院诉张某某等三人故意损毁三清山巨蟒峰民事公益诉讼案具有极其重要的警示意义和示范价值。三清山风景名胜区的巨蟒峰地质遗迹点被世界纪录认证机构认证为"世界最高的天然蟒峰"，是自然界珍品中的珍品，是生态保护重点中的重点。本案是司法机关以最严格制度最严密法治保护生态环境的一个缩影，具有典型的示范价值和警示意义，对于引导社会公众珍惜和善待人类赖以生存发展的自然资源和生态环境具有积极作用。同时，本案诉讼中涉及的诸多问题，如名胜古迹保护是否属于民事公益诉讼受案范围、名胜古迹公益损害如何确定以及生态环境损害赔偿数额如何计算等问题对学界和实务界都具有重大影响，值得进行深入探讨（汪劲，2020）。

1. 名胜古迹保护是否属于民事公益诉讼案件范围

根据2017年修订的《中华人民共和国民事诉讼法》第五十五条第二款的规定，人民检察院对破坏生态环境和资源保护等损害社会公共利益的行为，可以提起民事公益诉讼。而损毁名胜古迹行为属于"破坏生态环境和资源保护"行为，根据《中华人民共和国环境保护法》第二条的规定，自然遗迹、风景名胜区是环境的构成要素，对自然遗迹和风景名胜区的损毁属于对生态环境的损害。从类型上看，环境问题有污染环境和破坏生态两种表现形式，而破坏自然资源的行为除了对作为环境要素的资源本身造成损害外，还会对与遭到破坏的自然资源互相依存的生态系统造成损害。可见，民事环境公益诉讼既包括针对环境污染的公益诉讼，也有包括损害自然资源在内的生态破坏公益诉讼。本案中，张某某等三人使用打岩钉的方式对巨蟒峰进行攀爬，该行为属于对环境资源的损害，属于广义上破坏生态的损害行为，相关主体当然可以提起民事公益诉讼。

构建检察公益诉讼制度的根本目的在于保护公共利益，而损毁名胜古迹行为必然损害公共利益。公共利益涵盖的内容广泛。在现代国家中，立法机关、司法机关和行政机关都应以维护公益为根本（刘辉，2019）。其中，社会公共利益是由不特定的多数人享有的利益，公众享有的环境权益不仅包括清洁的空气、洁净的水源，也包括优美的自然风景等，特别是珍贵的、具有稀缺性的自然遗迹和风景名胜区更具有保护的必要性和紧迫性。本案中，张某某等三人采取打岩钉方式攀爬巨蟒峰的行为，侵害了不特定社会公众的环境权益，不特定的多数人享有的利益正是社会公共利益的应有之义。

2. 损毁名胜古迹侵权责任的认定

《中华人民共和国环境保护法》第六十四条规定：因污染环境和破坏生态造成损害的，应当依照侵权责任法的有关规定承担侵权责任。《中华人民共和国民法典》规定环境污染适用无过错责任原则，但本案是生态破坏案件，不应适用无过错责任原则，而应适用过错责任原则，对三被告的行为应从一般民事侵权行为的构成要件，即加害行为、损害结果及加害行为与损害结果之间的因果关系、行为人的过错这几个方面来进行判断。

首先，本案三被告的行为属于加害行为，自然遗迹和风景名胜是环境的组成部分，属于不可再生资源。《风景名胜区条例》第二十四条以及《江西省三清山风景名胜区管理条例》规定风景名胜区内的居民与游览者对相关的景物、水体等负有保护义务，三被告一方面违反了法律所规定的保护义务，另一方面由于自然遗迹、风景名胜区作为自然资源属于国家所有，其行为也侵害了社会公共利益。其次，三被告的打岩钉攀爬行为对世界自然遗产的核心景观——巨蟒峰造成了永久性的损害，破坏了自然遗产的基本属性即自然性、原始性、完整性（胡淑珠 等，2022），其所用岩钉会直接诱发和加重物理、化学、生物风化，形成新的裂隙，加快花岗岩柱体的侵蚀过程，甚至造成崩解，加重了巨蟒峰具有多组多向节理结构面的最细段的脆弱性，虽三被告的行为尚未导致巨蟒峰直接崩解、断裂，但产生了可能引发巨蟒峰断裂甚至崩解的重大风险，是损害社会公共利益的重大风险，这种风险本身就是损害结果，三被告的行为造成了损害结果，并且该损害结果是由侵权行为直接导致，侵权行为与损害结果之间具有因果关系。最后，本案适用过错归责原则。行为人的主观过错是侵权行为的构成要件之一。过错通常要从主观与客观两个方面进行判断，同时包括两种形态，一是故意，二是过失，前者是行为人对损害结果的发生积极追求，后者则是疏忽大意或轻信能够避免导致损害结果的发生。本案三名被告明知三清山风景名胜区是世界自然遗产，也明知使用电钻打孔、打入岩钉的行为会对巨蟒峰造成损害，仍然实施该行为，先后在巨蟒峰打入 26 枚岩钉，并借助岩钉与绳索攀爬至巨蟒峰顶点，应当认定三被告对本案损害结果的发生具有共同故意，存在主观过错。

综上，张某某等三人采取打岩钉的方式攀爬巨蟒峰的行为符合侵权行为的构成要件，应当承担损毁名胜古迹的侵权责任。

3. 条件价值法在生态服务价值损失评估中的运用

生态环境的多样性及其经济价值的复杂性决定了在对生态环境经济价值进行评估时需要采用多种不同的评估方法。根据是否存在现存市场或替代市场，可将常用的生态环境价值评估方法分为三大类：直接市场法、揭示偏好法及陈述偏好法。对于能够以商品形式出现在市场中的生态环境资源，可以采用直接市场法进行评估；对于不存在市场属性的生态环境资源，可以通过分析替代物的市场数据来衡量没有现存市场的环境物品的价值。揭示偏好法假设消费者在替代市场中的购买行为反映了他们对不存在现存市场属性的环境物品的偏好，主要包括规避行为法、旅行费用法和享乐价格法。陈述偏好法主要应用于不能采用直接市场法和揭示偏好法的环境资源的价值评估。陈述偏好法即意愿评估法，是指通过直接询问调查对象为减少生态环境危害的不同选择所愿意支付的价格来衡量生态产品的价值，常用于评估环境资源的非使用价值，例如野生动物保护的价值、生物多样性的价值、古迹保护价值。可见，不同环境资源经济价值的评估方法具有不同的能力来评估不同的环境资源及不同的价值类型，因此适用于不同的环境资源和评估目的（卫滨 等，2021）。故而在对生态环境损害进行评估时，需要注意所选评估方法的适用性、合理性和科学性，根据评估的对象、类型以及难易程度，选择科学的评估方法进行评估。

本案采用的条件价值法亦可称权变估值法、意愿价值法等，是一种典型的陈述偏好法（庄永廉 等，2020），是在假想市场情况下，直接调查和询问人们对某一环境效益改善或资源保护的措施的支付意愿，或者对环境或资源质量损失的接受赔偿意愿，以人们的支付意愿或受偿意愿来估计环境效益改善或环境质量损失的经济价值。条件价值法是环境价值评估方法的一种，是应用最广、影响最大的陈述偏好价值评估技术，在各国得到日益广泛的应用。值得注意的是，由于条件价值法是将一个假想的市场提供给被调查者，被调查者在假想市场情况下想象和完成交易行为，与在真实市场情况下所作出的决策未必完全相同，而且难以通过真实的市场行为对被调查者的决策加以验证，即存在假想偏差，因此需对价值受损估算进行敏感性分析，得到最终评估结果（韩学强，2020）。在本案中，因巨蟒峰属于独特的环境资源、自然景观，缺乏真实的交易市场，其环境资源和生态服务的价值难以用常规的市场方法评估，损害赔偿数额无法通过司法鉴定予以确定。在此情况下，应选择《环境损害鉴定评估推荐方法（第Ⅱ版）》和《生态环境损害鉴定评估技术指南总纲》中推荐使用的条件价值法进行评估，该方法被认为特别适用于独特景观、文物古迹等生态服务价值评估。

4. 生态环境损害赔偿数额的确定

生态环境损害赔偿金是行为人因损害生态环境而应承担的损害赔偿责任的货币化表现形式。对于生态环境损害赔偿数额的确定，法院不可直接依据评估报告或鉴定意见中载明的金额来确定行为人应承担的生态环境损害赔偿金额，还应兼顾行为人的经济条件、赔偿能力和过错程度等因素，结合环境污染的程度等因素，并在参考环境保护等职能部门意见、专家意见、评估结果的基础上酌情确定合理的赔偿数额（陈幸欢，2021）。

生态环境损害赔偿数额的确定首要参考的是鉴定评估报告的数额，但法院应当对鉴定评估报告的出具主体是否权威、计算方法是否符合鉴定评估规范以及取值是否合理等进行审查。本案的评估报告符合鉴定评估报告相关的法律规范，依法可以作为认定事实的依据。首先，上饶市人民检察院委托的江西财经大学专家组成员均具有相关专业背景，长期从事环境经济方面的教学科研活动，符合《最高人民法院关于审理环境民事公益诉讼案件适用法律若干问题的解释》（以下简称《公益诉讼解释》）第十五条规定的有专门知识的人的条件，其出具的评估报告和专家意见经庭审质证，可以作为认定事实的依据。其次，江西财经大学专家组对本案巨蟒峰的受损价值评估使用的条件价值法，是《环境损害鉴定评估推荐方法（第Ⅱ版）》确定的方法之一。《环境损害鉴定评估推荐方法（第Ⅱ版）》指出，该技术特别适用于选择价值占较大比重的独特景观、文物古迹等生态服务价值评估。因此，专家组采用的评估方法科学合理。最后，本案江西财经大学三位专家接受委托后，即制定了相关的评估工作方案，设计相关的调查问卷，明确相关的工作要求。此后专家组深入实地，就调查对象的个人基本情况、对三被告在巨蟒峰上打入 26 枚岩钉所造成损害的修复费用的支付意愿、支付金额以及支付动机等进行调查，在获得了相关样本的基础上，分析得出巨蟒峰非使用价值受损的区间值为 0.119 亿～ 2.37 亿元。

综上，本案中采用该评估方法得出的评估报告作为认定巨蟒峰非使用价值受损数额，符合《公益诉讼解释》第十五条的规定，依据充分（参见〔2020〕赣民终 317 号民事判决书）。同时，考虑到该评估方法虽然可能受调查技术、方法、被调查者的偏好等多种因素的影响而具有一定的不确定性，但是其科学性在世界范围内仍然得到了认可，且目前就本案事实来看，难以找到更合适的评估方法，上饶市人民检察院依法对张某某等三人提起生态破坏环境民事公益诉讼，根据《评估报告》要求判决三人连带赔偿巨蟒峰非使用价值损失的最低阈值 0.119 亿元于法有据。事实上，法院最终也将该评估报告作为判定三被告承担侵权责任的参考依据。

生态环境损害赔偿数额的确定还应根据相关因素由法官进行自由裁量。《公益诉讼解释》第二十三条规定，生态环境修复费用难以确定或者确定具体数额所需鉴定费用明显过高的，法院可以结合污染环境、破坏生态的范围和程度，生态环境的稀缺性，生态环境恢复的难易程度，防治污染设备的运行成本，被告因侵害行为所获得的利益以及过错程度等因素，并参考负有环境保护监督管理职责的部门的意见、专家意见等，予以合理确定生态环境修复费用（庄永廉 等，2020）。本案中，考虑到生态环境损害评估结果具有一定的不确定性，在确定行为人应承担的生态环境损害赔偿金额时，参照评估结果，一方面考虑巨蟒峰作为世界自然遗产的珍稀性、行为人行为造成后果的严重性和社会影响的广泛性，另一方面兼顾行为人的经济条件、赔偿能力和过错程度等因素，酌定赔偿金额为 600 万。故本案关于生态环境损害赔偿金额的确定，考量因素全面，取值合理。

5. 结语

本案是司法机关以实际行动贯彻落实生态文明战略的体现，是最严格制度最严密法治保护生态环境的一个缩影，更是彰显了检察公益诉讼制度在推进国家治理体系和治理能力现代化中的独特作用的一个案例。同时，本案的成功办理，不仅明确传达了保护自然遗产和名胜古迹的司法价值导向，更是对社会公众旅游观赏行为的规范性指引，有助于唤起全体社会成员的环境保护意识，增强保护世界自然遗产在内的各类环境资源的自觉性，警示和教育全体公民珍惜资源，爱护环境。

指导意义

对景观生态服务价值的破坏行为，检察机关依法可以提起公益诉讼。自然遗迹和风景名胜是生态环境的组成部分，属于不可再生资源，具有代表性的自然遗迹和风景名胜的生态服务价值表现在社会公众对其享有的游憩权益和对独特景观的观赏权益。任何对其进行破坏的行为都是损害人类共同享有的环境资源、损害社会公共利益，检察机关应当及时依法开展公益诉讼检察。

对独特景观的生态服务价值损失，可以酌情采用条件价值法进行评估。因独特的环境资源、自然景观缺乏真实的交易市场，其环境资源和生态服务的价值难以用常规的市场方法评估，损害赔偿金额无法通过司法鉴定予以确定。在此情况下，检察机关可以委托专家，采用《环境损害鉴定评估推荐方法（第Ⅱ版）》和《生态环境损害鉴定评估技术指南总纲》中推荐使用的条件价值法进行评估，该方法被认为特别适用于独特景观、文物古迹等生态服务价值评估。评估结果可以专家意见书的方式进行举证，作为法院审理案件的参考依据。

检察机关要综合运用刑事、公益诉讼司法手段打击破坏自然遗迹和风景名胜的行为，提高此类破坏行为的违法犯罪成本。损害赔偿金额可根据专家意见和案件综合因素合理确定。对于严重破坏或损害自然遗迹、风景名胜的行为，行为人应当依法承担刑事责任。其造成的公共利益损害，在无法恢复原状的情况下，可根据《中华人民共和国民法典》侵权责任编有关规定诉请侵权人赔偿损失。由行为人承担高额环境资源损失赔偿的民事侵权责任，充分体现公益诉讼保护公共利益的独特制度价值，既有助于修复受损的公共利益，又能警示潜在的违法者，唤醒广大公众保护环境、珍惜自然资源的意识。环境损害赔偿金额的确定，可依据《公益诉讼解释》相关规定，结合破坏行为的范围和程度、环境资源的稀缺性、恢复难易程度、涉案人的赔偿能力等综合考量。

九、陕西省 ×× 县人民检察院诉县环境保护局不全面履职案

案情介绍

2014 年 5 月，陕西 A 能源化工有限公司（以下简称 A 公司）年产 60 万吨甲醇工程项目建成，并经陕西省环境保护厅审批投入试生产至 2014 年 12 月 31 日。2014 年 11 月 24 日，陕西省发布《关中地区重点行业大气污染物排放限值》地方标准，燃煤锅炉颗粒物排放限值为 20 毫克 / 米 ^{3}，自 2015 年 1 月 1 日起实施。A 公司试生产期间，燃煤锅炉大气污染物排放值基本处于 20 ～ 50 毫克 / 米 ^{3}。

2015 年 1 月 1 日，A 公司试生产期满后未停止生产，且燃煤锅炉颗粒物排放值持续在 20 ～ 50 毫克 / 米 ^{3}。2015 年 7 月 7 日，陕西省宝鸡市环境保护局 ×× 县分局（本案例中“×× 县”均指该县）依据《中华人民共和国行政处罚法》向 A 公司下达《环境违法行为限期改正通知书》，责令其限期改正生产甲醇环保违规行为，否则将予以高限处罚。A 公司没有整改到位，但 ×× 县分局并未作出高限处罚。2015 年 11 月 18 日，×× 县分局依据《中华人民共和国行政处罚法》向 A 公司下达《行政处罚决定书》，限其于一个月内整改到位，并处以罚款 5 万元。但 A 公司并未停止甲醇项目生产，颗粒物超标排放对周围大气环境造成污染，违反《中华人民共和国大气污染防治法》的规定。

2016 年 5 月 11 日，×× 县人民检察院就该县环境保护局未依法全面履职，向该县人民法院提起行政公益诉讼。2016 年 11 月 10 日，宝鸡市陈仓区人民法院公开开庭审理了本案。2016 年 12 月 28 日，陕西省宝鸡市陈仓区人民法院作出一审判决，确认被告 ×× 县环境保护局未依法全面履行对相对人 A 公司环境监管职责的行为违法。

检察机关履职过程

2015年11月下旬，陕西省宝鸡市人民检察院在办案过程中发现××县环境保护局可能存在履职不尽责的情形，遂指定××县人民检察院开展调查。××县人民检察院查明：A公司超期试生产且颗粒物超标排放，而××县环境保护局虽对A公司作出行政处罚，但未依法全面履职。2015年12月3日，××县人民检察院向××县环境保护局发出检察建议书，建议其依法履职，督促A公司上线治污减排设备，确保环保达标。

2016年1月4日，××县环境保护局书面回复××县人民检察院称：2015年12月24日对A公司下达《责令限制生产决定书》，责令该公司限产。2015年12月30日作出《排污核定与排污费缴纳决定书》，对A公司2015年10月至12月间颗粒物超标排放加收排污费。针对此回复意见，××县人民检察院进一步查明：××县环境保护局作出责令限制生产决定、加收排污费等措施后，A公司虽然按要求限制生产，但其治污减排设备建设项目未正式投入使用，颗粒物排放依然超过限值。

鉴于检察建议未达到应有效果，2016年5月11日，××县人民检察院向××县人民法院提起行政公益诉讼。××县人民法院受理后，认为符合起诉条件，但不宜由××县人民法院管辖，故向宝鸡市中级人民法院报请指定管辖，2016年5月13日，宝鸡市中级人民法院依法裁定本案由宝鸡市陈仓区人民法院管辖。2016年11月10日，宝鸡市陈仓区人民法院公开开庭审理了本案。

出庭检察人员宣读起诉书，请求：一、确认××县环境保护局未依法全面履职的行为违法；二、判令××县环境保护局依法全面履行职责，督促A公司采取有效措施，确保颗粒物排放符合标准。××县环境保护局辩称，对企业采取了行政处罚、责令限制生产等措施，已经全面履行职责。诉讼前，A公司减污设备已经运行，检察机关不需要再提起诉讼。

法庭举证质证阶段，围绕××县环境保护局是否依法全面履行法定职责，出庭检察人员出示了××县环境保护局行政职责范围的依据、2015年1月1日至2016年5月8日A公司颗粒物排放数据等证据，证明截至提起诉讼前，A公司湿电除尘系统没有竣工验收，且颗粒物依然超标排放，持续给周围大气环境造成污染，问题没有彻底解决。

××县环境保护局针对起诉书，提交了对A公司日常监管的表格及2015年7月以来对A公司作出的各类处罚文书等证据材料，证明已经依法全面履行了对相对人的环境监管职责。

针对××县环境保护局提出的证据，出庭检察人员认为，只能证明××县环境保护局对A公司作出了行政处罚，但不能证明依法全面履职并实现了履职目的。诉讼前，A公司排放仍存在不达标的情况。出庭检察人员指出，××县环境保护局未依法全面履职主要表现在三个方面：一是××县环境保护局未依法监管相对人严格执行建设项目环境保护设施设计、施工、使用“三同时”的规定。A公司的环境保护设施虽然与建设项目同时设计、同时施工，但并未同时使用。二是××县环境保护局初期未采取有效措施对A公司违法排放颗粒物的行为作出处理。自2015年1月1日起，A公司颗粒物排放浓度均超过20毫克/米^{3}的标准。××县环境保护局却未采取有效行政监管措施予以处置，直到2015年7月7日才对颗粒物超标排放违法行为作出《环境违法行为限期改正通知书》。三是××县环境保护局未依法全面运用监管措施督促A公司纠正违法行为。A公司在收到《环境违法行为限期改正通知书》后两个月内未按要求整改到位，××县环境保护局未采取相应措施作出高限处罚。

××县环境保护局辩称：已履行了法定职责，多次对A公司作出行政处罚，颗粒物超标排放是由于地方标准的变化。2016年3月27日，A公司减污设备已经运行，检察机关无须提起诉讼。

针对××县环境保护局答辩，检察机关提出如下辩论意见：对于A公司的排污行为，虽有履职行为，但履职不尽责。一是作出的5万元罚款不是高限处罚；二是按照相关规定，在地方标准严于国家标准的情况下，依法应当执行地方标准；三是2016年3月27日，A公司减污设备已经上线运行，但颗粒物排放数据仍不稳定，仍有不达标的问题；四是诉讼中，××县环境保护局依据《中华人民共和国环境保护法》《环境保护主管部门实施按日连续处罚办法》等规定，于2016年5月16日才作出按日连续计罚的行政处罚决定，对A公司违法行为罚款645万元。

2016年8月22日，A公司减污设备经评估正式投入运行，经第三方检测机构的检测，A公司颗粒物排放已持续稳定符合国家和地方排放标准。2016年12月20日，检察机关撤回了第二项诉讼请求，即“督促A公司采取有效措施，确保颗粒物排放达到国家标准和地方标准”。

2016年12月28日，陕西省宝鸡市陈仓区人民法院作出一审判决，确认被告未依法全面履行对相对人A公司环境监管职责的行为违法。

法条索引

《中华人民共和国环境保护法》(2014)

第十五条　国务院环境保护主管部门制定国家环境质量标准。

省、自治区、直辖市人民政府对国家环境质量标准中未作规定的项目，可以制定地方环境质量标准；对国家环境质量标准中已作规定的项目，可以制定严于国家环境质量标准的地方环境质量标准。地方环境质量标准应当报国务院环境保护主管部门备案。

国家鼓励开展环境基准研究。

《中华人民共和国大气污染防治法》(2018)

第五条　县级以上人民政府生态环境主管部门对大气污染防治实施统一监督管理。

县级以上人民政府其他有关部门在各自职责范围内对大气污染防治实施监督管理。

第七条　企业事业单位和其他生产经营者应当采取有效措施，防止、减少大气污染，对所造成的损害依法承担责任。

公民应当增强大气环境保护意识，采取低碳、节俭的生活方式，自觉履行大气环境保护义务。

第四十三条　钢铁、建材、有色金属、石油、化工等企业生产过程中排放粉尘、硫化物和氮氧化物的，应当采用清洁生产工艺，配套建设除尘、脱硫、脱硝等装置，或者采取技术改造等其他控制大气污染物排放的措施。

第九十九条　违反本法规定，有下列行为之一的，由县级以上人民政府生态环境主管部门责令改正或者限制生产、停产整治，并处十万元以上一百万元以下的罚款；情节严重的，报经有批准权的人民政府批准，责令停业、关闭：

（一）未依法取得排污许可证排放大气污染物的；

（二）超过大气污染物排放标准或者超过重点大气污染物排放总量控制指标排放大气污染物的；

（三）通过逃避监管的方式排放大气污染物的。

《中华人民共和国行政处罚法》(2021)

第五十一条　违法事实确凿并有法定依据，对公民处以二百元以下、对法人或者其他组织处以三千元以下罚款或者警告的行政处罚的，可以当场作出行政处罚决定。法律另有规定的，从其规定。

《中华人民共和国行政诉讼法》(2017)

第二十五条　行政行为的相对人以及其他与行政行为有利害关系的公民、法人或者其他组织，有权提起诉讼。

有权提起诉讼的公民死亡，其近亲属可以提起诉讼。

有权提起诉讼的法人或者其他组织终止，承受其权利的法人或者其他组织可以提起诉讼。

人民检察院在履行职责中发现生态环境和资源保护、食品药品安全、国有财产保护、国有土地使用权出让等领域负有监督管理职责的行政机关违法行使职权或者不作为，致使国家利益或者社会公共利益受到侵害的，应当向行政机关提出检察建议，督促其依法履行职责。行政机关不依法履行职责的，人民检察院依法向人民法院提起诉讼。

《环境保护主管部门实施按日连续处罚办法》(2014)

第五条　排污者有下列行为之一，受到罚款处罚，被责令改正，拒不改正的，依法作出罚款处罚决定的环境保护主管部门可以实施按日连续处罚：

（一）超过国家或者地方规定的污染物排放标准，或者超过重点污染物排放总量控制指标排放污染物的；

（二）通过暗管、渗井、渗坑、灌注或者篡改、伪造监测数据，或者不正常运行防治污染设施等逃避监管的方式排放污染物的；

（三）排放法律、法规规定禁止排放的污染物的；

（四）违法倾倒危险废物的；

（五）其他违法排放污染物行为。

第十条　环境保护主管部门应当在送达责令改正违法行为决定书之日起三十日内，以暗查方式组织对排污者违法排放污染物行为的改正情况实施复查。

《建设项目环境保护管理条例》(2017)

第十五条　建设项目需要配套建设的环境保护设施，必须与主体工程同时设计、同时施工、同时投产使用。

第二十条　环境保护行政主管部门应当对建设项目环境保护设施设计、施工、验收、投入生产或者使用情况，以及有关环境影响评价文件确定的其他环境保护措施的落实情况，进行监督检查。

环境保护行政主管部门应当将建设项目有关环境违法信息记入社会诚信档案，及时向社会公开违法者名单。

《火电厂大气污染物排放标准》(GB 13223—2011)

《关中地区重点行业大气污染物排放限值》(DB 61/ 941—2018)

案例评析

党的十八大以来，我国以前所未有的力度推进生态文明建设。随着国家对生态环境保护工作的高度重视，相关部门加大了对环境类违法犯罪行为的查处和打击力度，而以督促行政机关履职、规范行政机关执法行为为核心功能的环境类行政公益案件数量也快速增长。环境公益诉讼虽然是一种环境保护和环境治理的路径，但其作为司法路径，不应成为主要或者与行政执法并列的方式，而应仅作为环境行政执法的补充，明确其制度定位（高文英，2020）。检察机关在提起环境行政诉讼之前，应当尊重行政机关的职权和行政自由裁量权，遵守行政公益诉讼的诉前程序，督促行政机关依法履行职责（邓可祝，2021）。只有在行政机关不依法履职、无法保护公共利益时，才可提出行政公益诉讼。由此，就使得检察机关行政公益诉讼诉前程序设计和行政机关依法全面履职的评价标准等问题具备了独特的研究价值。

1. 行政公益诉讼诉前程序的确立

行政公益诉讼诉前程序是指检察机关在向人民法院提起行政公益诉讼之前，针对相关行政机关不作为或乱作为的行为，依法督促其积极履职或纠正行政违法行为的程序。诉前程序的核心在于检察机关先向符合起诉条件的行政机关发出检察建议督促纠正，将检察权的监督和纠错置于行政机关的自我纠错之后，其可以充分督促行政机关依法行政，有效规范行政权的行使。我国行政公益诉讼诉前程序经历了初步探索、试点推行及全面推行三个阶段。2015 年，全国人大常委会第十五次会议决定授权最高人民检察院开展公益诉讼试点工作，诉前程序初具雏形；随后，最高人民法院发布《人民法院审理人民检察院提起公益诉讼案件试点工作实施办法》和《检察机关提起公益诉讼试点方案》，进一步细化了诉前程序的相关流程；2017 年修订后的《中华人民共和国行政诉讼法》，正式明确了行政公益诉讼制度，明文规定了检察机关享有公益诉讼起诉权，规定了诉前程序；2018 年，最高人民法院和最高人民检察院联合出台了《关于检察公益诉讼案件适用法律若干问题的解释》，对检察建议的回复期限、起诉条件等作出了进一步细化（缪颖，2022）。至此，根据现行法律及司法解释，诉前程序成为检察机关在办理行政公益诉讼案件时的一个独立且必经的诉讼前置程序。

在行政公益诉讼中设置诉前程序有其必要性。首先，可以节约司法资源，降低诉讼成本。通过诉前程序，可以有效解决较为轻微的行政不作为案件，督促行政机关依法及时履职，维护社会公益。其次，体现了检察权的谦抑性以及对行政权的尊重。如行政机关按照检察建议，及时纠正自身违法行为或行政不作为，积极有效履行法定职责，避免了国家利益和社会公共利益受损，则没有必要启动诉讼程序。故而，诉前程序可以有效解决可能出现的滥诉问题。

本案中，×× 县人民检察院按照诉前程序的相关规定，先发出检察建议督促行政机关履职，在未达目的后提起行政公益诉讼。作为排污企业，A 公司超期试生产且颗粒物超标排放，而 ×× 县环境保护局虽对其作出行政处罚，但未依法全面履职。×× 县人民检察院启动行政公益诉讼诉前程序，向 ×× 县环境保护局发出检察建议书，建议 ×× 县环境保护局依法履职，督促 A 公司上线治污减排设备，确保环保达标。但 ×× 县环境保护局书面回复称，已依法履行法定职责，作出了责令限制生产决定、加收排污费等措施，A 公司虽然按要求限制生产，但其治污减排设备建设项目未正式投入使用，颗粒物排放依然超过限值。此后，鉴于检察建议未实现应有效果，×× 县人民检察院依法定程序向 ×× 县人民法院提起行政公益诉讼。

2. 诉前程序中检察机关调查权的合理行使

行政公益诉讼诉前程序是行政公益诉讼制度的重要创新，在促进依法行政、有效解决公益损害问题、节约司法资源等方面发挥了重要作用。但检察机关公益诉讼职能的发挥离不开调查权的行使，没有强有力的调查权就没有行政公益诉讼制度的运行基础。行政公益诉讼制度中检察机关的调查权，是指检察机关在办理行政公益诉讼案件过程中，为查明公共利益受损害情形、固定收集证据、明确监管部门或监督对象等，依法定程序进行的专门活动和依法采取的有关措施。调查权是办理行政公益诉讼案件的必要前提和保障，有力的调查核实权是检察机关查明案件事实、明确监督对象、及时保护公共利益的必要手段（孙伟 等，2019）。检察机关在办理案件中必须合法合理地进行调查取证，要针对违法事实进行调查核实，围绕行政机关不依法履职或者不全面履职行为的客观表现、主观过错、与国家利益或者社会公共利益遭受侵害后果的关系以及相关的法律依据、政策要求、文件规定等全面收集、固定证据，在查清事实的基础上依法提出检察建议，督促行政机关纠正违法行为、依法履职。

但值得注意的是，由于环境行政公益诉讼涉及的证据广泛且专业性较强，检察机关调查取证能力薄弱的问题日益凸显。检察机关大都采取调阅、复制相关行政执法卷宗、询问相关人员等方式进行调查核实，手段单一，特别是在调查生态环境和资源破坏程度时，很少采用委托鉴定、收集证据、视听资料等较为有效的方式。至于勘验物证、现场和咨询相关人员、相关部门或行业协会等调查核实手段，也往往因为实施难度大而束之高阁。更为关键的是，对环保机构行为是否与环境破坏存在因果关系很难认定，使得案件基本事实无法查明。此外，行政机关不配合也是检察机关调查权难以有效行使的因素之一。在行政公益诉讼中，行政机关和检察机关身份对立，检方调查核实时，难免遭遇环保执法机构的不配合甚至针锋相对，而环保类案件所需证据较为复杂且专业，需要现场调查取证，检察人员又无行政执法权，有时候调查取证还需要依靠行政机关执法人员的带领，这势必使检察机关调查取证权大为削弱（许翠霞 等，2019）。

3. 行政机关是否“依法履职”的标准争议

检察机关提起行政公益诉讼的必要前提就是行政机关不依法履行职责，然而，目前缺乏统一的行政机关依法履职判断标准，实践中存在行为和结果两种标准。判断行政机关是否履职应当采用何种标准，我国理论界与实务界存在不同观点。

学界对行政机关是否依法履职的判定标准分为两种。第一种是行为标准。所谓行为标准，就是以行政机关是否全面充分履行法律规定的行政职责作为判断标准，要求法院只对行政机关的履职行为是否全面充分进行审查，不论相对人违法行为是否已经停止或被纠正、国家利益或社会公共利益受侵害的状态是否已经完全消除（张旭勇，2020）。本案法院即采取了行为标准，认定行政机关未依法全面履职。本案中，××县环境保护局未依法全面履职主要表现在三个方面。一是未依照《中华人民共和国环境保护法》《建设项目环境保护管理条例》等监管相对人严格执行建设项目环境保护设施设计、施工、使用“三同时”的规定。A 公司的环保设施虽然与建设项目同时设计、同时施工，但并未同时使用。二是初期未采取有效措施对 A 公司违法排放颗粒物的行为作出处理。自 2015 年 1 月 1 日起，A 公司颗粒物排放浓度均超过 20 毫克 / 米^{3}的标准，×× 县环境保护局却未采取有效行政监管措施予以处置，直到 2015 年 7 月 7 日才对颗粒物超标排放违法行为作出《环境违法行为限期改正通知书》。三是未依法全面运用监管措施督促 A 公司纠正违法行为。A 公司在收到《环境违法行为限期改正通知书》后两个月内未按要求整改到位，×× 县环境保护局未采取相应措施作出高限处罚。2016 年 12 月 28 日法院作出判决，确认被告 ×× 县环境保护局未依法全面履行环境监管职责的行为违法。结合司法实践可知，法院认为行政机关在履行环境保护监管职责时，虽有履职行为，但未依法全面运用行政监管手段制止违法行为，检察机关经诉前程序仍未实现督促行政机关依法全面履职目的的，应当向人民法院提起行政公益诉讼。此即为以行为判定是否依法履职的评价模式。

第二种是结果标准。所谓结果标准，就是以行政机关的行政行为对维护公共利益产生的实际效果为标准，来判断行政机关是否已全面履行法定职责。采用这种标准，要求法院对行政机关的履职行为进行全面审查，充分考虑相对人违法行为是否已经停止或被纠正、国家利益或社会公共利益受侵害的状态是否已经完全消除等结果状态，再作出判断（张旭勇，2020）。以最高人民检察院发布的辽宁省某市下辖区人民检察院诉该市国土资源局不依法追缴国有土地出让金行政公益诉讼案为例，该市下辖区人民检察院向该市国土资源局发出检察建议书，建议其向某公司追缴土地使用权出让金及违约金。国土资源局收到检察建议书后，仅向该公司发出了催缴通知书，并以执行市政府会议纪要为由，没有采取其他有效措施，因此区人民检察院提起行政公益诉讼。可见，该市国土资源局虽然实施了一部分行政行为，但是对于土地出让金的追缴仍未履行，相对人的违法行为没有被纠正，该种情况属于“未依法履职”。

对两种标准分析可知，行为标准注重考察行政机关是否穷尽各种执法手段履行职责，结果标准着重考察环境利益是否得到有效保护。仅以结果作为判断标准，易忽视可能存在的行政机关履行不能等情形，对行政机关的要求显得较为苛刻。但仅以行为作为履职的判断标准，也不尽合理。行政机关可能仅采取一些形式上的履职行为，对被监管主体的整改情况不督促跟踪，达不到切实有效维护环境公益的目的。综上，认定行政机关是否全面履行职责，应综合采用行为标准和结果标准，即不仅判断行政行为本身，还要关注侵害后果是否全面消除，环境公益是否得到保护。当然，若行政机关已经穷尽行政手段救济，或存在一些客观阻却事由，则应当认定行政机关履职（陈雨婷，2022）。

4. 明确行政机关是否“依法履职”的认定标准

根据《人民检察院公益诉讼办案规则》（以下简称《办案规则》），判断行政机关履职尽责的标准是：以法律规定的行政执法机关的法定职责为依据，以是否采取有效措施制止违法行为、是否全面运用法律法规、规章和规范性文件规定的行政监管手段、国家利益和社会公共利益是否得到了有效保护为标准。据此可知，《办案规则》采纳的是“行为要件 + 结果要件 + 职权要件”的三要件标准，其实质是将行为标准与结果标准相结合。可见，检察机关在认定行政机关是否依法履职时，既要考虑行政机关是否已经按照法律规定制止违法行为，也需考虑是否达到保护公共利益、确保相对人违法行为纠正的效果。《办案规则》确定的综合标准模式，有机结合了行为标准和结果标准，避免了单一标准的弊端，一定程度上起到了解决争议的作用，对认定行政机关是否依法履职具有极高的指导价值。

为了最大限度地发挥行政公益诉讼的功能，对行政机关是否履职的判断，不能仅看重行政机关的行为，也不可仅关注履职结果，而应以环境利益保护为重点，综合认定行政机关履职行为的有效性。具体应以法律规定的行政机关法定职责为依据，对照行政机关的执法权力清单和责任清单，以是否全面运用或者穷尽法律法规和规范性文件规定的行政监管手段制止违法行为、国家利益或者社会公共利益是否得到了有效保护为标准。行政机关虽然采取了部分行政监管或者处罚措施，但未依法全面运用或者穷尽行政监管手段制止违法行为，国家利益或者社会公共利益受侵害状态没有得到有效纠正的，应认定行政机关未依法全面履职。如本案中，×× 县环境保护局称其对企业采取了行政处罚、责令限制生产等措施，并提交了对 A 公司日常监管的表格及 2015 年 7 月以来对 A 公司作出的各类处罚文书等证据材料，认为已经依法全面履行了对相对人的环境监管职责。但法院判决认定，前述证据只能证明 ×× 县环境保护局对 A 公司作出了行政处罚，但不能证明依法全面履职并实现了履职目的，A 公司排放仍存在不达标的情况。

综上，在判断行政机关是否依法履职时，不论是检察机关、行政机关还是法院，均不能采用单一的行为标准或者结果标准，而需要在关注公共利益受损结果的同时，用客观的态度考虑行政机关履行其职责之后能否真正地实现保护公共利益的目的，考虑行政机关在履行职责时所采取的态度、行政机关履行职责的相关程序以及行政机关的履职范围、履职能力、客观障碍等各种影响因素进行综合判断，审慎作出行政机关是否依法全面履职的判断。

习近平总书记在中共中央政治局第二十九次集体学习时强调，“十四五”时期，我国生态文明建设进入了以降碳为重点战略方向、推动减污降碳协同增效、促进经济社会发展全面绿色转型、实现生态环境质量改善由量变到质变的关键时期。在这一新目标和新任务的引领下，环保政策逐渐完善，排放指标日益严苛，市场对企业的环保降碳、绿色生产提出了更高要求。检察机关更要贯彻落实党中央的部署与决策，充分发挥监督职能，督促行政机关依法全面有效履职，以司法助力“双碳”目标的实现。

指导意义

诉前程序是检察机关提起公益诉讼的前置程序。办理行政公益诉讼案件，检察机关应对违法事实进行调查核实，围绕行政机关不依法履职或者不全面履职行为的客观表现、主观过错、与国家利益或者社会公共利益遭受侵害后果的关系以及相关的法律依据、政策要求、文件规定等全面收集并固定证据，在查清事实的基础上依法提出检察建议，督促行政机关纠正违法行为、依法履职。行政机关未在检察建议要求的期限内依法全面履行职责，国家利益或者社会公共利益仍然遭受侵害的，检察机关应依法向人民法院提起行政公益诉讼。

认定行政机关不依法履行法定职责，应以法律规定的行政机关法定职责为依据，对照行政机关的执法权力清单和责任清单，以是否全面运用或者穷尽法律法规和规范性文件规定的行政监管手段制止违法行为以及国家利益或者社会公共利益是否得到了有效保护为标准。行政机关虽然采取了部分行政监管或者处罚措施，但未全面运用或穷尽行政监管手段制止违法行为，国家利益或者社会公共利益受侵害状态没有得到纠正的，应认定行政机关未依法全面履职。

十、湖南省长沙市人民检察院诉××县城乡规划建设局、行政执法局等不依法履职案

案情介绍

2013年6月，长沙A房地产开发有限公司（以下简称A公司）开发的某房地产项目第四期项目开始建设。该项目对原定项目建设的性质、规模、容积率等作出重大调整，开工建设前未按照《中华人民共和国环境影响评价法》的规定重新报批环境影响评价文件。2016年8月29日，湖南省××县（本案例中“××县”均指该县）行政执法局依据《中华人民共和国环境保护法》规定，对A公司作出行政处罚决定，责令该公司停止第四期项目建设，并处以10万元罚款。A公司虽然缴纳了罚款，但并未停止建设。截至2018年3月7日，该项目1—6栋已经建成，7—8栋未取得施工许可证即开始进行基坑施工（停工状态），9栋尚未开工建设。

经湖南省长沙市人民检察院调查发现：××县城乡规划建设局明知A公司涉事建设项目必须重新申报环境影响评价文件，但在未重新申报的情况下，仍对其发放建设工程规划许可证和建筑工程施工许可证，导致项目违法建设，给当地生态环境造成重大影响；××县行政执法局明知A公司涉事建设项目环境影响评价未申报通过，属未批先建的情况下，在作出责令停止建设，并处以罚款10万元的决定后，未进一步采取措施，导致该项目1—6栋最终建设完成，同时对该项目7—8栋无建筑工程施工许可就开挖基坑的违法行为未责令恢复原状，造成重大生态环境影响；××县环境保护局明知A公司涉事建设项目环境影响评价未申报通过，却在该项目1—6栋建设工程规划许可证申请表上盖章予以认可，造成违法建设行为发生，给当地生态环境造成重大影响。

检察机关履职过程

2017年7月20日，长沙市人民检察院在参与中央生态环境保护督察组督察过程中，发现了××县城乡规划建设局、行政执法局不依法履行职责致使国家和社会公共利益受损的线索。在报告湖南省人民检察院后，湖南省人民检察院将案件线索交长沙市人民检察院办理。

长沙市人民检察院经过调查发现，2003年4月22日至2017年3月14日，A公司涉事建设项目的建设用地位于参照饮用水水源一级保护区保护范围内。2017年3月14日后，根据湖南省人民政府调整后的饮用水水源保护区划定，该建设项目用地位于饮用水水源二级保护区保护范围内，违反《中华人民共和国水污染防治法》。经调查核实，长沙市人民检察院认为××县城乡规划建设局、行政执法局等行政机关不依法履行职责，侵害了社会公共利益。

长沙市人民检察院依据《中华人民共和国行政诉讼法》先后于2017年12月18日、2018年3月16日向××县城乡规划建设局、行政执法局、环境保护局发出检察建议：一是建议××县行政执法局依法对A公司未依法停止建设、仍处于继续状态的违法行为进行处罚，责令对违法在建工程恢复原状；二是建议上述三行政机关在职责范围内依法处理A公司涉事建设项目环境影响评价、建设工程规划许可和建筑工程施工许可等问题；三是建议三行政机关依法加强对该项目行政许可的审批管理和执法监管，杜绝类似违法行为再次发生。检察机关发出检察建议后，与上述三机关以及该县人民政府进行了反复协调沟通，推动相关检察建议落实。

三机关均按期对长沙市人民检察院的检察建议进行了书面回复。2018年4月10日，根据检察建议的要求，××县行政执法局对A公司作出行政处罚决定：责令该公司立即停止第四期项目建设；对7—8栋基坑恢复原状，并处罚款4365058.67元。A公司接受处罚并对7—8栋基坑恢复原状。××县城乡规划建设局、环境保护局根据检察建议的要求加大对该项目的监管力度，对相关行政审批流程进行规范优化，对相关责任人员进行追责，给予四名工作人员相应的行政处分。

2018年2月9日，××县人民政府就纠正违法行为与长沙市人民检察院沟通并对相关问题提出处置意见。因该案涉及饮用水水源地保护区调整，长沙市人民检察院依法向××县人民政府发出工作建议，建议该县及时向上级机关申报重新划定饮用水水源地保护区范围；对该项目监管和执法中暴露出来的相关违法违规问题依法依规进行处理；加强对建设项目审批的管理和监督、对招商引资项目的管理，进一步规范行政许可、行政审批行为，切实防止损害生态环境和资源保护行为发生。2018年5

月 17 日，×× 县人民政府就工作建议向长沙市人民检察院作出书面回复，对 A 公司涉事建设项目违法建设的处置提出具体的工作意见和实施办法。长沙市人民检察院认为，该项目违法建设对当地生态环境和饮用水水源地造成重大影响，损害社会公共利益，考虑到该项目 1—6 栋已经销售完毕，如撤销该项目的建设工程规划许可证和建筑工程施工许可证并拆除建筑，将损害众多不知情群众的利益。经论证，采取取水口上移变更饮用水水源地保护区范围等补救措施，社会效果和法律效果较好。根据长沙市人民检察院的建议，×× 县人民政府上移饮用水取水口。2018 年 5 月 31 日，新建设的 ×× 县水厂取水泵站已经通水。2018 年 10 月 29 日，经湖南省人民政府批准，长沙市人民政府对饮用水水源地保护范围进行了调整。

法条索引

《中华人民共和国环境保护法》（2014）

第六十一条　建设单位未依法提交建设项目环境影响评价文件或者环境影响评价文件未经批准，擅自开工建设的，由负有环境保护监督管理职责的部门责令停止建设，处以罚款，并可以责令恢复原状。

《中华人民共和国水污染防治法》（2017）

第六十六条　禁止在饮用水水源二级保护区内新建、改建、扩建排放污染物的建设项目；已建成的排放污染物的建设项目，由县级以上人民政府责令拆除或者关闭。

在饮用水水源二级保护区内从事网箱养殖、旅游等活动的，应当按照规定采取措施，防止污染饮用水水体。

《中华人民共和国环境影响评价法》（2018）

第三十一条　建设单位未依法报批建设项目环境影响报告书、报告表，或者未依照本法第二十四条的规定重新报批或者报请重新审核环境影响报告书、报告表，擅自开工建设的，由县级以上生态环境主管部门责令停止建设，根据违法情节和危害后果，处建设项目总投资额百分之一以上百分之五以下的罚款，并可以责令恢复原状；对建设单位直接负责的主管人员和其他直接责任人员，依法给予行政处分。

建设项目环境影响报告书、报告表未经批准或者未经原审批部门重新审核同意，建设单位擅自开工建设的，依照前款的规定处罚、处分。

建设单位未依法备案建设项目环境影响登记表的，由县级以上生态环境主管部门责令备案，处五万元以下的罚款。

海洋工程建设项目的建设单位有本条所列违法行为的，依照《中华人民共和国海洋环境保护法》的规定处罚。

《中华人民共和国行政诉讼法》(2017)

第二十五条　行政行为的相对人以及其他与行政行为有利害关系的公民、法人或者其他组织，有权提起诉讼。

有权提起诉讼的公民死亡，其近亲属可以提起诉讼。

有权提起诉讼的法人或者其他组织终止，承受其权利的法人或者其他组织可以提起诉讼。

人民检察院在履行职责中发现生态环境和资源保护、食品药品安全、国有财产保护、国有土地使用权出让等领域负有监督管理职责的行政机关违法行使职权或者不作为，致使国家利益或者社会公共利益受到侵害的，应当向行政机关提出检察建议，督促其依法履行职责。行政机关不依法履行职责的，人民检察院依法向人民法院提起诉讼。

《环境行政处罚办法》(2009)

第十一条　环境保护主管部门实施行政处罚时，应当及时作出责令当事人改正或者限期改正违法行为的行政命令。责令改正期限届满，当事人未按要求改正，违法行为仍处于继续或者连续状态的，可以认定为新的环境违法行为。

案例评析

党的十八届四中全会明确提出“探索建立检察机关提起公益诉讼制度”，为检察机关积极运用检察权维护社会公益指明了方向。2015 年最高人民检察院工作报告明确提出，将从生态环境领域入手，探索建立检察机关提起公益诉讼制度。检察公益诉讼制度经历了顶层设计、法律授权、试点先行、立法保障、全面推进五个阶段，现已基本定型（陈柏峰，2022）。检察机关承担公益诉讼职能也成为我国司法体制改革的重要创新性举措。在检察公益诉讼制度中，值得关注的程序性设计即为检察建议。根据《人民检察院检察建议工作规定》，检察建议是人民检察院依法履行法律监督职责，参与社会治理，维护司法公正，促进依法行政，预防和减少违法犯罪，保护国家利益和社会公共利益，维护个人和组织合法权益，保障法律统一正确实施的制度创新举措。检察建议是检察监督的“新常态”，是诉前程序领域的“中国方案”，更为公益诉讼制度的完善提供了“中国智慧”。本案作为最高人民检察院颁布的指导案例，是行政公益诉讼诉前程序的一次制度探索，即检察机关通过向多个行政机关制发检察建议，并与行政机关沟通协调，达到了切实维护国家利益和社会公共利益的目的，充分体现了检察机关整合行政资源、促进协同履职方面的积极作为和显著成效。在本案中，“一事不再罚”原则的准确理解、检察公益诉讼诉前程序的正确适用以及法律效果与社会效果的最大化，为类似案件的处理起到了积极的示范作用。

1. 准确理解与适用环境执法的“一事不再罚”原则

“一事不再罚”原则的准确界定是《中华人民共和国行政处罚法》（以下简称《行政处罚法》）修订时各方高度关注的问题，其表述也经历了较大变动（李洪雷，2020）。在《行政处罚法》试拟稿中的表述是：“对违法当事人的同一个违法行为，不得以同一事实和理由，给予两次以上的处罚。”《行政处罚法（征求意见稿）》又修改为：“对违法当事人的同一个违法行为，不得以同一事实和同一依据，给予两次以上罚款的行政处罚。”最终，修订后的《行政处罚法》第二十九条规定：“对当事人的同一个违法行为，不得给予两次以上罚款的行政处罚。同一个违法行为违反多个法律规范应当给予罚款处罚的，按照罚款数额高的规定处罚。”

2023 年 7 月 1 日实施的《生态环境行政处罚办法》也根据《行政处罚法》，作出了同样表述，并强调了“从旧兼从轻”的适用原则，即“实施行政处罚，适用违法行为发生时的法律、法规、规章的规定。但是，作出行政处罚决定时，法律、法规、规章已经被修改或者废止，且新的规定处罚较轻或者不认为是违法的，适用新的规定。”

“一事不再罚”原则源自普通法，现已成为国际公认的法律原则，适用领域也从刑事审判领域扩展至民事和行政领域。作为我国行政法的一项重要原则，该原则在相关立法中也进行了明文规定。但对于“一事”和“再罚”的内涵、外延及具体适用，在学理上和实践中仍存在一些争议。从“处罚与教育相结合，教育公民、法人或者其他组织自觉守法”的立法导向来看，行政处罚的最终目的并非为了制裁惩戒违法行政相对人，而是要通过处罚迫使违法者纠正违法行为，避免将来再犯。如果处罚针对违法行为的制裁并非一次性的，则意味着当事人可能因为其同一个违法行为反复承受处罚带来的不利后果，不利于促进违法行政相对人自觉纠正违法行为（江必新，2021）。因此，准确理解与适用“一事不再罚”原则，必须在处罚和教育之间寻求平衡点，既不能对一个违法行为多次处罚、多部门处罚，也不能放任违法行为人以处罚作为继续违法的“许可证”，充分实现法的指引和教育功能。

环境行政处罚作为行政处罚在环境保护领域的具体体现，实践中也应避免出现对“一事不再罚”原则的错误理解和适用。特别是“未批先建”的违法行为，在责令停工并进行罚款后，不能认为就不应再给予行政处罚。本案应适用《生态环境行政处罚办法》生效前的《环境行政处罚办法》第十一条第二款规定，即责令改正期限届满，当事人未按要求改正，违法行为仍处于继续或者连续状态的，可以认定为新的环境违法行为。简言之，只要该建设项目违反环境法律法规的相关规定，不停止建设的违法行为处于继续或者连续状态的，就可以认定为一个新的环境违法行为。基于此，A 公司处于继续状态的违法行为应属于新的环境行政违法行为，故不能以“一事”进行认定，而应依据环境法律法规对新的环境违法行为进行处罚。唯有如此，才能有效遏制此类边罚边建、持续违反环境法律法规的违法行为，减轻生态环境损害后果。

2. 检察公益诉讼诉前程序的正确理解与适用

2023 年 3 月 7 日，时任最高人民检察院检察长张军在十四届全国人大一次会议上作《2023 年最高人民检察院工作报告》。报告指出，检察机关致力于以制度优势实现最佳办案效果。2022 年度立案办理民事、行政公益诉讼 75.6 万件，年均上升 14.6%。确立双赢多赢共赢办案理念，把诉前实现维护公益目的作为最佳司法状态。针对公益损害具体事项，先与职能部门磋商、促请主动履职，再以检察建议督促落实，绝大多数案件在诉前解决了公益损害问题，彰显中国特色社会主义司法制度独特优势。检察建议不能落实的，依法提起诉讼 4 万件，99.8% 获裁判支持（张军，2023）。

检察机关作为行使公权力的国家机构，以国家强制力保障自身职能的实现。在新时代，要充分发挥在我国司法工作中不可替代的重要作用，检察机关就必须以能动作为的姿态，通过相关检察政策的及时动态调整，积极回应社会生活在民主、法治、公平、正义、安全、环境等方面内涵更丰富、形式更多样的现实需求（吴宏耀 等，2021），消极被动、机械适用法律的理念已无法满足法治建设的现实需要，而以诉讼权为履职的唯一手段也无法实现维护公共利益的最佳效果。可以说，公益诉讼诉前程序充分体现了检察权的能动性和谦抑性。在检察公益诉讼中，以实现公共利益最大化为目标的检察建议，既为行政机关提供了自我纠正的机会，又节约了司法资源（王春业 等，2021）。

检察机关通过诉前程序督促行政机关改正违法行政行为或积极执法作为时，行政机关也因此获得了改正错误的机会。换言之，检察机关和行政机关在承担维护国家利益或社会公共利益中具有先后顺序，行政机关应先履职，只有在检察机关采取诉前程序督促行政机关改正违法行政行为或采取积极执法行为后、行政机关依然怠于履行自己的法定职责时，检察机关才应通过提起环境公益诉讼履行职责。同时，检察机关提起公益诉讼的前置程序也体现了检察机关作为法律监督主体、司法主体在政治权力体系中对行政权和行政主体的尊重（张锋，2018）。

自检察公益诉讼制度确立后，案件能否在诉前解决，一直被视为检验办案人员办案能力优劣的重要标准。检察机关通过检察建议等诉前程序督促行政机关依法履职，实现了维护公共利益目的的，不再需要向人民法院提起公益诉讼，有助于节约司法资源，提高司法能效。在本案中，长沙市人民检察院调查核实有关部门不依法履职的违法行为后，及时发出检察建议并与各部门反复沟通协调，推动落实检察建议，诉前即实现了维护公共利益目的，取得了良好效果。

3. 基于比例原则实现法律效果与社会效果相统一

比例原则作为行政法的基本原则之一，其理论渊源肇端于英国大宪章中的“人们不得因轻罪而受重罚”，而后被各国继受，并延伸成为对所有权力行为的规制要求。传统的“三阶”比例原则可分为适当性原则、必要性原则与狭义比例原则三个子原则。其中，适当性原则，又称为妥当性原则，是指公权力行为的手段必须具有适当性，能够促进所追求的目的的实现；必要性原则，又称为最小损害原则，它要求公权力行为者所运用的手段是必要的，手段造成的损害应当最小；狭义比例原则，又称为均衡性原则，它要求公权力行为的手段所增进的公共利益与其所造成的损害成比例。具体而言，要求行政主体履行职责时，如果存在多种措施可运用，应选择更有利于实现维护公益目的的措施进行适用。随着比例原则的广泛应用，有学者提出在比例原则中引入目的正当性原则，确立“四阶”比例原则，其合理性在于有利于限制立法者、行政者的目的设定裁量，有利于实现实质正义，充分保障人权，还有利于促进民主反思，改善民主质量（刘权，2014）。无论是“三阶”学说还是“四阶”学说，均旨在规范公权力，以实现公共利益的最大化。故而，司法裁判不仅应准确适用法律以实现法律效果，更应秉持比例原则确保社会效果与法律效果相统一，实现社会效益的最大化。

比例原则既是检察机关对行政行为进行司法审查的重要原则，也是纠正违法行为、督促依法行政、维护公共利益时的必要考量标准。当存在多种行政监管和处罚措施可供选择时，应致力于最大限度保护国家利益或者社会公共利益，建议行政机关采取尽量不影响非侵权主体的合法权益行使、实际效果最佳的措施。有多项纠正行政机关违法履职措施的，应立足于公共利益，选择执法成本最小的方式督促履职。必须注意的是，检察机关所保护的公共利益并非个体利益，而是国家利益和不特定多数人的社会公共利益。与此同时，行政机关采取的行政措施必须以能达到预期目的为前提。检察机关应督促行政机关在维护公共利益与实现行政处罚措施预期目的之间寻求平衡。当实现行政处罚目的有多种处罚措施选择时，应采取能够最大限度地保护公共利益的措施。本案中，由于××县城乡规划局进行审批时未严格执行环评规定，违规对涉案房地产项目发放了建设工程规划许可证和建筑工程施工许可证，造成该项目四期已经建设完成 1—6 栋，对当地生态环境和饮用水水源安全造成重大影响，损害了国家利益和社会公共利益。检察机关根据《中华人民共和国行政许可法》第六十九条第一款之规定，可以依法建议行政机关撤销该项目的建设工程规划许可证和建筑工程施工许可证，并建议相关行政机关对已经建成的 1—6 栋依法予以拆除。但是，如果拆除建成并已销售的建筑，购房者作为善意第三人，其损失将由实施违法许可的当地政府予以赔偿。如此，便会导致国有资产损失和诱发社会不稳定因素，同样可能损害国家利益和社会公共利益。故此，检察机关应当紧紧围绕充分保护公共利益和维护社会稳定大局的目标，对同样是保护公共利益，适用法律却存在冲突时，不是机械地就案办案，而是依据法律规定多方平衡，选择有利于保护国家利益和社会公共利益的最佳方案（匡凌，2021）。

指导意义

检察机关办理公益诉讼案件，应当着眼于切实维护国家利益和社会公共利益的目标，加强与行政机关沟通协调，注重各项措施落实到位。充分发挥诉前程序的功能作用，努力实现案件办理政治效果、社会效果和法律效果的有机统一。对于一个污染环境或者破坏生态的事件，多个行政机关存在违法行使职权或者不作为情形的，检察机关可以分别提出检察建议，督促其依法履行各自职责。依据法律规定，有多种行政监管、处罚措施可选择时，应从最大限度保护国家利益或者社会公共利益出发，建议行政机关采取尽量不减损非侵权主体合法权益、实际效果最好的监管处罚措施。

十一、江苏省常州市人民检察院诉许某甲、许某乙严重污染环境案

案情介绍

2010年上半年至2014年9月，许某甲、许某乙在江苏省常州市武进区遥观镇东方村租用他人厂房，违反《中华人民共和国固体废物污染环境防治法》的规定，在无营业执照、无危险废物经营许可证的情况下，擅自从事废树脂桶和废油桶的清洗业务。洗桶产生的废水通过排污沟排向无防渗漏措施的露天污水池，产生的残渣被堆放在污水池周围。

2014年9月1日，公安机关在许某甲、许某乙洗桶现场查获废桶7789只，其中6289只尚未清洗。经鉴定，未清洗的桶及桶内物质均属于危险废物，现场地下水、污水池内废水以及污水池四周堆放的残渣、污水池底部沉积物中均检出铬、锌等多种重金属和总石油烃、氯代烷烃、苯系物等多种有机物。

2015年6月17日，许某甲、许某乙因犯污染环境罪被常州市武进区人民法院分别判处有期徒刑二年六个月、缓刑四年，有期徒刑二年、缓刑四年，并分别判处罚金。许某甲、许某乙虽被依法追究刑事责任，但现场经清洗处理后，仍留存130只废桶，污水池四周残渣、污水池内废水和底部污泥尚未清除，对土壤和地下水持续造成污染。

2015年12月21日，常州市人民检察院以公益诉讼起诉人身份，向常州市中级人民法院提起民事公益诉讼。2016年4月14日，常州市中级人民法院作出一审判决：

一、被告许某甲、许某乙于本判决发生法律效力之日起十五日内，将常州市武进区遥观镇东方村洗桶场地内留存的130只废桶、两个污水池中蓄积的污水及池底污泥以及厂区内堆放的残渣委托有处理资质的单位全部清理处置，消除继续污染环境危险。

二、被告许某甲、许某乙于本判决发生法律效力之日起三十日内，委托有土壤处理资质的单位制定土壤修复方案，提交常州市环保局审核通过后，六十日内实施。

三、被告许某甲、许某乙赔偿对环境造成的其他损失150万元，该款于本判决发生法律效力之日起三十日内支付至常州市环境公益基金专用账户。

一审宣判后，许某甲、许某乙均未上诉，判决生效。

检察机关履职过程

2015年12月21日，因在常州市民政局登记的三家环保类社会组织均不符合法律对提起公益诉讼主体规定的要求，常州市人民检察院以公益诉讼起诉人身份，就本案向常州市中级人民法院提起民事公益诉讼。

常州市人民检察院认为：一、许某甲、许某乙非法洗桶行为造成了严重的环境污染损害后果。现场留存的大量废桶、残渣，污水池里的废水、污泥，均属于有毒物质，并且仍在对环境造成污染。经检测，污水池下方的地下水、土壤已遭到严重污染。二、许某甲、许某乙的行为与环境污染损害后果之间存在因果关系。污水池附近区域的地下水中检测出的污染物与洗桶产生的特征污染物相同，而周边的纺织、塑料和铝制品加工企业等不会产生该系列的特征污染物。因此常州市人民检察院诉求：一、判令被告许某甲、许某乙依法及时处置场地内遗留的危险废物，消除危险；二、判令二被告依法及时修复被污染的土壤，恢复原状；三、判令二被告依法赔偿场地排污对环境影响的修复费用，以虚拟治理成本30万元为基数，根据该区域环境敏感程度以4.5～6倍计算赔偿数额。

庭审过程中，常州市人民检察院向法院申请由市环境保护局从常州市环境应急专家库中甄选的环境专家作为专家辅助人，就本案涉及的环境专业性问题发表意见。

2016年4月14日，常州市中级人民法院作出一审判决，支持了检察院的起诉意见。

法条索引

《中华人民共和国民法典》(2020)

第一百八十七条　民事主体因同一行为应当承担民事责任、行政责任和刑事责任的，承担行政责任或者刑事责任不影响承担民事责任；民事主体的财产不足以支付的，优先用于承担民事责任。

《中华人民共和国固体废物污染环境防治法》(2013)

第十七条　收集、贮存、运输、利用、处置固体废物的单位和个人，必须采取防扬散、防流失、防渗漏或者其他防止污染环境的措施；不得擅自倾倒、堆放、丢弃、遗撒固体废物。

禁止任何单位或者个人向江河、湖泊、运河、渠道、水库及其最高水位线以下的滩地和岸坡等法律、法规规定禁止倾倒、堆放废弃物的地点倾倒、堆放固体废物。

《最高人民法院关于审理环境民事公益诉讼案件适用法律若干问题的解释》(2014)

第十五条　当事人申请通知有专门知识的人出庭，就鉴定人作出的鉴定意见或者就因果关系、生态环境修复方式、生态环境修复费用以及生态环境受到损害至恢复原状期间服务功能的损失等专门性问题提出意见的，人民法院可以准许。

前款规定的专家意见经质证，可以作为认定事实的根据。

第二十条　原告请求恢复原状的，人民法院可以依法判决被告将生态环境修复到损害发生之前的状态和功能。无法完全修复的，可以准许采用替代性修复方式。

人民法院可以在判决被告修复生态环境的同时，确定被告不履行修复义务时应承担的生态环境修复费用；也可以直接判决被告承担生态环境修复费用。

生态环境修复费用包括制定、实施修复方案的费用和监测、监管等费用。

第二十三条　生态环境修复费用难以确定或者确定具体数额所需鉴定费用明显过高的，人民法院可以结合污染环境、破坏生态的范围和程度，生态环境的稀缺性，生态环境恢复的难易程度，防治污染设备的运行成本，被告因侵害行为所获得的利益以及过错程度等因素，并可以参考负有环境保护监督管理职责的部门的意见、专家意见等，予以合理确定。

《人民检察院提起公益诉讼试点工作实施办法》(2015)

第十四条　经过诉前程序，法律规定的机关和有关组织没有提起民事公益诉讼，或者没有适格主体提起诉讼，社会公共利益仍处于受侵害状态的，人民检察院可以提起民事公益诉讼。

第十七条　人民检察院提起民事公益诉讼应当提交下列材料：

（一）民事公益诉讼起诉书；

（二）被告的行为已经损害社会公共利益的初步证明材料。

《环境损害鉴定评估推荐方法（第Ⅱ版）》(2014)

A.2.3 虚拟治理成本法

虚拟治理成本是按照现行的治理技术和水平治理排放到环境中的污染物所需要的

支出。虚拟治理成本法适用于环境污染所致生态环境损害无法通过恢复工程完全恢复、恢复成本远远大于其收益或缺乏生态环境损害恢复评价指标的情形。虚拟治理成本法的具体计算方法见《突发环境事件应急处置阶段环境损害评估技术规范》。

《突发环境事件应急处置阶段环境损害评估推荐方法》(即《突发环境事件应急处置阶段环境损害评估技术规范》)(2014)

附F虚拟治理成本法

虚拟治理成本是指工业企业或污水处理厂治理等量地排放到环境中的污染物应该花费的成本，即污染物排放量与单位污染物虚拟治理成本的乘积。单位污染物虚拟治理成本是指突发环境事件发生地的工业企业或污水处理厂单位污染物治理平均成本(含固定资产折旧)。在量化生态环境损害时，可以根据受污染影响区域的环境功能敏感程度分别乘以1.5～10的倍数作为环境损害数额的上下限值，确定原则见附表F-1。利用虚拟治理成本法计算得到的环境损害可以作为生态环境损害赔偿的依据。

附表F-1　利用虚拟治理成本法确定生态环境损害数额的原则

环境功能区类型	生态环境损害数额
地表水	
Ⅰ类	虚拟治理成本的8倍
Ⅱ类	虚拟治理成本的6～8倍
Ⅲ类	虚拟治理成本的4.5～6倍
Ⅳ类	虚拟治理成本的3～4.5倍
Ⅴ类	虚拟治理成本的1.5～3倍
地下水污染	
Ⅰ类	虚拟治理成本的10倍
Ⅱ类	虚拟治理成本的8～10倍
Ⅲ类	虚拟治理成本的6～8倍
Ⅳ类	虚拟治理成本的4～6倍
Ⅴ类	虚拟治理成本的2～4倍
环境空气污染	
Ⅰ类	虚拟治理成本的5倍
Ⅱ类	虚拟治理成本的3～5倍
Ⅲ类	虚拟治理成本的1.5～3倍

注：本表中所指的环境功能区类型以现状功能区为准。

案例评析

党的十八大以来，我国大力推进生态文明建设，生态环境保护法律体系不断完善。特别是“十三五”以来，《中华人民共和国环境保护法》《中华人民共和国长江保护法》等13部法律、《排污许可管理条例》《建设项目环境保护管理条例》等17部行政法规完成了制定或修订，673项国家生态环境标准得到发布或修订。作为生态文明制度体系的重要组成部分，生态环境损害赔偿制度改革也在不断推进。党的十八届三中全会明确提出对造成生态环境损害的责任者严格实行赔偿制度。2015年，中共中央办公厅、国务院办公厅印发《生态环境损害赔偿制度改革试点方案》，在7省（直辖市）开展试点工作。随后，《生态环境损害赔偿制度改革方案》印发，《生态环境损害赔偿管理规定》出台。根据裁判文书网的相关数据，截至2021年11月，全国各地共办理了7600余件生态环境赔偿案件，所涉及的赔偿金额超过90亿元。环境民事公益诉讼作为环境司法的重要制度内容，对生态环境保护发挥着重要作用，但因在诉讼主体、责任承担方式和损失计算等问题方面，仍缺乏深入的理论探究和详细的制度安排，环境民事公益诉讼效果的实现和生态环境损害赔偿制度的发展完善受到影响。作为全国人大常委会授权检察机关开展公益诉讼试点工作后全国首例由检察机关提起的民事公益诉讼案件，本案就上述影响环境公益诉讼制度和实践进展的问题进行了有益的探索。

1. 检察机关作为环境民事公益诉讼原告的正当性

2015年6月，福建省南平市中级人民法院审结了新环保法实施以来首例环境民事公益诉讼，距今已逾八年。而在此之前，环境民事公益诉讼已在我国开始了实践探索和制度构建，2012年修订的《中华人民共和国民事诉讼法》确立了公益诉讼制度，为环境公益诉讼提供了初步的法律依据。作为环境公益诉讼类型的一种，环境民事公益诉讼相较于环境行政公益诉讼，产生时间更早，起诉主体范围更广，环境治理方式更直接，成为解决环境侵权问题的主要诉讼类型。目前，环境民事公益诉讼的原告主体主要包括检察机关和环保组织。生态环境损害赔偿诉讼作为一类特殊的环境公益诉讼，特定的行政机关（即省、市政府）也具备诉讼主体资格。

在我国环境公益诉讼制度发展的早期，对于检察机关能否作为环境民事公益诉讼的原告，学界曾存在一定争议。一些学者认为，检察机关提起诉讼存在不妥。其一，检察机关承担环境民事公益诉讼的原告，相当于一人分饰“运动员”和“裁判员”两角，致其难以保持法律监督机关的中立地位；其二，检察机关作为原告，原告、被告双方力量过于悬殊，可能违背民事诉讼当事人平等原则（李琳，2020）。但随着全国人大常委会授权检察机关提起公益诉讼试点以及正式确立检察机关提起公益诉讼的主体资格，诸如《最高人民法院关于审理环境民事公益诉讼案件适用法律若干问题的解释》等一系列司法解释也进一步明确了检察机关在环境民事公益诉讼中的主体地位。相较于环保组织，检察机关作为公益诉讼的诉讼主体具有显著的优势。第一，检察机关起诉的条件限制较少。不同于环保组织受主体资格须满5年以上的限制，检察机关作为代表国家依法行使检察权的国家机关，可以直接提起诉讼，无须受资格限制。第二，检察机关拥有专业的诉讼队伍。环保组织多为民间组建，精力多集中于组织环保公益活动和向行政部门提出决策意见，较少拥有诉讼相关专业知识的团队，难以胜任纷繁复杂的起诉工作。而检察机关的工作人员具备扎实的法学理论知识和丰富的诉讼经验，在面对复杂案件和新型案件时优势尤为明显。第三，检察机关调查取证的能力更强。环境生态案件的多样性、复杂性决定了其搜集证据的难度大，起诉前的调查取证尤为关键，能否找到有力证据，直接影响到立案以及其后的诉讼效果。环保组织虽具备一定的环境专业技能，但缺乏收集证据的法定权限和能力，导致证据的时效性和证明力受到影响。检察机关的法定侦查权，有利于全面及时完整地收集并固定证据。

为不断发展完善检察公益诉讼制度，仅在试点期间，我国就专门出台了《人民检察院提起公益诉讼试点工作实施办法》及《检察机关提起公益诉讼改革试点方案》。确立检察公益诉讼制度后，又陆续出台了相应的文件、司法解释，发布了指导案例和典型案例，就公益诉讼中检察机关的职责、程序等问题做了规定，也进一步明确了检察机关作为公益诉讼原告的起诉顺位。对于环境污染、食品安全、侵害消费者权益等损害社会公共利益的行为，符合起诉条件的主体应提起诉讼，如不履行维护公益职责，检察机关可督促行政机关提起相关诉讼，相关行政机关应依法办理并及时回复，如行政机关不提起公益诉讼，损害情况仍然持续存在，检察机关即可提起公益诉讼。简言之，检察机关是民事公益诉讼的原告主体之一，但具有一定程度的替补性。但事实上，综观现有的公益诉讼案件，提起过公益诉讼案件的环保组织数量仅13家，除中华环保联合会、中国生物多样性保护与绿色发展基金会等极少数环保组织拥有较丰富的诉讼经验外，鲜见其他环保组织提起公益诉讼。可见，即便符合诉讼主体资格的环保组织，也因诉讼能力、资金困境等而存在诉讼积极性不足的问题，必须完善相应规则来破解社会组织不愿起诉、不能起诉、不善起诉的难题，其中即包括检察机关兜底性地承担提起公益诉讼的职责。同样地，承担生态环境保护职责的行政机关也可能因种种因素而不起诉或不能起诉，也需要相关主体切实承担起维护公益的职责。因此，在我国现有的制度环境下，检察机关作为环境民事公益诉讼的原告具有其正当性与合理性。

2. 准确理解和适用“恢复原状”与“恢复生态环境”责任承担方式

从《关于审理环境侵权责任纠纷案件适用法律若干问题的解释》和《最高人民法院关于审理环境民事公益诉讼案件适用法律若干问题的解释》（以下简称《环境民事公益诉讼司法解释》）的规定来看，要求责任主体承担修复生态环境的责任属于“恢复原状”在环境侵权或环境民事公益诉讼领域的具体应用。事实上，在征集立法建议的过程中，“修复生态环境”这一责任承担方式颇具争议，其中一个反对的理由即认为“恢复原状”的含义可以包含修复生态环境。然而，我国相关法律法规中并未对“恢复原状”的含义作出进一步解释。根据《中华人民共和国侵权责任法条文说明、立法理由及相关规定》，我国法律中规定的“恢复原状”是指法院判令行为人通过修理等手段使受到损坏的财产恢复到损坏前状态的一种责任方式。适用恢复原状这一法律责任形式需符合以下条件：一是受到损害的财产仍然存在恢复原状的可能性；二是恢复原状有必要，即受害人认为恢复原状是必要的且具有经济上的合理性（全国人大常委会法制工作委员会民法室，2010）。

依照上述解释和说明，“恢复原状”无法涵盖恢复生态环境。主要原因在于：第一，恢复原状针对财产受损，主要通过物理恢复的方式实现。传统民法理论下对物的侵害包括物受到毁损或灭失，均是指对物的物理完整性的侵害。生态环境的恢复针对生态环境本身的受损，主要体现为自然资源的生态功能而非财产价值减损，相应的恢复绝非仅是物理形态上的恢复，还须通过化学、生物等多种手段综合作用（张梓太 等，2018）。例如，森林遭破坏后不仅需要恢复林木数量，还需将森林所在区域的生态系统修复到受损前的状态。第二，恢复原状相较于直接赔偿金钱需要有经济合理性，不能明显超出受损或灭失的自然资源的财产价值，否则应适用赔偿损失。但自然资源价值难以准确计算，恢复原状就具有了适用上的局限。恢复生态环境虽然也需要考虑经济因素，但其考量更多的是就不同的恢复方案进行损益分析比较，且经济合理性也仅作为确定恢复生态环境方案的考虑因素之一。第三，认为“恢复原状”就是“修复”生态环境，可能导致片面地应对环境损害。在当前的生态环境保护语境下，“修复”生态环境已成主流表达，这很大程度上归因于“恢复原状”的机械套用（张梓太 等，2018）。“修复”强调人的主观能动性，强调通过人力对受损环境本身进行修复。这忽视了人类认识和改造自然的能力的局限性，因为自然的自我恢复过程可能优于并快于人力。而“恢复”生态环境在凸显人力作用的同时，也强调尊重自然，根据损害的不同情况灵活确定人力和自然力的作用方式。

因此，“恢复原状”作为传统民事侵权的承担责任方式，在环境侵权责任承担中应作相应的释义调整，并以“恢复责任”取代。可见，恢复生态环境是由恢复原状演变优化而来的新型责任方式，对于其应纳入“赔偿损失”范畴还是独立存在，根据《环境民事公益诉讼司法解释》的规定，“人民法院可以在判决被告修复生态环境的同时，确定被告不履行修复义务时应承担的生态环境修复费用；也可以直接判决被告承担生态环境修复费用”。由此可见，支付恢复生态环境的费用与赔偿损失在内涵上有明显区别：一是支付恢复生态环境费用拓宽了行使恢复生态环境的费用请求权的时间，索赔权人可以在采取恢复措施前请求支付费用；二是对赔偿的资金的用途做了明确限定，即仅能应用于恢复生态环境，而无法另作他用。这样的变通也与生态环境损害救济的制度需求保持了一致（张梓太 等，2018）。因此，不同于恢复原状的费用定性，请求支付恢复生态环境的费用在性质上仍属于恢复责任，而非赔偿损失。

《生态环境损害鉴定评估技术指南总纲》（以下简称《总纲》）对恢复责任的适应范围进行了限定。从技术上讲，进行生态环境恢复的前提是受损的生态环境具有恢复的可能，即没有发生永久性损害。《总纲》规定永久性损害指受损生态环境及其功能难以恢复，其向公众或其他生态系统提供服务的能力完全丧失。生态环境恢复是以环境基线的恢复为基本目标，而当发生永久性损害时，恢复到基线状态自然无法实现。

3. 准确应用虚拟成本治理法

准确定量评估突发性污染事件的生态环境损害，对遏制环境污染行为、保障受损环境资源及时得到恢复补偿具有重要意义（蔡锋 等，2015）。现有的生态环境损害评估方法主要包括替代等值分析方法和环境价值评估方法两大类。替代等值分析方法是通过等值的资源或生态系统服务换算等方式，对生态环境的受损情况进行评估，是对损害进行实物量化，包括了资源等值分析方法、服务等值分析方法和价值等值分析方法。环境价值评估方法是对损害进行价值量化，是将损害货币化的过程。如果既无法将受损的生态环境恢复至基线，也没有可行的补偿性恢复方案弥补期间损害，或只能恢复部分受损的生态环境，则应采用环境价值评估方法对生态环境的永久性损害进行价值评估，计算生态环境损害数额。

欧美等发达国家的学者已在这一领域进行了大量研究，创新性地发展出一系列适合各国国情的量化方法和理论模型。我国学者也曾尝试引入国外经验，但生态环境损害的价值评估难度很大，评估结果的不确定性很高，阻碍了环境损害评估量化方法的进一步推广（蔡锋 等，2015）。2014 年 10 月，我国环境保护主管部门公布了《环境损害鉴定评估推荐方法（第Ⅱ版）》。同年 12 月，又公布了《突发环境事件应急处置阶段环境损害评估推荐方法》，明确在突发环境事件发生后，可以采用虚拟治理成本法计算生态环境损害，得出的结果可以作为生态环境损害赔偿的依据。2014 年 12 月 30 日，江苏省高级人民法院即依据虚拟治理成本法二审判决江苏的六家公司赔付 1.6 亿元环境修复费用。此后，越来越多运用虚拟治理成本法作出的生态环境损害赔偿判决出现，而最高人民检察院“检例第 28 号”更是以指导案例的形式对这一生态环境损害价值计算方法予以认可。

虚拟治理成本是按照现行的治理技术和水平治理排放到环境中的污染物所需要的支出。虚拟治理成本法适用于环境污染所致生态环境损害无法通过恢复工程完全恢复、恢复成本远远大于其收益或缺乏生态环境损害恢复评价指标的情形。从数值计算的角度来讲，虚拟治理成本又是指工业、企业或污水处理厂治理等量地排放到环境中的污染物应该花费的成本，即污染物排放量与单位污染物虚拟治理成本的乘积。《突发环境事件应急处置阶段环境损害评估技术规范》中详细介绍了虚拟治理成本的计算方法，即$E=\sum_{i=1}^{N} C_i \times Q_i \times R_i$。其中，$E$为虚拟治理成本，单位为元；$C_i$为$i$类污染物的单位治理成本，单位为元/吨；$Q_i$为$i$类污染物的排放量，单位为吨；$R_i$为$i$类污染物的环境功能区敏感系数；$N$为污染物种类数。具体到本案中，以虚拟治理成本30万元为基数，根据该区域环境敏感程度以4.5～6倍计算赔偿金额，最后判令赔偿的金额150万元在相应区间内，符合虚拟治理成本法的适用规定。

相较于实际修复成本的核算方法，虚拟治理成本法计算过程以及敏感系数选取等环节往往容易引发争议，还需从实践中发现问题并予以规制。尽管如此，虚拟治理成本法作为一种常用的环境价值评估方法，在污染环境事实明确且无法通过实际治理、恢复费用进行环境损害评估的情况下，以及在环境污染案件普遍存在复杂性、多源性、不确定性等情况下（叶脉 等，2022），对生态环境损害金额的计算和生态环境公益的救济仍具有不可替代的重要作用。

指导意义

围绕侵权构成要件，开展调查核实。虽然污染环境侵权案件因果关系适用举证责任倒置原则，但为保证依法准确监督，检察机关仍应充分开展调查核实，查明案件事实。调查核实主要包括以下三个方面：第一，侵权人实施了污染环境的行为；第二，侵权人的行为已经损害社会公共利益；第三，侵权人实施的污染环境行为与损害结果之间具有关联性。

准确定位民事侵权责任，提起公益诉讼。《中华人民共和国民法典》第一百八十七条规定，民事主体因同一行为应当承担民事责任、行政责任和刑事责任的，承担行政责任或者刑事责任不影响承担民事责任；民事主体的财产不足以支付的，优先用于承担民事责任。污染环境肇事人、食品药品安全领域侵害众多消费者合法权益等损害社会公共利益的侵权人，因该侵权行为受过行政或刑事处罚，不影响检察机关对该侵权人提起民事公益诉讼。罚款或罚金均不属于民事侵权责任范畴，不能抵销损害社会公共利益的侵权损害赔偿金额。

围绕环境污染情况，提出合理诉求。检察机关提起环境民事公益诉讼，应当结合具体案情和相关证据合理确定污染者承担停止侵害、排除妨碍、消除危险、恢复原状、赔礼道歉、赔偿损失等民事责任。检察机关提起环境民事公益诉讼的第一诉求应是停止侵害、排除危险和恢复原状。其中，“恢复原状”应当是在有恢复原状的可能和必要的前提下，要求损害者承担治理污染和修复生态的责任。无法完全恢复或恢复成本远远大于其收益的，可以准许采用替代性修复方式，也可以要求被告承担生态环境修复费用。

围绕生态环境修复实际，确定赔偿费用。生态环境修复费用包括制定、实施修复方案的费用和监测、监管等费用。环境污染所致生态环境损害无法通过恢复工程完全恢复的，恢复成本远大于收益的，缺乏生态环境损害恢复评价指标、生态环境修复费用难以确定的，可以参考《环境损害鉴定评估推荐方法（第Ⅱ版）》，采用虚拟治理成本法计算修复费用，即在虚拟治理成本基数的基础上，根据受污染区域的环境功能敏感程度，与对应的敏感系数相乘予以合理确定。

围绕专业技术问题，引入专家辅助人。环境民事公益诉讼案件，涉及土壤污染、非法排污、因果关系、环境修复等大量的专业技术问题，检察机关可以通过甄选环境专家协助办案，厘清关键证据中的专业性技术问题。专家辅助人出庭就鉴定人作出的鉴定意见或者就因果关系、生态环境修复方式、生态环境修复费用以及生态环境受到损害至恢复原状期间服务功能的损失等专门性问题作出说明或提出意见，经质证后可以作为认定事实的根据。

十二、吉林省白山市人民检察院诉 ×× 区卫生和计划生育局未履行法定监管职责案

案情介绍

2012 年，吉林省白山市 ×× 区（本案例中“×× 区”均指该区）A 医院（以下简称 A 医院）建设综合楼时未建设污水处理设施，综合楼未经环保验收即投入使用，并将医疗污水经消毒粉处理后直接排入院内渗井及院外渗坑，污染了周边地下水及土壤。2014 年 1 月 8 日，A 医院在进行建筑设施改建时，未执行建设项目的防治污染措施应当与主体工程同时设计、同时施工、同时投产使用的“三同时”制度，×× 区环保局对 A 医院作出罚款的行政处罚和责令改正、限期办理环保验收的行政处理。A 医院因污水处理系统建设资金未到位，继续通过渗井、渗坑排放医疗污水。2015 年 5 月 18 日，在 A 医院未提供环评合格报告的情况下，×× 区卫生和计划生育局对 A 医院《医疗机构执业许可证》校验结果评定为合格。

2016 年 2 月 29 日，白山市人民检察院以公益诉讼人身份向白山市中级人民法院提起行政附带民事公益诉讼。2016 年 5 月 11 日，白山市中级人民法院公开开庭审理了本案。同年 7 月 15 日，白山市中级人民法院分别作出一审行政判决和民事判决。行政判决确认 ×× 区卫生和计划生育局于 2015 年 5 月 18 日对 A 医院《医疗机构执业许可证》校验合格的行政行为违法；判令 ×× 区卫生和计划生育局履行监督管理职责，监督 A 医院在 3 个月内完成医疗污水处理设施的整改。民事判决判令 A 医院立即停止违法排放医疗污水。

一审宣判后，×× 区卫生和计划生育局、A 医院均未上诉，判决生效。

检察机关履职过程

2016 年 2 月 29 日，白山市人民检察院以公益诉讼人身份向白山市中级人民法

院提起行政附带民事公益诉讼，诉请判令A医院立即停止违法排放医疗污水，确认××区卫生和计划生育局校验监管行为违法，并要求××区卫生和计划生育局立即履行法定监管职责，责令A医院有效整改建设污水净化设施。

白山市人民检察院认为：一、A医院排放医疗污水造成了环境污染及更大环境污染风险隐患。经取样检测，医疗污水及渗井周边土壤化学需氧量、五日生化需氧量、悬浮物、总余氯等均超出国家规定的标准限值，已造成周边地下水、土壤污染。鉴定意见认为，医疗污水的排放可引起医源性细菌对地下水、生活用水及周边土壤的污染，存在细菌传播的隐患。二、××区卫生和计划生育局怠于履行监管职责。××区卫生和计划生育局对辖区内医疗机构具有监督管理的法定职责。××区人民检察院发出检察建议后，××区卫生和计划生育局虽然发出整改通知并回复，并通过向××区人民政府申请资金的方式，促使A医院污水处理工程投入建设。但A医院仍通过渗井、渗坑违法排放医疗污水，导致社会公共利益持续处于受侵害状态。三、××区卫生和计划生育局的校验行为违法。《医疗机构管理条例实施细则》第三十五条、《吉林省医疗机构审批管理办法（试行）》第四十四条规定，医疗机构申请校验时应提交校验申请、执业登记项目变更情况、接受整改情况、环评合格报告等材料。在A医院未提交环评合格报告的情况下，××区卫生和计划生育局对其《医疗机构执业许可证》校验为合格，违反上述规章和规范性文件的规定，××区卫生和计划生育局的校验行为违法。

2016年5月11日，白山市中级人民法院作出一审判决，支持了检察院的起诉意见。

法条索引

《中华人民共和国行政诉讼法》（2014）

第六十一条　在涉及行政许可、登记、征收、征用和行政机关对民事争议所作的裁决的行政诉讼中，当事人申请一并解决相关民事争议的，人民法院可以一并审理。

在行政诉讼中，人民法院认为行政案件的审理需以民事诉讼的裁判为依据的，可以裁定中止行政诉讼。

《人民检察院提起公益诉讼试点工作实施办法》（2015）

第一条　人民检察院履行职责中发现污染环境、食品药品安全领域侵害众多消费者合法权益等损害社会公共利益的行为，在没有适格主体或者适格主体不提起诉讼的情况下，可以向人民法院提起民事公益诉讼。

人民检察院履行职责包括履行职务犯罪侦查、批准或者决定逮捕、审查起诉、控告检察、诉讼监督等职责。

第二条　人民检察院提起民事公益诉讼的案件，一般由侵权行为地、损害结果地或者被告住所地的市（分、州）人民检察院管辖。

有管辖权的人民检察院由于特殊原因，不能行使管辖权的，应当由上级人民检察院指定本区域其他试点地区人民检察院管辖。

上级人民检察院认为确有必要，可以办理下级人民检察院管辖的案件。下级人民检察院认为需要由上级人民检察院办理的，可以报请上级人民检察院办理。

有管辖权的人民检察院认为有必要将本院管辖的民事公益诉讼案件交下级人民检察院办理的，应当报请其上一级人民检察院批准。

第二十八条　人民检察院履行职责中发现生态环境和资源保护、国有资产保护、国有土地使用权出让等领域负有监督管理职责的行政机关违法行使职权或者不作为，造成国家和社会公共利益受到侵害，公民、法人和其他社会组织由于没有直接利害关系，没有也无法提起诉讼的，可以向人民法院提起行政公益诉讼。

人民检察院履行职责包括履行职务犯罪侦查、批准或者决定逮捕、审查起诉、控告检察、诉讼监督等职责。

第二十九条　人民检察院提起行政公益诉讼的案件，一般由违法行使职权或者不作为的行政机关所在地的基层人民检察院管辖。

违法行使职权或者不作为的行政机关是县级以上人民政府的案件，由市（分、州）人民检察院管辖。

有管辖权的人民检察院由于特殊原因，不能行使管辖权的，应当由上级人民检察院指定本区域其他试点地区人民检察院管辖。

上级人民检察院认为确有必要，可以办理下级人民检察院管辖的案件。下级人民检察院认为需要由上级人民检察院办理的，可以报请上级人民检察院办理。

第五十六条　本办法未规定的，分别适用民事诉讼法、行政诉讼法以及相关司法解释的规定。

《人民法院审理人民检察院提起公益诉讼案件试点工作实施办法》（2016）

第四条　人民检察院以公益诉讼人身份提起民事公益诉讼，诉讼权利义务参照民事诉讼法关于原告诉讼权利义务的规定。民事公益诉讼的被告是被诉实施损害社会公共利益行为的公民、法人或者其他组织。

第十四条　人民检察院以公益诉讼人身份提起行政公益诉讼，诉讼权利义务参照行政诉讼法关于原告诉讼权利义务的规定。行政公益诉讼的被告是生态环境和资源保护、国有资产保护、国有土地使用权出让等领域行使职权或者负有行政职责的行政机关，以及法律、法规、规章授权的组织。

第二十三条　人民法院审理人民检察院提起的公益诉讼案件，本办法没有规定的，适用《中华人民共和国民事诉讼法》《中华人民共和国行政诉讼法》及相关司法解释的规定。

案例评析

探索建立检察机关提起公益诉讼制度，是党的十八届四中全会作出的一项重大改革部署，也是以法治思维和法治方式推进国家治理体系和治理能力现代化的一项重要制度安排（张军，2019）。检察公益诉讼制度从提出到全面实施，历经顶层设计、法律授权、局部试点、立法保障、全面推进五个阶段，现已发展成为新时代“四大检察”职能中的重要一项，是检察机关以法律监督的方式保护国家利益和社会公共利益的创新举措，逐步形成公益司法保护的“中国方案”（石春雷，2021）。

随着《中华人民共和国民事诉讼法》《中华人民共和国行政诉讼法》（以下分别简称《民事诉讼法》和《行政诉讼法》）的修改以及《最高人民法院、最高人民检察院关于检察公益诉讼案件适用法律若干问题的解释》（以下简称《检察公益诉讼司法解释》）等司法解释的出台，检察机关提起公益诉讼已具备了相应的法律依据。检察机关提起公益诉讼的类型主要涉及民事公益诉讼、行政公益诉讼和刑事附带民事公益诉讼，而行政附带民事公益诉讼则不仅存在理论研究的不足，也缺乏充分的实践探索。“检例第 29 号”作为公益诉讼试点后首例行政附带民事公益诉讼案件，回应并解答了理论和实务中的诸多困惑，对于此类诉讼具有极高的研究价值和指导意义。

1. 行政附带民事公益诉讼的必要性和可行性

行政诉讼和民事诉讼分属两个不同的诉讼程序，但实务中常出现行政、民事争议并存的案件，即行政、民事争议关联案件。对于此类案件的处理，有学者主张分开审理，也有学者主张通过构建行政附带民事诉讼制度进行合并审理。“检例第 29 号”即为对行政附带民事公益诉讼进行初步探索的典型案例。

行政附带民事诉讼，是指人民法院在审理行政案件的同时，对与引起该案件的行政争议相关的民事纠纷一并审理的诉讼活动和诉讼关系的总称（王杏飞 等，2022）。

《行政诉讼法》第六十一条第一款规定："在涉及行政许可、登记、征收、征用和行政机关对民事争议所作的裁决的行政诉讼中，当事人申请一并解决相关民事争议的，人民法院可以一并审理。"该条规定虽未直接表述为"行政附带民事诉讼"，但"可以一并审理"实质上已经对此类诉讼进行了一定程度的确认。为贯彻执行《行政诉讼法》的这一规定，2018 年发布的《最高人民法院关于适用〈中华人民共和国行政诉讼法〉若干问题的解释》（以下简称《行政诉讼法司法解释》）进一步细化了行政附带民事诉讼审理程序的具体规则，明确了两种案件一并审理所涉及的起诉时间、立案、管辖、审判组织、裁判、上诉以及不予准许一并审理的情形等的规定。

作为一种诉讼类型，行政附带民事诉讼具有合理性。对于一起既涉及行政争议又存在民事纠纷的案件，如果行政诉讼和民事诉讼分开进行，则有可能出现相互矛盾的判决结果。而将两种争议一并通过行政附带民事诉讼进行解决，则可以协调行政诉讼与民事诉讼的冲突，避免法院因适用不同程序而作出相互矛盾的判决；同时，行政争议和民事纠纷一并审理还可以节省人力、物力、时间，减轻当事人诉讼负担，避免司法资源浪费，符合诉讼经济和诉讼程序效益的要求。

在本案中，如果分开审理，检察机关先以 A 医院的排污行为破坏生态环境损害公共利益为由提起民事公益诉讼，A 医院即使以 ×× 区卫生和计划生育局已对《医疗机构执业许可证》校验为合格作为抗辩事由，法院也可不中止案件审理，因为"行政机关给予的许可仅仅代表行政法上合法，并不必然等于民事行为合法"。此时法院只需对 A 医院违法排污的行为及其产生的后果进行调查，即可作出要求 A 医院承担民事侵权责任的判决。此外，检察机关还可针对 ×× 区卫生和计划生育局在明知 A 医院缺乏合格的污水处理系统且缺失环评报告的情况下，向其颁发执业许可并校验许可证且评定为合格的行为提起行政公益诉讼，法院将支持检察机关的诉讼请求，判令 ×× 区卫生和计划生育局的行政许可行为违法。两起诉讼的诉讼请求不同，对 ×× 区卫生和计划生育局的行政行为是否违法的认定却截然相反。而通过行政附带民事诉讼程序进行审理，则可以避免此类矛盾结果的出现。

2. 检察机关作为行政附带民事公益诉讼原告的正当性

尽管相较于行政公益诉讼、民事公益诉讼、刑事附带民事公益诉讼，行政附带民事公益诉讼具有独特性，但检察机关作为诉讼主体依据的法理和其他公益诉讼类型并无本质区别。

首先，检察机关是国家法律监督机关。《人民检察院组织法》第二条明确了检察机关的基本职权和价值目标，即人民检察院是国家的法律监督机关。《人民检察院组织法》第三条明确，人民检察院通过行使检察权追诉犯罪，维护国家安全和社会秩序，维护个人和组织的合法权益，维护国家利益和社会公共利益，保障法律正确实施，维护社会公平正义，维护国家法治统一、尊严和权威，保障中国特色社会主义建设的顺利进行。新时代建设中国特色社会主义法治体系和全面依法治国背景下，检察权被赋予了新的历史定位和时代坐标，即以代表公共利益为职责使命，以司法权与监督权的交互融合为基本属性（苗生明，2019）。党的十八届四中全会指出，“完善检察机关行使监督权的法律制度，加强对刑事诉讼、民事诉讼、行政诉讼的法律监督”“探索建立检察机关提起公益诉讼制度”。党的十九届四中全会再次强调要加强对法律实施的监督，并提出“拓展公益诉讼案件范围”。同时，检察机关提出“四大检察”并行的法律监督总体布局，公益诉讼检察是其中一项重要职能（张军，2019）。检察机关提起公益诉讼与检察机关作为法律监督机关的宪法定位具有一致性，“检察机关的诉权是以法律监督为依归的，它是由法律监督职能延伸出的一项具体性职权而非权利”（梁鸿飞，2019）。立法机关将公益诉讼的职能赋予检察机关，就是因为检察机关是法律监督机构，其基本职责是维护宪法、法律的正确统一实施，这就包括了维护社会公共利益。检察机构的公益诉权是法律监督权的延伸，而非一种全新职能。在检察机关作为法律监督机构的制度语境下，“监督和诉讼两者之间存在着内在的联系，都具有维护法治的作用，诉讼是监督的主要手段，而监督又可以通过诉讼来实现”（孙谦，2011）。这也就意味着，检察机关应当担负起监督法律实施的责任，一旦发现侵害公益的情形出现，就有权提起公益诉讼。

其次，检察机关是维护社会公益的代表，代表国家肩负维护公益之责，对侵害公共利益的行为理应予以惩治。综观我国国家权力的配置，检察机关担负的职责就是维护国家利益和社会公共公益，对违法犯罪行为进行追惩。因此，检察机关代表国家作为诉讼主体无疑具有合理性。诉讼担当理论为此种诉讼模式提供了理论支撑。该理论肇端于德国，已被多国继受，成为解释群体诉讼原告资格的通说。而检察机关担任公益诉讼的起诉人，其实质是对当事人适格理论的新突破，检察机关参与公益诉讼，针对的并非对自身有利害关系的侵害行为，也并非基于实体法的请求权，而是作为法定的诉讼担当人。并且，检察机关参与公益诉讼，其目的在于督促公益破坏者积极采取某些促进公益的法定作为，而不是仅仅为了个案的救济，其判决的效力也不仅限于诉讼当事人。检察机关参与民事公益诉讼时，享有的诉讼实施权不会与法律规定的其他机关、有关组织互相排斥，不会对其他机关或有关组织的诉权造成侵蚀；检察机关参与行政公益诉讼时，不同于基于利害关系而提起诉讼的原告，其行使的是诉讼实施权，而非基于利害关系的诉讼救济权（刘艺，2017）。换言之，检察机关作为公益代表人参与公益诉讼，是对《民事诉讼法》中“直接利害关系人”和《行政诉讼法》中“利害关系人”范围的拓展，既是对传统诉讼理论的突破，也符合公益保护的时代趋势和要求。

最后，由检察机关作为公益诉讼主体，体现了我国的制度优势。其一，检察机关具有独立的法律地位。《中华人民共和国宪法》第一百三十一条规定：“人民检察院依照法律规定独立行使检察权，不受行政机关、社会团体和个人的干涉。”公益诉讼类案件涉及利益复杂，法院司法易受到行政机关干扰。检察机关的独立地位保障其拥有不受干扰的适格主体资格，有助于解决公益诉讼案件（尤其是行政公益诉讼案件）立案难的问题。其二，检察机关具有突出的专业优势。一方面，检察机关拥有精通诉讼的专业队伍，有助于摆脱公益诉讼胜诉难的困境；另一方面，检察机关作为法律监督机关，可以谨慎行使公益诉权，相较于其他主体有助于减少滥诉。其三，检察机关行使公益诉权具有明确依据。党的十八届四中全会明确提出“探索建立检察机关提起公益诉讼制度”；习近平总书记指出，“由检察机关提起公益诉讼，有利于优化司法职权配置、完善行政诉讼制度，也有利于推进法治政府建设”。随后，全国人大常委会通过《关于授权最高人民检察院在部分地区开展公益诉讼试点工作的决定》，在全国13个省（自治区、直辖市）开展检察机关提起公益诉讼改革试点工作。经过两年的试点，在吸收理论成果和实践经验的基础上，全国人民代表大会常务委员会发布修订《民事诉讼法》和《行政诉讼法》的决定，正式以立法的形式将公益诉权赋予检察机关，解决了其作为适格主体的资格问题，这为检察机关突破传统限制、顺应现实需求而提起行政附带民事公益诉讼奠定了基础。

3. 行政附带民事公益诉讼案件的范围限定

行政附带民事公益诉讼由行政公益诉讼和民事公益诉讼结合而成，又是从行政附带民事诉讼发展而来，因此，行政附带民事公益诉讼同时受《行政诉讼法》有关行政附带民事诉讼、行政公益诉讼和《民事诉讼法》有关民事公益诉讼以及公益诉讼相关司法解释等规范的调整。行政附带民事公益诉讼案件的调整范围主要从以下两个方面进行明确。

首先，从案件类型来看，检察机关提起的行政附带民事公益诉讼案件应当同时符合《行政诉讼法》第六十一条第一款规定的行政诉讼受案范围和《行政诉讼法》第二十五条第四款、《民事诉讼法》第五十五条第二款规定的行政和民事公益诉讼受案范围。具体而言，《行政诉讼法》第六十一条第一款规定的可以附带提起民事诉讼的行政诉讼受案范围包含行政许可、行政登记、行政征收、行政征用和行政裁决五种，同时还需排除《行政诉讼法司法解释》第一百三十九条规定的不予准许一并审理的几种情形。《行政诉讼法》第二十五条第四款将检察行政公益诉讼的案件范围限定在生态环境和资源保护、食品药品安全、国有财产保护、国有土地使用权出让领域，《民事诉讼法》第五十五条第二款将检察民事公益诉讼案件范围界定为生态环境和资源保护、食品药品安全领域。当然，检察公益诉讼案件范围并非一成不变的，应根据经济社会发展的现实需要进行拓展，前述立法中列举的情形只是现阶段实践中常见的案件类型。

在本案中，检察机关诉请“确认 ×× 区卫生和计划生育局校验监管行为违法”，此处的校验监管行为是前期核发《医疗机构执业许可证》行为的延续，该行为从类型上看属于行政许可，检察机关的诉讼请求是确认行政许可违法，符合行政附带民事诉讼的受案范围。同时，本案检察行政公益诉讼针对的是行政机关在“生态环境和资源保护”领域违法行使职权和不作为的行为，检察民事公益诉讼针对的是“生态环境和资源保护”领域的破坏行为，均符合行政公益诉讼和民事公益诉讼的受案范围。总体来看，本案符合行政附带民事公益诉讼受案范围，且该案类型在实践中最为常见。

从起诉条件的角度，检察机关介入公益诉讼应当保持谦抑性，对直接提起诉讼应作出一定的限制。具体而言，在环境公益诉讼领域，以下两种情形应被排除在检察机关提起行政附带民事公益诉讼的受案范围之外：一是政府及其环境行政主管部门不作为，但在检察机关正式起诉前已经积极履行环境监管、维护职责；二是对于可能造成环境损害的环境违法行为，行为人在检察机关正式起诉前已停止了环境违法行为或采取了其他足以消除环境隐患的措施（陈阳，2009）。

指导意义

检察机关作为公益诉讼人，可以提起行政附带民事公益诉讼。根据《人民检察院提起公益诉讼试点工作实施办法》（以下简称《实施办法》）第五十六条和《人民法院审理人民检察院提起公益诉讼案件试点工作实施办法》（以下简称《法院实施办法》）第四条、第十四条、第二十三条的规定，人民检察院以公益诉讼人身份提起民事或行政公益诉讼，诉讼权利义务参照《民事诉讼法》《行政诉讼法》关于原告诉讼权利义务的规定。人民法院审理人民检察院提起的公益诉讼案件，《实施办法》《法院实施办法》没有规定的，适用《民事诉讼法》《行政诉讼法》及相关司法解释的规定。

根据《实施办法》第一条和第二十八条规定，试点阶段人民检察院可以同时提起民事公益诉讼和行政公益诉讼的仅为污染环境领域。人民检察院能否直接提起行政附带民事公益诉讼，《实施办法》和《法院实施办法》均没有明确规定。根据《实施办法》第五十六条和《法院实施办法》第二十三条规定，没有规定的即适用《民事诉讼法》《行政诉讼法》及相关司法解释的规定。其中《行政诉讼法》第六十一条第一款规定了行政附带民事诉讼制度，该制度的设立主要是源于程序效益原则，有利于节约诉讼成本、优化审判资源，统一司法判决和增强判决权威性。在试点的检察机关提起的公益诉讼中，存在生态环境领域侵害社会公共利益的民事侵权行为，而负有监督管理职责的行政机关又存在违法行政行为，且违法行政行为是民事侵权行为的先决或前提行为，为督促行政机关依法正确履行职责，一并解决民事主体对国家利益和社会公共利益造成侵害的问题，检察机关可以参照《行政诉讼法》第六十一条第一款的规定，向人民法院提起行政附带民事公益诉讼，由法院一并审理。

检察机关提起行政附带民事公益诉讼，应当同时履行行政公益诉讼和民事公益诉讼诉前程序。《实施办法》规定，人民检察院提起民事公益诉讼或行政公益诉讼，都必须严格履行诉前程序。行政附带民事公益诉讼涵盖民事公益诉讼和行政公益诉讼，提起公益诉讼前，人民检察院应当发出检察建议依法督促行政机关纠正违法行为、履行法定职责，并督促、支持法律规定的机关和有关组织提起民事公益诉讼。

检察机关提起行政附带民事公益诉讼案件，原则上由市（分、州）以上人民检察院办理。《实施办法》第二条第一款、第二十九条第一款和第四款规定：“人民检察院提起民事公益诉讼的案件，一般由侵权行为地、损害结果地或者被告住所地的市（分、州）人民检察院管辖。”“人民检察院提起行政公益诉讼的案件，一般由违法行使职权或者不作为的行政机关所在地的基层人民检察院管辖。”“上级人民检察院认为确有必要，可以办理下级人民检察院管辖的案件。”由于检察机关提起的行政公益诉讼和民事公益诉讼管辖级别不同，民事公益诉讼一般不由基层人民检察院管辖，而上级人民检察院可以办理下级人民检察院的行政公益诉讼案件，故行政附带民事公益诉讼原则上应由市（分、州）以上人民检察院向中级人民法院提起。

有管辖权的市（分、州）人民检察院根据《实施办法》第二条第四款规定将案件交办的，基层人民检察院也可以提起行政附带民事公益诉讼。

十三、湖北省十堰市××区人民检察院诉该区林业部门未依法履行职责案

案情介绍

2013 年 3 月至 4 月，金某某、吴某、赵某某在未经县级林业主管部门同意、未办理林地使用许可手续的情况下，在湖北省十堰市××区（本案例中“××区”均指该区）三个地点，相继占用国家和省级生态公益林地0.28公顷①、0.22公顷、0.28公顷开采建筑石料。2013 年 4 月 22 日、4 月 30 日、5 月 2 日，十堰市××区林业局（以下简称区林业局）对金某某、吴某、赵某某作出行政处罚决定，责令三人停止违法行为，恢复所毁林地原状，分别处以 56028 元、22000 元、28000 元罚款，限期十五日内缴清。金某某等三人在收到行政处罚决定书后，在法定期限内均未申请行政复议，也未提起行政诉讼，仅分别缴纳罚款 20000 元、15000 元、20000 元，未将被毁公益林地恢复原状。区林业局在法定期限内既未催告三名行政相对人履行行政处罚决定所确定的义务，也未向人民法院申请强制执行，致使其作出的行政处罚决定未得到全部执行，被毁公益林地也未得到及时修复。

2016 年 2 月 29 日，××区人民检察院以公益诉讼起诉人身份向××区人民法院提起行政公益诉讼，要求法院确认区林业局未依法履行职责违法，并判令其依法继续履行职责。2016 年 5 月 5 日，××区人民法院作出一审判决，确认××区林业局在对金某某、吴某、赵某某作出行政处罚决定后，未依法履行后续监督、管理和申请人民法院强制执行法定职责的行为违法；责令区林业局继续履行收缴剩余加处罚款的法定职责；责令区林业局继续履行被毁林地生态修复工作的监督、管理法定职责。

一审宣判后，区林业局未上诉，判决已发生法律效力。

---

① 1公顷=10000米^2。

检察机关履职过程

2015 年 12 月 12 日，×× 区人民检察院向区林业局发出检察建议，建议区林业局规范执法，认真落实行政处罚决定，采取有效措施，恢复森林植被。区林业局收到检察建议后，在规定期限内既未按检察建议进行整改落实，也未做书面回复。

×× 区人民检察院经调查核实，没有公民、法人和其他社会组织因公益林被毁而提起相关诉讼。2016 年 2 月 29 日，×× 区人民检察院以公益诉讼起诉人身份向 ×× 区人民法院提起行政公益诉讼，要求法院确认区林业局未依法履行职责违法，并判令其依法继续履行职责。×× 区人民检察院认为：一、金某某等三人破坏了公益林，损害了社会公共利益。根据国家林业和草原局、财政部制定的《国家级公益林区划界定办法》第二条、《湖北省生态公益林管理办法》第二条规定，公益林有提供公益性服务的典型目的，金某某等三人非法改变公益林用途，导致公共利益受损。专家意见认为，金某某等三人共破坏 11.7 亩生态公益林，单从森林资源方面已造成对公共生态环境影响。二、×× 区林业局怠于履职，行政处罚决定得不到有效执行，国家和社会公共利益持续处于受侵害状态。区林业局对其辖区内的森林资源有管理和监督的职责。针对金某某等三人的违法行为，区林业局已对金某某等三人处以限期恢复林地原状和罚款的行政处罚决定。作出行政处罚决定后，区林业局还应根据《中华人民共和国行政处罚法》《中华人民共和国行政强制法》的规定，对金某某等三人逾期未履行生效行政处罚决定的行为，依法采取法律规定的措施督促履行。但区林业局怠于履职，致使行政处罚决定得不到有效执行，被金某某等三人非法改变用途的林地未恢复原状，剩余罚款未依法收缴，区林业局也没有对金某某等三人加处罚款，导致国家和社会公共利益持续处于受侵害状态。

案件审理过程中，经区林业局督促，三人中的吴某、赵某某相继将罚款及加处罚款全部缴清，金某某缴纳了全部罚款及部分加处罚款，剩余加处罚款以经济困难为由申请缓缴，区林业局批准了金某某缓缴加处罚款的请求。同时，金某某等三人均在被毁林地上补栽了苗木。受 ×× 区人民法院委托，十堰市林业调查规划设计院对被毁林地当前生态恢复程度及生态恢复所需期限进行了鉴定，鉴定意见为：造林时间、树种、苗木质量、造林密度、造林方式等符合林业造林相关技术要求，在正常管护的情况下修复期限至少需要三年的时间才能达到郁闭要求。

区林业局在案件审理期间提交了一套对被毁林地拟定的管护方案。方案中，区林业局明确表示愿意继续履行监督管理职责，采取有效措施进行补救，恢复被毁林地的生态功能，并且成立领导小组，明确责任单位、管护范围、管护措施和相关要求。

2016年5月5日，××区人民法院作出一审判决，支持了检察院的起诉意见。

法条索引

《中华人民共和国行政处罚法》（2009）

第五十一条　当事人逾期不履行行政处罚决定的，作出行政处罚决定的行政机关可以采取下列措施：

（一）到期不缴纳罚款的，每日按罚款数额的百分之三加处罚款；

（二）根据法律规定，将查封、扣押的财物拍卖或者将冻结的存款划拨抵缴罚款；

（三）申请人民法院强制执行。

《中华人民共和国行政强制法》（2011）

第五十条　行政机关依法作出要求当事人履行排除妨碍、恢复原状等义务的行政决定，当事人逾期不履行，经催告仍不履行，其后果已经或者将危害交通安全、造成环境污染或者破坏自然资源的，行政机关可以代履行，或者委托没有利害关系的第三人代履行。

第五十三条　当事人在法定期限内不申请行政复议或者提起行政诉讼，又不履行行政决定的，没有行政强制执行权的行政机关可以自期限届满之日起三个月内，依照本章规定申请人民法院强制执行。

《人民检察院提起公益诉讼试点工作实施办法》（2015）

第二十八条　人民检察院履行职责中发现生态环境和资源保护、国有资产保护、国有土地使用权出让等领域负有监督管理职责的行政机关违法行使职权或者不作为，造成国家和社会公共利益受到侵害，公民、法人和其他社会组织由于没有直接利害关系，没有也无法提起诉讼的，可以向人民法院提起行政公益诉讼。

人民检察院履行职责包括履行职务犯罪侦查、批准或者决定逮捕、审查起诉、控告检察、诉讼监督等职责。

案例评析

行政公益诉讼，顾名思义，其设立目的在于维护公共利益。关于“公共利益”的界定是公益诉讼得以顺利开展的基础。公共利益是行政公益诉讼的价值所在，其内涵、外延是影响行政公益诉讼受案范围的根本性因素（高志宏，2022）。但公共利益是一个内涵和外延非常宽泛的概念，其界定的模糊性和涵盖利益的复杂性无疑为行政公益诉讼的理论研究增添了难度。除此以外，提起行政公益诉讼的必要条件中，对“不履行”及“法定职责”的界定也存在一定争议，不仅影响实践中的适用，也引起学者们的关注和讨论。

1. 公共利益的识别

（1）“公共”与“公共利益”

对于“公共”如何界定，学界有不同的观点，“公共”的范围难以精确化。早在 1884 年，德国公法学者洛厚德在《公共利益与行政法的公共诉讼》一文中就指出，公益是任何人，但不必是全部人们的利益。为了界定“任何人”，他引入“地域基础”标准，即公共利益是一个“相关空间内关系大多数人”的利益，这个地域或空间就是以地区为划分，且多以国家的（政治、行政）组织为单位。据此，一定地区内大多数人的利益就足以形成公共利益，少数人的利益则为个体利益，后者服从于前者。但是，该标准忽略了动态性，即某一地区的居民，虽因行政区域划分而与其他地区相分离，但也可以跨区享受到别的地区的利益，如跨区使用交通设施、享受教育资源等。因此，洛厚德的“地域基础”标准不足以准确界定“公共”的范围。1886 年，德国学者纽曼《在公私法中关于捐税制度、公益征收之公益的区别》一文中将“公益”界定为不确定多数人的利益，认为“公共”具有开放性的特点，即任何人都可以接近，并非特定的群体。据此，即使某一群体初始人数不多，但以其开放性的特点，可以称之为“公共”；即使某一群体人数很多，但是封闭、对象特定，该群体也不足以称为“公共”（刘佳奇，2021）。总之，纽曼是以利益效果所涵盖的对象范围来界定“公共”的，即“公共”必须是不确定数目的、大多数的利益人。这种以“不确定多数人”作为公共的概念，符合少数服从多数的民主理念，直至目前仍广为接受。

在现代社会，公共利益概指能够满足一定范围内所有人需要的对象，即具有公共效用的对象，或者说，能够满足一定范围内所有人生存、享受和发展的、具有公共效用的资源和条件（佘少祥，2010）。陈新民（2001）曾指出公共利益的特别之处在于其“内容的不确定性”，公共利益的内容和范围都充满模糊性和不确定性。公共利益概念界定的现状决定了其下位概念“环境公共利益”也面临相同的困境。而概念界定不清的后果则是，不仅引发了理论上的争论，也使得对公共利益的识别成为实践中需要解决的关键问题。

（2）“公共利益”的界定

学界对“公共利益”的定义存在不同认识，但作为一个法律概念，仍可从对公共利益的界定中总结出其具有如下典型特征：第一，公共利益的受益主体具有开放性，也即公共利益不为某一群体所独享，从而使得其可与国家利益、集体利益、个人利益相区分。第二，公共利益的表现形式具有多样性，既可以表现为生态环境、自然资源等具体形态，还可以表现为社会安全、公共卫生等抽象形态。第三，公共利益具有历史性，公共利益的范围会随着社会发展而不断变化，在不同时空条件下展现不同形态，总体来说它的范围呈扩张趋势，越来越多事项被纳入公共利益的范畴（高志宏，2022）。

环境公共利益在理论上属于公共利益的一种具体类型。因此，从整体上理解和判断公共利益的标准，成为环境公共利益识别的关键前提。对此，莫于川（2004）提出了公共利益的六条判断标准，即合法合理性、公共收益性、公平补偿性、公开参与性、权力制约性、权责统一性；韩大元（2005）提出了判断公共利益时需要关注的六大因素——公益性、个体性、目标性、合理性、制约性、补偿性；袁曙宏（2004）提出了正确界定公共利益应遵循的四项基本标准——公共性、合理性、正当性、公平性。总之，可将公共利益识别的基本标准分为实体标准和程序标准。其中，实体标准主要包括公共性、合理合法性、权力制约性；程序标准主要包括公开参与性、公平受偿性。在此基础上，考虑到资源环境是满足人类生存和发展的基本物质保障，而人对于资源环境的需求是当代人和后代人共同的需求，因此，除前述公共利益识别的基本标准外，环境公共利益的识别还应遵循可持续性标准。可持续性标准应作如下理解：首先，主体的可持续性，即在判断某一利益是否为环境公共利益时，不应仅将其局限于满足当代人的需要，而应当着眼于未来，为子孙后代谋福。其次，客体的可持续性，即人类的经济社会活动应以资源环境的承载能力为基础，确保资源环境能够持久维系人类的生存和发展。最后，客体满足主体需求的可持续性，即确保人对资源环境的基本需求（如清洁的空气、干净的水、安全的土壤等）得到满足，而不是简单消耗资源环境以追求市场上商品（服务）的增加（刘佳奇，2021）。本案中，金某某等三人破坏公益林侵害的是环境公共利益，这类案件也是行政公益诉讼最常见的类型，即生态环境行政公益诉讼案件。

公共利益定义的高度模糊性使得行政公益诉讼的启动面临巨大挑战。随着全民法治意识的不断提升，多数人对私益的保护越发重视，但对公共利益，却因其非排他性和非竞争性等特点而缺乏应有的关注，此时需要合适的公共利益代表承担起维护公益的使命。相较于其他国家机关，检察机关通过提起公益诉讼来维护公益有其独特优势，也具有明确的法律依据。因此，对于行政机关不依法履职致公共利益受侵害的行为，检察机关有权提起行政公益诉讼。行政公益诉讼的受案范围主要由两方面决定：一是行政机关的职权范围，对此，法律法规已做明确；二是公共利益的范围，因界定模糊而难以认定。公共利益的准确识别成为制约行政公益诉讼制度发展的现实障碍，如不能明确公共利益的边界，即会影响行政公益诉讼目的的实现。

对于行政公益诉讼的受案范围，相关立法规定也在不断发展变化。2015 年 7 月 2 日，最高人民检察院发布了《检察机关提起公益诉讼试点方案》，对行政公益诉讼受案范围进行了明确，具体包括生态环境和资源保护、国有资产保护和国有土地使用权出让领域。2017 年修订后的《中华人民共和国行政诉讼法》(以下简称《行政诉讼法》）第二十五条第四款对行政公益诉讼的受案范围采取"概括 + 列举"方式作出规定，即"人民检察院在履行职责中发现生态环境和资源保护、食品药品安全、国有财产保护、国有土地使用权出让等领域负有监督管理职责的行政机关违法行使职权或者不作为，致使国家利益或者社会公共利益受到侵害的，应当向行政机关提出检察建议，督促其依法履行职责。行政机关不依法履行职责的，人民检察院依法向人民法院提起诉讼"。可见，公共利益的范围进一步延伸，行政公益诉讼的受案范围也随之拓展。

然而，根据裁判文书网查询数据来看，司法实践中，各级法院均未对法律列举情形以外的案件进行立案，即"等领域"的概括规定未发挥实际作用，未能体现行政公益诉讼的设立目的。因此，应对"等领域"的概括规定进行正确理解和应用。就如司法部副部长胡卫列所言，"检察机关最核心的公益诉讼目的是保护公益，最基本的出发点还是能够回应社会各界，特别是人民群众对侵害公共利益的一些行为的关切，围绕着大家所关切的热点问题和领域能够进一步有序、有条件地拓展公益诉讼的范围，更好的保护社会公众的利益"。概括性条款目的本就是为现实中未能穷尽之情形留下适用空间，通过有权解释将其他法律规定的侵犯公共利益的案件类型纳入行政公益诉讼的受案范围，允许检察机关提起诉讼。如此，既能促进"公共利益"概念与时俱进，也可实现对公共利益的最大限度保护。

2. 提起行政公益诉讼的必要条件

提起行政公益诉讼的前提是行政机关未依法履行法定职责造成国家利益和社会公共利益受到侵害。此处将对"行政机关未依法履职"进行分析。

(1)"不履行"的类型化分析

《行政诉讼法》第二十五条第四款和《最高人民法院、最高人民检察院关于检察公益诉讼案件适用法律若干问题的解释》(以下简称《检察公益诉讼解释》）第二十一条规定了行政公益诉讼制度及起诉条件。与传统行政诉讼不同的是，行政公益诉讼体现了明显的“双阶构造”（伍华军 等，2023），强调诉前程序与诉讼程序的衔接与配合。但传统行政诉讼和行政公益诉讼之间属于一般与特殊的关系，因此对“不履行法定职责”的判定亦不能脱离传统行政诉讼。但对于行政诉讼中存在的违法拒绝履行、无正当理由逾期不予答复、不完全履行、拖延履行、不适当履行等不履行形式，在行政公益诉讼中有必要调整其归类。其原因在于：一是不应将违法拒绝履行纳入“不履职”的范畴，实践中极少会有行政机关明确表示拒绝履行职责，只是履行程度存在不同；二是无正当理由逾期不予答复的实质是不作为，应纳入“不履职”的范畴；三是不完全履行是行政机关只履行了部分职责，未达到预期的行政效果，应归为“未有效履职”；四是不适当履行即履职手段存在瑕疵或错误，应纳入“有瑕疵的履职”；五是对于拖延履行及类似情形，应当归入“不及时的履职”（伍华军 等，2023）。根据上述分析，行政公益诉讼中“不履行”可分为不履职、未有效履职、有瑕疵的履职和不及时的履职。

就不回复检察建议是否属于“不履行”，学界存在争议。检察建议是行政公益诉讼的特殊制度，《行政诉讼法》第二十五条第四款和《检察公益诉讼解释》第二十一条仅规定行政机关应按期回复检察建议并履行职责，且期限为两个月，出现国家利益或者社会公共利益损害继续扩大等紧急情形的，期限为十五天，但并未明确不回复检察建议的行为性质。由于检察建议缺乏强制力，有学者因此认为不回复检察建议不构成“不履行”。如有学者指出，诉前检察建议仅具有督促作用，不具有强制效力，如果认为检察建议不合理，也可不予执行（魏琼 等，2019）。对此，应在明确传统行政诉讼和行政公益诉讼中检察建议的功能定位基础上看待这一问题。传统行政诉讼中，检察机关提出的检察建议仅具有建议作用，但在行政公益诉讼中，检察建议是诉前程序的核心，也是提起行政公益诉讼的先决条件，检察建议变为刚性职责要求，回复检察建议并积极依法履职是行政机关避免进入诉讼程序的“纠错”机会，如不回复检察建议，应当视为“不履行”法定职责。

本案中，区林业局在法定期限内既未催告三名行政相对人履行行政处罚决定所确定的义务，也未向人民法院申请强制执行，致使其作出的行政处罚决定未得到全部执行，被毁公益林地未得到及时修复。在收到检察建议后，区林业局在规定期限内既未按检察建议进行整改落实，也未书面回复，该行为应属于“不履行”法定职责。

（2）“法定职责”的来源和范围分析

行政机关法定职责的来源广泛，一切属于《中华人民共和国立法法》适用范围的法律、法规和规章，即一切正式的立法，都可以是行政机关法定职责的法律渊源。除此以外，规章以下的规范性文件也属于“法定”范畴，并已有了相关的司法实践。政府出台的有关文件在满足特定条件后，也可成为“法定职责”的渊源。不同于法律法规和规章对职责规定的模糊笼统，规范性文件往往规定更加细致，即便是层级较低的规范性文件，在实践中也常作为行政机关作出行政行为的依据，甚至规范性文件直接赋予行政机关职权的情况也并不鲜见。如在诉讼中不予认可，将可能产生减损行政机关公信力的风险。2018 年出台的《检察机关行政公益诉讼案件办案指南（试行）》中，将地方政府的权力清单和涉及行政机关职权、机构设置的文件即“三定方案”以及行政机关在履职过程中常用的内部规则、操作指南、流程指引与技术标准等也作为“法”的范围。由此可见，行政机关职责来源广泛且范围不断拓宽，有助于督促行政机关勤勉履职，更好地维护国家利益和社会公共利益。

综上，行政机关的法定职责来源众多，“法定职责”也要相应作扩大解释，应包括：一、法律明确规定的义务，这是法定职责的主要来源；二、特定行政机关所负有的义务，如公安机关有保护人民生命、财产安全的行政作为义务；三、行政协议、行政允诺；四、因先行行为产生的义务；五、因信赖而产生的义务。其中，对于行政协议、行政允诺，有学者认为其不属于法定职责的来源范畴（梁君瑜，2017）。但根据《检察公益诉讼解释》第二十五条的规定，在行政公益诉讼中，法院判决不仅限于履行判决，还有确认判决、变更判决、撤销判决等，所以不能因行政允诺和行政协议在传统行政诉讼中适用于行政协议的履行判决而将其排除在“法定职责”之外，倘若行政允诺或行政协议的内容关涉公共利益，则可以纳入“法定职责”范围。同理，行政合同是否纳入法定职责范围也可以采用这一逻辑。但是，因信赖利益而产生的行政机关的义务往往发生在行政许可等受益型行政行为中，当事双方也通常为行政相对人和行政机关，不涉及第三人或者公共利益，故而一般不将信赖利益纳入行政公益诉讼中的法定职责范畴。对于先行行为和特定机关的履行义务，应该结合具体案件具体情况综合分析其是否属于“法定职责”（伍华军 等，2023）。

指导意义

检察机关提起公益诉讼的前提是公共利益受到侵害。公共利益可以界定为：由不特定多数主体享有的，具有基本性、整体性和发展性的重大利益。在实践中，判断被侵害的利益是否属于公共利益范畴，可以从以下几个方面来把握：一是公共利益的主体是不特定的多数人。公共利益首先是一种多数人的利益，但又不同于一般的多数人利益，其享有主体具有开放性。二是公共利益具有基本性。公共利益是有关国家和社会共同体及其成员生存和发展的基本利益，如公共安全、公共秩序、自然环境和公民的生命、健康、自由等。三是公共利益具有整体性和层次性。公共利益是一种整体性利益，可以分享，但不可以分割。公共利益不仅有涉及全国范围的存在形式，也有某个地区的存在形式。四是公共利益具有发展性。公共利益始终与社会价值取向联系在一起，会随着时代的发展变化而变化，也会随着不同社会价值观的改变而变化。五是公共利益具有重大性。其涉及不特定多数人，涉及公共政策变动，涉及公权与私权的限度，代表的利益都是重大利益。六是公共利益具有相对性。它受时空条件的影响，在此时此地认定为公共利益的事项，彼时彼地可能应认定为非公共利益。

行政机关没有依法履行法定职责与国家和社会公共利益受到侵害，是检察机关提起行政公益诉讼的必要条件。判断负有监督管理职责的行政机关是否依法履职，关键要厘清行政机关的法定职责和行政机关是否依法履职到位；判断国家和社会公共利益是否受侵害，要看违法行政行为是否造成国家和社会公共利益的实然侵害，发出检察建议后要看国家和社会公共利益是否脱离被侵害状态。

十四、福建省三明市 ×× 县人民检察院诉该县环保部门未依法处置危险废物案

案情介绍

2014 年 7 月 31 日，福建省三明市 ×× 县环境保护局（本案例中“×× 县”均指该县）会同该县公安局现场制止刘某某非法焚烧电子垃圾，当场查扣危险废物电子垃圾 28580 千克，并存放在附近的养猪场。2014 年 8 月，×× 县环保局将扣押的电子垃圾转移至不具有贮存危险废物条件的 A 公司仓库存放。2014 年 9 月 2 日，×× 县公安局对刘某某涉嫌污染环境刑事立案侦查，并于 2015 年 5 月 5 日作出扣押决定书，扣押刘某某污染环境案中的危险废物电子垃圾。×× 县环保局未将电子垃圾移交公安机关，于 2015 年 5 月 12 日将电子垃圾转移到不具有贮存危险废物条件的 B 公司仓库存放。

2015 年 12 月 21 日，×× 县人民检察院以公益诉讼起诉人身份向 ×× 县人民法院提起行政公益诉讼。2016 年 3 月 1 日，×× 县人民法院依法作出一审判决，确认被告 ×× 县环保局处置危险废物的行为违法。

一审宣判后，×× 县环保局未上诉，判决已发生法律效力。

检察机关履职过程

2015 年 12 月 21 日，×× 县人民检察院以公益诉讼起诉人身份向 ×× 县人民法院提起行政公益诉讼，诉请法院确认 ×× 县环保局怠于履行职责行为违法并判决其依法履行职责。×× 县人民检察院认为：一、×× 县环保局作为涉案电子垃圾的实际监管人，在明知涉案电子垃圾属于危险废物，具有毒性，理应依法管理并及时处置的

情形下，没有寻找符合贮存条件的场所进行贮存，而是将危险废物从扣押现场转移至附近的养猪场、再转至没有危险废物经营许可证资质的A公司，后再租用同样不具资质的B公司仓库进行贮存，且未设置危险废物识别标志，违反《中华人民共和国固体废物污染环境防治法》的规定。××县环保局的行为属于不依法履行职责的违法行政行为。二、××县环保局作为地方环境保护主管部门，在检察机关对刘某某作出不起诉决定后，未对刘某某非法收集、贮存、焚烧电子垃圾的行为作出行政处罚，属于行政不作为。三、经检察机关发出检察建议督促后，××县环保局仍怠于依法履行职责，使社会公共利益持续处于被侵害状态，导致重大环境风险和隐患。

2015年12月29日，三明市中级人民法院作出行政裁定书，指定该案由××县人民法院管辖。2016年1月5日，××县环保局向三明市环保局提出危险废物跨市转移，并于1月11日得到批准。2016年1月18日，××县公安局告知县环保局，××县人民检察院对犯罪嫌疑人刘某某作出不起诉决定。1月23日，××县环保局对刘某某作出责令停止生产并对焚烧现场残留物进行无害化处理及罚款2万元的行政处罚。同日，××县环保局将涉案的28580千克电子垃圾交由某环保技术有限公司处置。

鉴于××县环保局在诉讼期间已对刘某某的违法行为进行行政处罚并依法处置了危险废物，××县人民检察院将诉讼请求变更为确认被告××县环保局处置危险废物的行为违法。2016年3月1日，××县人民法院依法作出一审判决，支持了检察院的诉讼请求。

法条索引

《中华人民共和国固体废物污染环境防治法》(2020)

第九条　国务院生态环境主管部门对全国固体废物污染环境防治工作实施统一监督管理。国务院发展改革、工业和信息化、自然资源、住房和城乡建设、交通运输、农业农村、商务、卫生健康、海关等主管部门在各自职责范围内负责固体废物污染环境防治的监督管理工作。

地方人民政府生态环境主管部门对本行政区域固体废物污染环境防治工作实施统一监督管理。地方人民政府发展改革、工业和信息化、自然资源、住房和城乡建设、交通运输、农业农村、商务、卫生健康等主管部门在各自职责范围内负责固体废物污染环境防治的监督管理工作。

第二十条　产生、收集、贮存、运输、利用、处置固体废物的单位和其他生产经营者，应当采取防扬散、防流失、防渗漏或者其他防止污染环境的措施，不得擅自倾倒、堆放、丢弃、遗撒固体废物。

禁止任何单位或者个人向江河、湖泊、运河、渠道、水库及其最高水位线以下的滩地和岸坡以及法律法规规定的其他地点倾倒、堆放、贮存固体废物。

第七十七条 对危险废物的容器和包装物以及收集、贮存、运输、利用、处置危险废物的设施、场所，应当按照规定设置危险废物识别标志。

第八十一条 收集、贮存危险废物，应当按照危险废物特性分类进行。禁止混合收集、贮存、运输、处置性质不相容而未经安全性处置的危险废物。

贮存危险废物应当采取符合国家环境保护标准的防护措施。禁止将危险废物混入非危险废物中贮存。

从事收集、贮存、利用、处置危险废物经营活动的单位，贮存危险废物不得超过一年；确需延长期限的，应当报经颁发许可证的生态环境主管部门批准；法律、行政法规另有规定的除外。

《人民检察院提起公益诉讼试点工作实施办法》(2015)

第四十条 在提起行政公益诉讼之前，人民检察院应当先行向相关行政机关提出检察建议，督促其纠正违法行为或者依法履行职责。行政机关应当在收到检察建议书后一个月内依法办理，并将办理情况及时书面回复人民检察院。

第四十一条 经过诉前程序，行政机关拒不纠正违法行为或者不履行法定职责，国家和社会公共利益仍处于受侵害状态的，人民检察院可以提起行政公益诉讼。

第四十九条 在行政公益诉讼审理过程中，被告纠正违法行为或者依法履行职责而使人民检察院的诉讼请求全部实现的，人民检察院可以变更诉讼请求，请求判决确认行政行为违法，或者撤回起诉。

案例评析

行政公益诉讼作为一种新型诉讼模式，旨在维护公共利益和稳定行政法律秩序。检察机关作为《中华人民共和国宪法》授权的国家法律监督机关提起行政公益诉讼，目的在于促进行政机关积极履职和纠正行政机关违法行为。行政公益诉讼设置诉前程序，诉前程序“软性”灵巧，以公共利益是否得到维护为根本衡量标准，诉讼程序则作为“刚性”后盾，体现为既相互独立，又互为支撑、相互衔接的“检察建议、行政公益诉讼”二元互助监督模式（张晓飞 等，2018）。司法实践证明，诉前程序有其必要性，诉前检察建议方式已成为行政公益诉讼必要的制度设计和常规手段，甚至成为解决争议的常态化方式。《人民检察院检察建议工作规定》已于2018年12月25日由最高人民检察院第十三届检察委员会第十二次会议通过，对检察建议相关问题作出了规定。但不可否认的是，检察建议与诉讼程序的衔接仍存在不足，相关制度设计仍需继续完善。此外，如同本案中出现的情形，诉讼过程中行政机关纠正违法行为或者依法履行职责从而使人民检察院的诉讼请求实现的，检察机关可否变更诉讼请求，也值得深入探讨。

1. 检察建议的属性及价值

根据《人民检察院检察建议工作规定》，检察建议是人民检察院依法履行法律监督职责，参与社会治理，维护司法公正，促进依法行政，预防和减少违法犯罪，保护国家利益和社会公共利益，维护个人和组织合法权益，保障法律统一正确实施的重要方式。检察建议包括再审检察建议、纠正违法检察建议、公益诉讼检察建议、社会治理检察建议等，本案中的检察建议即为公益诉讼检察建议。

（1）检察建议的属性

检察建议的司法依附性。检察机关的司法属性在《中华人民共和国人民检察院组织法》中予以确认，是兼具诉讼权利属性与法律监督属性的权力体系。行政公益诉讼中检察机关不仅行使诉讼职能，同时也承担法律监督的职责，这种新拓展以诉讼的方式实行法律监督，并完全运行于行政诉讼的制度轨道上，故而其诉讼性质决定其必须遵守司法性要求。例如，行政公益诉讼中检察机关不可主动走访调查以寻找案件线索，就是对司法机关审查被动性的遵守，否则就使得诉讼性质发生根本变化，也导致相关机关的诉讼地位处于严重失衡状态。检察建议追求的目标与行政公益诉讼具有一致性，只是两种手段先柔后刚，检察建议必须依附于检察职能而存在，是检察机关行使检察监督权的一种方式（张晓飞 等，2018）。检察建议也必须依附于公益诉讼而存在，是公益诉讼延伸出的执法监督形式，发出检察建议的前提是足以提起行政公益诉讼，故绝不可将检察建议独立于公益诉讼而作为一般的监督形式存在。

检察建议的谦抑性。在我国监督体系中，以行政公益诉讼实行的检察监督与国家监督、行政内部监督相比，具有补充性、最后性（姜涛，2015）。首先，检察资源的稀缺及特殊的工作机制导致检察机关无法及时主动发现行政机关的不作为或违法行为；其次，诉讼是解决纠纷的最终程序，无论是行政公益诉讼还是检察建议都是督促行政机关依法履职的手段，缺乏裁决的强制力，刚性不足；最后，检察机关即使发现行政机关存在不作为或违法行为，也不能直接干预，只能依靠法院判决实现监督效果。因此，检察机关应恪守司法谦抑性原则，尊重行政机关的执法权，在发现案件线索后优先移送行政机关处理，并在提起行政公益诉讼前先发出检察建议。

（2）检察建议的价值

行政权的扩张惯性决定了必须对行政权力的行使给予有效的监督，故而，在现代法律体系中，构建完善的行政权监督制度体系尤为重要。现行对行政裁量权的规制与监督体系既包括内部规制体系，也包括外部监督体系（王建芹 等，2023）。内部监督机制主要包括两类：一是事后规制，主要通过行政复议对行政相对人进行救济，由于其性质上属于行政机关的内部监督关系，如何保证这种层级监督的独立性与公正性，始终是理论与实践的一个难题。同时，行政复议范围仅限于具体行政行为而排除抽象行政行为，也在一定程度上限制了行政复议作用的发挥。二是事前规制，包括行政裁量基准和行政执法案例指导两种模式。行政裁量基准是行政机关依职权通过对其法定裁量权具体化予以约束的规则，目前行政裁量基准制度主要集中运用于行政处罚领域，个别涉及行政许可领域，其他行政行为领域的裁量基准大多存在空白。外部监督主要是司法监督，其中审判监督是行政权最主要的监督主体，但其目前仅限于合法性监督且局限于行政处罚领域，并遵循不告不理原则，导致其作用发挥相对有限。特别是行政诉讼受案范围限制在行政相对人人身权和财产权被侵害的案件，且原告资格仅限于法律上具有利害关系的主体，也明显压缩了审判监督的作用空间。此外，行政机关与行政相对人身份地位不对等一定程度上也会影响司法公正，更是放大了行政诉讼对行政权监督的局限性。

作为司法监督的重要组成部分，检察监督对行政权的监督相较于审判监督具有一定的优势。首先，检察机关在行政检察领域更具全面性。随着《中共中央关于全面推进依法治国若干重大问题的决定》《中共中央关于加强新时代检察机关法律监督工作的意见》等文件的发布，检察机关被赋予更全面的监督权，尤其是监督行政机关纠正其履职过程中的违法或不作为行为。检察监督也不再局限于具体行政行为，抽象行政行为如规范性文件等也被纳入检察监督范畴。其次，制度设计上，使得检察监督更具主动性。《人民检察院检察建议工作规定》指出，检察机关在履行职责过程中如发现行政主体有违法行为的，可直接向相关行政主体提出检察建议。相较于审判机关行政诉讼程序启动的被动性，行政检察的监督程序既可以依当事人申请而启动，也可以依职权启动，更具主动性。最后，检察机关调用资源的能力更强。以检察听证制度为例，检察机关对符合条件的案件，组织召开听证会，就事实认定、法律适用和案件处理等问题听取多方意见进行审查，作为一种看得见的审查流程，其结果更容易被当事双方接受，有助于推动实现实质正义（王建芹 等，2023）。总之，检察监督对于行政权规范行使发挥着不可替代的作用。

2. 检察建议适用困境及优化路径

（1）检察建议适用困境

检察建议前置于行政公益诉讼的设计初衷应为两者紧密相连、相得益彰，但衔接过程中存在以下几个方面的问题。

第一，检察机关调查取证存在困难。在办理环境行政公益诉讼案件过程中，检察机关无权作出限制人身自由等强制性措施，缺乏强制力必然导致威慑力不足。即使出现行政机关及其工作人员不配合调查取证，检察机关也仅能向上级检察部门通报而无权采取惩罚性措施，影响证据收集。此外，生态环境类案件极具复杂性，且案件类型广泛，而检察机关工作人员往往缺乏鉴定环境损害的专业能力，也会导致证据搜集不力。

第二，行政机关依法履职的判断标准不统一。认定"行政机关未依法履职"在诉前和诉讼程序的衔接中起关键作用。《人民检察院公益诉讼办案规则》（以下简称《办案规则》）第八十二条明确了可以认定行政机关未依法履职的七种情形，具体包括：行政机关逾期不回复检察机关发出的检察建议，并且没有采取有效的整改措施；行政机关虽已制定了整改措施，但在法定时间内没有实质执行；行政机关按期回复了检察建议，但未采取或仅采取部分整改措施；违法行为人已经被追究刑事责任或者案件已经移送刑事司法机关处理，但行政机关仍应当继续依法履行职责而未履行的；客观障碍导致整改方案难以按期执行，但客观障碍消除后未及时恢复整改的；行政机关采取了整改措施，但整改措施违反法律法规规定的；其他没有依法履行职责的情形。总体上看，《办案规则》虽罗列了未依法履职的情形，但没有明确未依法履职的认定标准。对未依法履职的认定标准，学界主要存在三种观点：一是行为标准说，即以负有环保职责的行政机关接收检察建议书后作出的行政行为为标准，环境公益的损害或修复在所不问。二是结果说，即综合考量行政机关对污染环境、破坏自然资源等违法行为的处罚状况、环境公益的修复效果等要素，对行政机关采取何种方式不予考量。三是中和说，即同时考察行政机关的行政行为和环境公益的修复效果（赵俊，2023）。总体上看，中和说兼顾了过程和结果，有助于提高行政机关履职的责任感和积极性，也有助于避免产生环境修复目的无法实现的后果。但考虑到环境案件涉及多个部门、多道程序，环境执法非一朝一夕，且环境生态的复杂性和多样性决定了其修复过程需要时间，中和说的观点很难"立竿见影"。

第三，检察机关举证责任负担过重。无论是诉前提出检察建议，还是提起行政公益诉讼，检察机关都需要走访、询问来调查取证，直到证据充分才可以推进诉讼进程。举证责任的范围包括未依法履职与环境公益受损，这两个要件的判断标准本身就存在争议，且证据收集只能采取非强制措施，使得举证难度增大，进而加重检察机关工作负担，可能挫伤其参与生态环境保护的积极性，也会加剧行政机关的不作为、环境受损案件频发的风险。

（2）检察建议适用的优化路径

作为行政公益诉讼必要的前置程序，检察建议的相关制度安排必须得到完善，这样才能提升诉讼时效，更好地实现维护公益的目的。

第一，应当建立检察官环境调查权制度。调查取证是发出检察建议的前提条件，调查权的行使皆以证据为中心展开，证据是检察官行使调查权有效性的最终见证，是提升检察建议内容精准性和说服力的关键（王建芹 等，2023）。而当前调查取证最突出的问题便体现为检察机关缺乏“刚性”权力，难以对行政机关形成有效监督和制约。对此，应当在特定情形下赋予检察机关行使有限度的强制措施如查封、扣押财产等的权力，提升检察监督的“刚性”。调查活动应严格依法进行，检察人员如需采取强制措施，必须经由检察长的批准，且手段应适当。以查封、扣押财产为例，检察机关应提前通知相关行政部门的负责人，查封、扣押的范围仅限于涉案财产，不得影响正常行政活动的进行，且在规定期限届满后，应及时解除强制性措施并归还财物。在调查取证过程中，行政机关如发现检察人员存在不当行为，也可向检察机关提出申诉（张瑞萍 等，2023）。

第二，加强对检察建议书的审查力度。检察建议书审查制度关乎检察建议内容的质量把关，应重点审查检察建议书阐述的违法事实及理由、违法行为与损害事实之间的因果关系、证据材料、整改措施的可行性以及法律适用的严谨性和说理的充分性（张瑞萍 等，2023）。在强化检察建议内容针对性的基础上，兼顾检察建议形式的标准化，提升检察建议的专业性和权威性。检察机关作为法律监督机关，其制发的检察建议应当注重规范性、针对性和可操作性，切实做到事实证据清楚、法律适用正确、观点清晰明朗、建议合理可行。在审查程序中，应建立生态环境与自然资源保护有关的法律数据库，重点审核检察建议书援引的法律依据是否准确，法律依据涵盖法律、行政法规、部门规章、地方性法规和地方性政府规章等。检察建议结论可以明确必要合理的实施措施，但不具备强制执行的效力，仅作为行政机关纠正环境违法行为或者进行生态恢复可采取措施的参考，以此体现对行政机关专业性和职责的尊重。根据《人民检察院检察建议工作规定》，检察建议书还应当经检察机关法律政策研究部门审核批准，同时载明案件基本事实、证明违法事实或生态环境损害事实的证据、建议的具体内容及法律依据、被建议单位书面回复期限、被建议单位履职期限以及不依法履职所应承担的法律后果等基本事项。对于优秀的检察建议书，检察机关法律政策研究部门可将其纳入研究工作范畴，交流推广先进经验，推动共性问题的解决。

3. 检察机关变更诉讼请求的适用

检察机关提起行政公益诉讼的目的是督促行政机关依法履行职责、降低法益侵害，诉讼请求直接决定行政机关的调整方向，甚至影响法院的判决指向，因此确定诉讼请求的内容极为关键。

诉讼请求必须围绕行政机关的职权，针对其应当依法履行而违法履行或者没有履行的职责提出（郭宗才，2019）。行政机关应当依法履行的职责可能有多项，如果存在有一项应当履行而没有履行的，可以诉请法院判决行政机关履行该项职责；如果有多项应当履行而没有履行的，可以诉请法院判决行政机关履行这几项职责。诉讼请求应当具体明确，不应简单概括为要求行政机关依法履行职责。

如同本案中出现的情形，如果行政机关在行政诉讼案件审理期间已经纠正违法行为或者依法履行职责，检察机关提起行政公益诉讼的目的已实现，继续诉讼已经没有实际意义，检察机关应撤回诉讼请求。如果行政机关在行政诉讼案件审理期间纠正了部分违法行为或者履行了部分职责，检察机关可以撤回相应部分的诉讼请求。因此，变更诉讼请求不存在法理上的障碍。

变更诉讼请求也具有制度上的依据。《人民检察院提起公益诉讼试点工作实施办法》第四十九条规定："在行政公益诉讼审理过程中，被告纠正违法行为或者依法履行职责而使人民检察院的诉讼请求全部实现的，人民检察院可以变更诉讼请求，请求判决确认行政行为违法，或者撤回起诉。"《关于检察公益诉讼案件适用法律若干问题的解释》第二十四条规定："在行政公益诉讼案件审理过程中，被告纠正违法行为或者依法履行职责而使人民检察院的诉讼请求全部实现，人民检察院撤回起诉的，人民法院应当裁定准许；人民检察院变更诉讼请求，请求确认原行政行为违法的，人民法院应当判决确认违法。"

行政公益诉讼的诉讼请求理应与检察建议书的内容相一致，但实践中却并非如此。《办案规则》第八十四条赋予了检察机关在诉讼过程中请求撤回起诉或请求判决确认违法的选择权，从而导致出现诉讼请求与检察建议不一致的情形。2021 年，中国裁判文书网公布的 54 份环境行政公益诉讼裁判文书中，诉讼请求与检察建议内容一致的裁判文书共计 20 份，占比仅为 37%（郭宗才，2019）。剩余 34 份裁判文书中，因行政机关在案件审理过程中实现了检察机关全部诉求，故而检察机关对诉讼请求进行了相应变更，主要变更为“请求裁定撤回起诉”或“请求判决确认行政行为违法”，其中变更为“请求裁定撤回起诉”的案件占比为79%，变更为“请求判决确认行政行为违法”的案件占比为21%（赵俊，2023）。从实践效果来看，根据诉讼过程进展及时调整诉讼请求，既具有其合理性，也可以有效节约司法资源。

指导意义

检察机关提起行政公益诉讼，必须严格履行诉前程序。提起公益诉讼前，人民检察院应当依法督促行政机关纠正违法行政行为、履行法定职责。诉前程序主要目的在于增强行政机关纠正违法行政行为的主动性，也是为了最大限度地节约诉讼成本和司法资源。通过诉前程序推动侵害公益问题的解决，不仅是检察机关提起公益诉讼工作的重要内容，也是公益诉讼制度价值的重要体现。只有当行政机关应当纠正而拒不纠正，坚持不履行法定职责，致使国家和社会公共利益持续处于受侵害状态的，检察机关才应当提起行政公益诉讼。检察机关提起行政公益诉讼仅是在公共利益严重受损而无相关救济渠道时的一种司法补救措施，具有救济性和终局性。

依法适时变更诉讼请求。《人民检察院提起公益诉讼试点工作实施办法》第四十九条规定：“在行政公益诉讼审理过程中，行政机关纠正违法行为或者依法履行职责而使人民检察院的诉讼请求全部实现的，人民检察院可以变更诉讼请求，请求判决确认行政行为违法，或者撤回起诉。”该条规定的目的在于实现诉讼请求的同时，提高诉讼效率，节约司法资源。检察机关提出检察建议和提起行政公益诉讼，目的都是为了督促涉案行政机关积极依法履行职责，有效维护国家和社会公共利益。

十五、贵州省黔东南州 ×× 县人民检察院诉该县环保部门未及时履行监督管理职责案

案情介绍

2014 年 8 月 5 日，贵州省黔东南州 ×× 县环境保护局（以下简称 ×× 县环保局，本案例中“×× 县”均指该县）在执法检查中发现 A 石材公司（以下简称 A 公司）、B 石材公司（以下简称 B 公司）等七家石材加工企业均存在未按建设项目环保设施“同时设计、同时施工、同时投产”要求配套建设，并将生产中的污水直接排放清水江，造成清水江悬浮物和油污污染的后果。×× 县环保局责令 A 公司、B 公司等七家石材加工企业立即停产整改。七家石材加工企业在收到停产整改通知后，在未完成环境保护设施建设和报请验收的情形下，仍擅自开工生产并继续向清水江排污，违反《建设项目环境保护管理条例》规定。

2014 年 8 月 15 日，×× 县人民检察院向 ×× 县环保局发出检察建议。2015 年 11 月 11 日，×× 县环保局责令 A 公司、B 公司立即停止生产。12 月 1 日，×× 县环保局对 A 公司和 B 公司分别作出罚款 1 万元的行政处罚，但未向检察院作出书面回复。

2015 年 12 月 18 日，×× 县人民检察院以公益诉讼起诉人身份向福泉市人民法院提起行政公益诉讼。2016 年 1 月 13 日，福泉市人民法院依法作出一审判决，确认被告 ×× 县环保局在 2014 年 8 月 5 日至 2015 年 12 月 31 日对 A 公司、B 公司等企业违法生产怠于履行监督管理职责的行为违法。一审宣判后，×× 县环保局未上诉，判决生效。

检察机关履职过程

×× 县人民检察院在开展督促起诉工作中发现，A 公司等七家企业没有按该县环保局要求停产整改，故向该县环保局发出检察建议，建议该县环保局及时跟进对上述七家企业的督促与检查，对于不按要求整改的企业依法依规进行处罚，并对情况作出书面回复。2015 年 4 月 16 日，×× 县人民检察院发现 A 公司和 B 公司仍未修建环保设施，且一直生产、排污，遂再次向该县环保局发出检察建议，督促其履行监督管理职责，对 A 公司和 B 公司的违法行为进行制止和处罚并书面回复。对于上述检察建议，×× 县环保局均逾期未答复，也未依法履行监督管理职责，督促违法企业停业整改。2015 年 11 月 11 日，×× 县环保局责令 A 公司、B 公司停产，12 月 1 日，对 A 公司和 B 公司分别处以罚款一万元的行政处罚，但仍未向检察院作出书面回复。

×× 县人民检察院经调查核实，没有公民、法人和其他社会组织因 A 公司和 B 公司非法排污行为提起相关诉讼。2015 年 12 月 18 日，×× 县人民检察院根据《贵州省高级人民法院关于环境保护案件指定集中管辖的规定（试行）》，以公益诉讼起诉人身份向福泉市人民法院提起行政公益诉讼，诉求判令：一、确认 ×× 县环保局对 A 公司、B 公司等企业违法生产怠于履行监督管理职责的行为违法；二、判令 ×× 县环保局履行行政监督管理职责，依法对 A 公司、B 公司进行处罚。

×× 县人民检察院认为：一、×× 县环保局具有环境保护工作监督管理的职责。根据《中华人民共和国环境保护法》第十条规定，×× 县环保局作为 ×× 县的环境保护主管部门，监督管理本县生态环境保护工作是其法定职责。二、×× 县环保局明知生产企业违法却没有有效制止。×× 县环保局发现 A 公司、B 公司等七家企业的违法行为后，虽责令违法企业限期整改，但并未继续就整改情况进行监督管理。经检察机关多次督促，仍未履行环境保护的监督管理职责，导致排污企业的违法行为未得到制止，其怠于履行职责的行为与其行政职能是相违背的。三、国家和社会公共利益未脱离被侵害状态。×× 县环保局不依法及时履行职责，继续放任上述企业违法生产，进一步加剧清水江的水质污染和生态破坏。污水中高浓度悬浮物常年沉积于河床，还将给下游水库的行洪、泄洪带来安全隐患，国家和社会公共利益受到更加严重的侵害。

2015 年 12 月 24 日，×× 县环保局向 ×× 县人民检察院书面回复，称其已对 A 公司、B 公司予以处罚。2015 年 12 月 29 日，×× 县人民检察院经现场查看，发现这两个公司仍在生产，污水在未经有效处理的情况下排入清水江。2015 年 12 月 31 日，×× 县人民政府组织国土、环保、安监等部门，开展非煤矿山集中整治专项行动，对清水江沿河两岸包括 A 公司、B 公司在内存在环境违法行为的石材加工企业全部实行关停。

庭审过程中，××县人民检察院申请撤回诉讼请求中的第二项，即判令××县环保局履行行政监督管理职责，依法对A公司、B公司进行处罚的诉讼请求。

2016年1月13日，福泉市人民法院依法作出一审判决，确认被告××县环保局在2014年8月5日至2015年12月31日对A公司、B公司等企业违法生产怠于履行监督管理职责的行为违法。

法条索引

《中华人民共和国民事诉讼法》(2012)

第三十八条　上级人民法院有权审理下级人民法院管辖的第一审民事案件；确有必要将本院管辖的第一审民事案件交下级人民法院审理的，应当报请其上级人民法院批准。

下级人民法院对它所管辖的第一审民事案件，认为需要由上级人民法院审理的，可以报请上级人民法院审理。

《中华人民共和国行政诉讼法》(2014)

第十八条　行政案件由最初作出行政行为的行政机关所在地人民法院管辖。经复议的案件，也可以由复议机关所在地人民法院管辖。

经最高人民法院批准，高级人民法院可以根据审判工作的实际情况，确定若干人民法院跨行政区域管辖行政案件。

《中华人民共和国环境保护法》(2014)

第十条　国务院环境保护主管部门，对全国环境保护工作实施统一监督管理；县级以上地方人民政府环境保护主管部门，对本行政区域环境保护工作实施统一监督管理。

县级以上人民政府有关部门和军队环境保护部门，依照有关法律的规定对资源保护和污染防治等环境保护工作实施监督管理。

第四十一条　建设项目中防治污染的设施，应当与主体工程同时设计、同时施工、同时投产使用。防治污染的设施应当符合经批准的环境影响评价文件的要求，不得擅自拆除或者闲置。

《最高人民法院关于审理环境民事公益诉讼案件适用法律若干问题的解释》(2014)

第七条　经最高人民法院批准，高级人民法院可以根据本辖区环境和生态保护的实际情况，在辖区内确定部分中级人民法院受理第一审环境民事公益诉讼案件。

中级人民法院管辖环境民事公益诉讼案件的区域由高级人民法院确定。

《最高人民法院关于行政案件管辖若干问题的规定》(2007)

第五条　中级人民法院对基层人民法院管辖的第一审行政案件，根据案件情况，可以决定自己审理，也可以指定本辖区其他基层人民法院管辖。

第九条　中级人民法院和高级人民法院管辖的第一审行政案件需要由上一级人民法院审理或者指定管辖的，参照本规定。

《建设项目环境保护管理条例》(1998)

第二十八条　违反本条例规定，建设项目需要配套建设的环境保护设施未建成、未经验收或者经验收不合格，主体工程正式投入生产或者使用的，由审批该建设项目环境影响报告书、环境影响报告表或者环境影响登记表的环境保护行政主管部门责令停止生产或者使用，可以处10万元以下的罚款。

案例评析

近年来，随着经济社会快速发展，企业非法排污问题不断凸显。在此背景下，环保主管部门应当积极履行法定职责，加大对非法排污行为的管理和处罚力度。对于履职不到位致使生态环境持续受损的环保部门，人民检察院应通过行政公益诉讼的方式予以敦促和追责。目前，我国行政公益诉讼尚处实践探索阶段，相关法律制度也正在构建与完善。从实践来看，行政公益诉讼相较于其他类型的诉讼存在诸多难点，主要集中于如何判断行政机关履行法定职责是否到位、何种情形下适用指定集中管辖等。×× 县人民检察院诉 ×× 县环保局行政公益诉讼案，是公益诉讼试点后全国首例法院判决的行政公益诉讼案件，该案还被评为2016年度十大法律监督案例，入选了最高人民检察院发布的指导案例，极具典型意义。本案对前述行政公益诉讼难点问题均有所涉及，为办理同类案件提供了有益的参照。

1. 生态环境民事和行政案件指定集中管辖的适用

改革开放以来，我国经济社会的高速发展导致生态环境问题日益凸显，生态环境欠账不断增加。而为了地方经济利益或者其他需要，缺乏履职意识，个别地方主管部门包庇纵容违法行为，不乏弄虚作假、敷衍塞责等行为，有关组织、检察院、法院在环境公益诉讼中也受制于种种地方保护，对行政机关追责困难重重。特别是在检察机关提起公益诉讼的试点过程中，有的地方行政机关担心影响地方政府形象，对试点工作不表态、不配合；有的则在收到检察建议后，虽有回复但并未进行实质性整改，或仅纠正部分违法行为（林海伟 等，2020）。为尽可能维护司法公正，加之生态环境保护的复杂性、系统性、区域性，确立集中管辖制度就显得非常必要。

《中华人民共和国民事诉讼法》第三十八条、《中华人民共和国行政诉讼法》第十八条第二款、《最高人民法院关于审理环境民事公益诉讼案件适用法律若干问题的解释》第七条、《最高人民法院关于行政案件管辖若干问题的规定》第五条和第九条，明确了生态环境相关的民事、行政案件指定集中管辖的依据。根据前述规定，生态环境民事、行政案件可以根据审判工作的实际情况，指定集中管辖。在生态环境案件中运用集中管辖模式，有利于避免对跨行政区划环境污染分段治理、各自为政；有利于在对区域内污染情况进行整体评估的基础上，统一司法政策和裁判尺度，实现司法裁判法律效果和社会效果的统一；有利于避免因按行政区划管辖案件带来的地方保护（林海伟 等，2020）。

首先，集中管辖制度是对“争抢管辖”的有力遏制。从法律规定来看，我国早已禁止以牺牲环境为代价追求经济增长，但实践中，一些经济落后地区为了实现经济发展或是基于错误的政绩观，违反生态环境保护要求的做法仍然存在。法院在案件审理过程中不可避免会受到地方行政部门的干预，甚至存在相互博弈、利益置换的现象，极大地影响了公益诉讼目的的实现。

其次，集中管辖是统一裁判尺度的需要。随着环境司法专门化的发展，我国环境审判机构数量不断增加，形成了民事、刑事、行政以及执行等“三合一”甚至“四合一”的审理模式。为满足生态环境保护的现实需要，跨区域设置环境司法机构已成为共识，构建了以生态系统、生态功能区为单位的跨区集中管辖机制，形成与非集中管辖相互配合、相互支持的系统，发挥了积极的作用（董邦俊，2022）。根据《中华人民共和国立法法》第八十二条的规定，有关环境保护事项的地方政府规章制定权限可以扩张至设区的市、自治州的人民政府。该条规定的初衷是鼓励地方政府在环境保护方面作出因地制宜、因时制宜的变通，但因各地在区位特点、经济发展状况、制定法规规章水平等方面差异较大，易导致同类案件裁判尺度不统一的风险。以长江流域为例，长江流经青海、西藏、四川、云南、重庆、湖北、湖南、江西、安徽、江苏、上海等十余个省（自治区、直辖市），覆盖百余个大中城市。若是长江流域某河段发生水源污染，可能引发数个地区乃至同一地区不同法院的类案诉讼，类案不同判将严重损害司法权威，而集中管辖则可有效避免“分段整治”带来的乱象，让环境司法有序进入轨道（卜文淇，2022）。

最后，集中管辖有助于推进环境司法专门化。鉴于不同地区环境要素不同，环境资源案件量也存在差异。有的法院现有审判力量无法满足日益增长的案件数量需求；而有的法院虽然成立了环境资源审判庭，却处于“无米下锅”的尴尬境地。集中管辖恰恰是建立在审判力量与案件数量大数据分析下的平衡之举，是推动有限审判资源转化为司法工作成效的有力举措。再者，环境公益诉讼的审理需要具备较强专业水平、业务能力精湛、审判经验丰富的工作队伍，通过集中管辖可优化人员配置，符合当前环境案件审理的现实需要。

在本案中，×× 县人民检察院根据《贵州省高级人民法院关于环境保护案件指定集中管辖的规定（试行）》，以公益诉讼起诉人身份向福泉市（属于贵州省黔南布依族苗族自治州）人民法院提起行政公益诉讼。本案被告 ×× 县环保局与审判机关福泉市人民法院隶属于同省异市，符合《最高人民法院关于审理环境民事公益诉讼案件适用法律若干问题的解释》第七条的规定①。

我国环境公益诉讼尚处于发展过程中，健全具体制度任重而道远。本案的起诉依据为贵州省高级人民法院出台的试行规定，其效力和适用范围均受到较大限制，这就迫切需要建立健全跨区域集中管辖制度。该案审结后，多个省、市相继推出《关于集中管辖环境资源案件的通知》等相关文件，充分说明跨区域集中管辖问题得到了更多关注，相关制度构建也在不断推进。

2. 行政机关履行法定职责到位的标准延伸

行政机关是否履职到位，应从合法性、合理性、有效性三个标准进行判断。值得注意的是，最高检 137 号指导案例将“行政相对人的违法行为是否得到有效制止，行政机关是否充分、及时、有效采取法定监管措施，环境公益是否得到有效保护”作为行政机关履职到位的三个标准。从制度设立目的看，有效性（具体表现为行政相对人停止违法行为）应为最重要的标准，行政机关履职的有效性审查是行政公益诉讼的核心任务。

首先，应明确行政机关是否为适格被告，具体应着重就是否负有法定职责进行审查。在认定法定职责来源时，除法律、法规、规章等以外，还需将三定（定机构、定职能、定编制）方案、权力清单、先行为、行政协议、自认义务等纳入“法定”范围，从级别管辖、地域管辖、职责范围管辖三方面认定行政机关的法定职责。其中，

① 该条规定，经最高人民法院批准，高级人民法院可以根据本辖区环境和生态保护的实际情况，在辖区内确定部分中级人民法院受理第一审环境民事公益诉讼案件。

就管理职责是否可以认定为法定职责，考虑到行政机关的不作为可直接侵害环境公益，而维护环境公益不仅是管理职责的设置目的，也是环境行政公益诉讼的制度目标，因而应将管理职责纳入法定职责范畴。而且,《中华人民共和国环境保护法》第十条规定："国务院环境保护主管部门，对全国环境保护工作实施统一监督管理；县级以上地方人民政府环境保护主管部门，对本行政区域环境保护工作实施统一监督管理。县级以上人民政府有关部门和军队环境保护部门，依照有关法律的规定对资源保护和污染防治等环境保护工作实施监督管理。"可见，生态环境主管部门的管理职责已作为法定义务确立下来。

其次，行政机关履职行为应符合法定程序，体现行政机关勤勉程度，并满足案件时效性要求，具体应从行政机关是否依法、充分、及时采取法定监管措施三个方面进行审查（张力 等，2021）。是否"依法"可以通过履职行为的合法性予以审查。审查行政机关是否充分采取法定监管措施，应在区分职责类型的基础上加以分析。因监管职责与管理职责的职权属性不同，行政机关的履职行为特征也存在较大差异。基于监管职责而实施的履职行为大多为实现环境公益目的而对行政相对人课以法定义务或责任，为保障行政相对人的合法权益不受侵犯，法律法规、规章等对该类履职行为的启动条件、程序步骤等均有明确、严格的规定，审查该类履职行为可适用明确的法定标准；而基于管理职责实施的履职行为以授益、协调、指导、报告为手段，法律法规、规章等通常未对其程序进行特别严格的规制，故可依据行政法学精神与原则进行审查，如是否超越职权、滥用职权，是否不当课以行政相对人义务，是否对公共利益造成不当损害等（张力 等，2021）。"充分"则着重于行政机关勤勉程度的审查，当行政机关提出履职不到位的抗辩时，应对其理由是否合理进行实质性审查。"及时"强调审查行政机关履职的时效性，即在确定履职期起算点与履职期限基础上，判断行政机关采取法定监管措施是否"及时"。因案件争点为"检察机关关于行政机关收到检察建议后不履行法定职责的主张是否成立"，故履职期起算点应为行政机关收到检察建议之日。履职情况应区分情况进行讨论，一般情况下应以《关于检察公益诉讼案件适用法律若干问题的解释》所确定的两个月履职期限为准，但法律法规对履职期限另有规定的除外；紧急情况下则应按照应急突发处置的相关法律法规确定期限为准，如无明确规定，可参照行政机关执法管理及处理类似案件的经验来确定合理期限。

再次，从对行政机关不履职的认定来看，根据履职程度不同，不履行行政职责的形态可分为三种：不予回复、未实际履行、未完全履行（王红建，2022）。不予回复是指对于收到检察建议后不予回复的行为，一般可直接认定为不履职行为，这种情形在行政公益诉讼中极为少见。检察机关检察建议的性质属于一种公权力行为，被建议对象有回复的义务。但这并不意味着检察建议具有强制性，对于检察建议，行政机关可以选择是否采纳，但不论采纳与否必须予以回复，不回复即为不作为。与行政公益诉讼不同的是，虽然普通行政案件中也存在不予回复的默示拒绝行为，但却不能由此直接得出不作为的结论。未实际履行是指行政机关未采取法定的处理措施行为，而是仅采取了调查、转递、答复、报告等辅助性行为，但此类行为对保护国家利益或者社会公共利益并未产生实质的积极作用。本案中行政相对人的违法行为和环境公益受侵害状态仍在持续，×× 县环保局却未依法履行监督管理职责、督促违法企业停业整改，故其行为应当认定为未实际履行。未完全履行也称为不当履行或瑕疵履行，是指行政机关虽然实施了履行法定职责的行为，但没有达到履行目的的情形，其主要表现是未按照法定要求履行或者履行不到位、履行不符合规定。

最后，履行生态环境的监督管理职责极具复杂性，检察机关在判断行政机关是否尽到法定职责时，可以将行政相对人的违法行为是否因行政行为而终止，以及未继续对生态环境造成进一步损害作为判断标准。生态环境主管部门的职责是维护环境公益，重点在于取得保护效果而非履行职责本身。如行政机关的检查行为本质是敦促行政相对人及时停止违法行为，行政机关若仅进行例行检查、责令整改，而无后续的惩罚措施，其履职行为就没有实际意义，也产生不了积极效果。本案中，×× 县环保局发现非法排污行为后责令有关企业停产整改，然而相关企业仍进行非法排污，×× 县环保局也未进行持续监管，甚至面对检察院多次发出检察建议，×× 县环保局仍未积极实施履职行为。×× 县环保局的不作为和企业的持续排污之间具有直接因果关系，也造成了当地生态环境公益持续受损。

目前，判断行政机关履职是否到位主要有行为基准和结果基准（王清军，2020）。显然，两种标准各有侧重。从诉讼目的和实践效果来看，应将结果基准作为基本的判断标准。结果基准是指将行政机关作为义务履行的结果，包括违法行为是否停止、生态环境是否恢复等与环境公共利益相关联的效果，作为判断其是否全面履行作为义务的基准（王清军，2020）。结果基准并不关注行政机关作出了多少行为，而主要关注最终结果是否能够“全面”维护环境公共利益。就此，多地审理的案件可予以佐证。在吉林省某市某区人民检察院诉该市水利局一案（参见吉林省通化市东昌区人民法院（2018）吉 0502 行初字第 7 号行政判决书）中，法院认为，对于哈尼河流域存在的筑坝造田等违法行为，被告应依法履行日常监管、行政处罚等职责。但被告对存在的违法现象并未实质性消除，故判定被告未能有效履行作为义务。重庆市某区人民检察院诉该区城市管理局一案（参见重庆市江津区人民法院（2018）渝 0116 行初字第 213 号行政判决书）中，法院认为，由于竹木市场附近长江河道内堆放的建筑垃圾未全面清除，区城市管理局存在不完全履行作为义务的情形。云南 ×× 县人民检察院诉该县水务局一案（参见云南省元谋县人民法院（2018）云 2328 行初字第 9 号行政判决书）中，法院认为，公益诉讼起诉人发出检察建议后，龙王庙段河道内的行洪安全隐患仍然未全面清除，河道内生态环境仍未得到有效修复，故被告存在着不依法全面履职的违法行为。可见，对于行政机关是否全面履行作为义务的认定，结果基准强调"实质效果"，即审查判断行政机关的行为结果是否实质性地维护了环境公共利益。行政机关即便穷尽了所有可采取的执法手段，但如果未能带来环境公共利益的实质性好转，即应认定行政机关未完全履行作为义务。

从行政机关的履职内容来看，生态环境主管部门重在实现环境保护效果而非进行惩处，故而行政机关履职到位审查实质上是有效性审查（康欣颖 等，2019）。在生态环境执法中，"责令停止生产"应区别于具有行政处罚性质的"责令停产停业"。具体区别体现在：首先，处罚类的"责令停产停业"是一种行为罚，是通过限制其行为能力或资格，间接影响财产权，其前提是针对合法生产、有能力或资格的行为。而在生态环境执法中，建设项目环保设施未建成、未经验收或者验收不合格即投入生产，抑或生产未取得许可证，企业的生产行为本身违法，对违法生产进行禁止并不具有惩罚性。其次，"责令停止生产"含义具有多样性，若停止生产的范围仅限于非法生产，并未对其合法生产进行禁止，则其目的在于消除违法状态、恢复管理秩序、维护环境生态，也不具有惩罚目的，与"责令停产停业"这一行政处罚措施截然不同。

指导意义

行政机关违法作为或不作为是人民检察院提起行政公益诉讼的前提条件。实践中，环境保护执法是一项连续性、持续性强的执法工作，检察机关在判断行政机关是否尽到生态环境和资源监管保护的法定职责时，行政相对人违法行为是否停止可以作为一个判断标准。行政机关虽有执法行为，但没有依照法定职责执法到位，导致行政相对人的违法行为仍在继续，造成生态环境和资源受到侵害的后果，经人民检察院督促依法履职后，行政机关在一定期限内仍然没有依法履职到位，国家和社会公共利益仍处在被侵害状态，人民检察院可以将行政机关作为被告提起行政公益诉讼。

生态环境保护民事、行政案件可以指定集中管辖。根据《中华人民共和国民事诉讼法》第三十八条、《中华人民共和国行政诉讼法》第十八条第二款、《最高人民法院关于审理环境民事公益诉讼案件适用法律若干问题的解释》第七条、《最高人民法院关于行政案件管辖若干问题的规定》第五条、第九条的规定，生态环境保护民事、行政案件可以根据审判工作的实际情况，指定集中管辖。生态环境保护民事、行政案件采取集中管辖模式，有利于避免对跨行政区划环境污染分段治理、各自为政、治标不治本的问题；有利于在对区域内污染情况进行整体评估的基础上，统一司法政策和裁判尺度，实现司法裁判法律效果和社会效果的统一；有利于避免因按行政区划管辖案件带来的地方保护。

十六、江苏省灌南县人民检察院诉苏某甲、李某某等非法采矿案

案情介绍

2017年3月29日至5月11日，苏某甲、李某某在未取得海砂开采海域使用权证和采矿许可证的情形下，以航道清淤名义组织和指挥杨某某、苏某乙等人，用“搏某166”采砂船多次在江苏省连云港市赣榆区东侧海砂禁采区和生态红线保护区所涉海域采挖海砂，累计采砂22944.15米^3；其中，22200米^{3}海砂销售给时某某等人，744.15米^{3}海砂于2017年5月11日在上述海域实施非法采砂行为时被当场查获。2017年7月20日，连云港市赣榆区公安局组织人员将现场查获的海砂运回采砂地点，全部回填入海。期间，时某某明知苏某甲、李某某非法采砂，仍接受其请托，介绍人员到“搏某166”采砂船上领航开船、联络采砂并多次收购海砂，数量共计10300米^3，价值60余万元。按照诉讼程序，江苏省灌南县人民检察院认为被告人苏某甲、李某某、杨某某、苏某乙、时某某犯非法采矿罪，被告人苏某乙犯寻衅滋事罪，向江苏省灌南县人民法院提起公诉。灌南县人民法院分别于2019年7月12日、8月14日和2020年7月10日作出刑事判决，判决被告人苏某甲犯非法采矿罪，判处有期徒刑三年一个月，并处罚金30万元；判决被告人杨某某犯非法采矿罪，判处有期徒刑一年六个月，并处罚金10万元；判决被告人李某某犯非法采矿罪，判处有期徒刑二年六个月，并处罚金40万元；判决被告人时某某犯非法采矿罪，判处有期徒刑一年五个月，并处罚金10万元；判决被告人苏某乙犯非法采矿罪，判处有期徒刑一年四个月，并处罚金5万元，犯寻衅滋事罪，判处有期徒刑一年五个月，两罪并罚，决定执行有期徒刑二年六个月，并处罚金5万元。

2019年5月23日，灌南县人民检察院作为公益诉讼起诉人向灌南县人民法院提

起附带环境民事公益诉讼，灌南县人民法院依法组成合议庭并进行公开开庭审理。法院依照《中华人民共和国侵权责任法》第八条、第六十五条，《中华人民共和国刑事诉讼法》第一百零一条、《中华人民共和国民事诉讼法》第五十五条，《最高人民法院、最高人民检察院关于检察公益诉讼案件适用法律若干问题的解释》第二十条之规定，判决如下：

一、被告苏某甲、李某某、苏某乙、杨某某于本判决生效之日起十五日内连带赔偿因采砂所造成的底层栖息生物资源损失、海砂生态价值损失、受损海床生物多样性期间损失、评估费合计 102.8 万元，被告时某某在 60 万元范围内承担连带责任（被告李某某、杨某某、时某某已预交 63 万元，被告苏某甲、李某某、苏某乙、杨某某还应连带赔偿 39.8 万元，被告时某某不再承担赔偿责任）。

二、被告人苏某甲、李某某、苏某乙、杨某某、时某某于本判决生效之日起三十日内在江苏省省级以上媒体对本案非法采砂行为进行道歉，道歉内容须经法院审核方能发布。

该案现已审理终结，判决已经生效。

检察机关履职过程

在侦办该起系列非法开采海砂案件的过程中，灌南县人民检察院认为，涉案被告的非法采砂行为持续时间长，对海洋生态环境破坏严重，损害数额较大，对公共利益的负面影响恶劣，经公告且无适格主体提起民事公益诉讼的情况下，先后经江苏省海洋水产研究所、生态环境部环境规划院评估，采砂引起的相关海域海洋生态系统的海床损害、受损海床生物多样性期间损失、生物资源损失等合计 90.8 万元。灌南县人民检察院于 2019 年 1 月 23 日公告了案件相关情况，公告期内未有法律规定的机关和有关组织提起民事公益诉讼。依照相关法律规定，灌南县人民检察院提起环境民事公益诉讼。

案件受理后，灌南县人民法院依法组成合议庭，公开开庭审理了本案。公益诉讼起诉人灌南县人民检察院的诉讼请求为：一、判令被告苏某甲、李某某、杨某某、苏某乙、时某某通过回填海砂等方式连带修复被其违法行为损害的海洋生态环境或连带赔偿生态环境修复费 90.8 万元；二、被告苏某甲、李某某、杨某某、苏某乙、时某某连带赔偿调查评估费 12 万元；三、苏某甲、李某某、杨某某、苏某乙、时某某在媒体公开赔礼道歉。

五被告均同意赔偿，愿意道歉。但被告李某某对起诉人所诉损失、评估机构鉴定资质、修复方案的合理性提出抗辩；被告杨某某辩称对非法采砂不知情的部分不应承担责任；被告苏某乙就其与苏某甲的劳务关系和责任承担以及鉴定意见的准确性作出抗辩；被告时某某辩称仅应在购买海砂的相应范围内承担责任。

案件经审理后，结合公益诉讼起诉人的诉讼请求，根据双方当事人的辩论意见，并综合考量本案案情及市场价值等，法院认定本案非法采砂造成的底层栖息生物资源损失为2.25万元，海砂生态价值损失为26.48万元，受损海床生物多样性期间损失为62.07万元，评估费为12万元，合计102.8万元。被告苏某甲、李某某、苏某乙、杨某某应连带赔偿102.8万元，被告时某某应在购买海砂价款60万元的范围内承担连带责任；被告李某某、杨某某、时某某已预交共计63万元，故被告苏某甲、李某某、苏某乙、杨某某还应连带赔偿39.8万元，被告时某某不再承担赔偿责任。

法条检索

《中华人民共和国民法典》(2020)

第一千一百六十八条　二人以上共同实施侵权行为，造成他人损害的，应当承担连带责任。

第一千二百二十九条　因污染环境、破坏生态造成他人损害的，侵权人应当承担侵权责任。

第一千二百三十四条　违反国家规定造成生态环境损害，生态环境能够修复的，国家规定的机关或者法律规定的组织有权请求侵权人在合理期限内承担修复责任。侵权人在期限内未修复的，国家规定的机关或者法律规定的组织可以自行或者委托他人进行修复，所需费用由侵权人负担。

第一千二百三十五条　违反国家规定造成生态环境损害的，国家规定的机关或者法律规定的组织有权请求侵权人赔偿下列损失和费用：

（一）生态环境受到损害至修复完成期间服务功能丧失导致的损失；

（二）生态环境功能永久性损害造成的损失；

（三）生态环境损害调查、鉴定评估等费用；

（四）清除污染、修复生态环境费用；

（五）防止损害的发生和扩大所支出的合理费用。

《中华人民共和国环境保护法》(2014)

第六十四条　因污染环境和破坏生态造成损害的，应当依照《中华人民共和国侵权责任法》的有关规定承担侵权责任。

《中华人民共和国刑事诉讼法》(2013)

第九十九条　被害人由于被告人的犯罪行为而遭受物质损失的，在刑事诉讼过程中，有权提起附带民事诉讼。被害人死亡或者丧失行为能力的，被害人的法定代理人、近亲属有权提起附带民事诉讼。

如果是国家财产、集体财产遭受损失的，人民检察院在提起公诉的时候，可以提起附带民事诉讼。

《中华人民共和国民事诉讼法》(2017)

第五十五条　对污染环境、侵害众多消费者合法权益等损害社会公共利益的行为，法律规定的机关和有关组织可以向人民法院提起诉讼。

人民检察院在履行职责中发现破坏生态环境和资源保护、食品药品安全领域侵害众多消费者合法权益等损害社会公共利益的行为，在没有前款规定的机关和组织或者前款规定的机关和组织不提起诉讼的情况下，可以向人民法院提起诉讼。前款规定的机关或者组织提起诉讼的，人民检察院可以支持起诉。

《最高人民法院关于审理海洋自然资源与生态环境损害赔偿纠纷案件若干问题的规定》(2017)

第七条　海洋自然资源与生态环境损失赔偿范围包括：

(一)预防措施费用，即为减轻或者防止海洋环境污染、生态恶化、自然资源减少所采取合理应急处置措施而发生的费用；

(二)恢复费用，即采取或者将要采取措施恢复或者部分恢复受损害海洋自然资源与生态环境功能所需费用；

(三)恢复期间损失，即受损害的海洋自然资源与生态环境功能部分或者完全恢复前的海洋自然资源损失、生态环境服务功能损失；

(四)调查评估费用，即调查、勘查、监测污染区域和评估污染等损害风险与实际损害所发生的费用。

第八条　恢复费用，限于现实修复实际发生和未来修复必然发生的合理费用，包括制定和实施修复方案和监测、监管产生的费用。

未来修复必然发生的合理费用和恢复期间损失，可以根据有资格的鉴定评估机构依据法律法规、国家主管部门颁布的鉴定评估技术规范作出的鉴定意见予以确定，但当事人有相反证据足以反驳的除外。

预防措施费用和调查评估费用，以实际发生和未来必然发生的合理费用计算。

责任者已经采取合理预防、恢复措施，其主张相应减少损失赔偿数额的，人民法院应予支持。

《最高人民法院、最高人民检察院关于检察公益诉讼案件适用法律若干问题的解释》（2018）

第二十条 人民检察院对破坏生态环境和资源保护、食品药品安全领域侵害众多消费者合法权益等损害社会公共利益的犯罪行为提起刑事公诉时，可以向人民法院一并提起附带民事公益诉讼，由人民法院同一审判组织审理。

人民检察院提起的刑事附带民事公益诉讼案件由审理刑事案件的人民法院管辖。

《最高人民法院关于审理环境侵权责任纠纷案件适用法律若干问题的解释》（2015）

第八条　对查明环境污染案件事实的专门性问题，可以委托具备相关资格的司法鉴定机构出具鉴定意见或者由国务院环境保护主管部门推荐的机构出具检验报告、检测报告、评估报告或者监测数据。

案例评析

近年来，海洋自然资源与生态环境损害相关案件数量不断增加，特别是在非法开采海砂、非法捕捞等对海洋生态环境造成严重破坏的背景下，通过环境民事公益诉讼、行政公益诉讼和刑事附带民事公益诉讼强化对海洋自然资源和生态环境的保护具有不可替代的作用。目前，我国海洋环境公益诉讼仍处于实践探索阶段，相关制度尚处于构建过程中。为明确海洋生态环境损害赔偿案件司法裁判规则，先后出台两个司法解释，即 2018 年 1 月出台的《最高人民法院关于审理海洋自然资源与生态环境损害赔偿纠纷案件若干问题的规定》（以下简称《若干规定》）及 2022 年 5 月出台的《最高人民法院、最高人民检察院关于办理海洋自然资源与生态环境公益诉讼案件若干问题的规定》（以下简称《公益诉讼若干规定》）。本案发生在《公益诉讼若干规定》出台之前，适用的是《若干规定》。相较于其他类型的环境要素，海洋生态环境具有显著的复杂性和特殊性，这就决定了海洋环境公益诉讼案件的审理与裁判过程必然面临诸多与涉其他环境要素公益诉讼不同的问题，需破解诸多难点，这些难点集中于海洋生态环境损害范围、生态环境损害赔偿责任承担方式、鉴定评估报告效力、赔偿标准确定等方面。本案作为最高人民检察院公布的一起典型案例，对海洋环境公益诉讼中生态环境损害赔偿范围的认定、责任承担方式的采用、鉴定评估报告的采信、赔偿标准的确定等，极具研究价值。

1. 海洋生态环境损害范围的认定

我国正在构建生态环境损害赔偿制度，海洋生态环境损害赔偿制度是其重要组成部分。《若干规定》中明确海洋生态环境损害的赔偿范围包括预防措施费用、恢复费用、恢复期间损失及调查评估费用。此外，《生态环境损害赔偿制度改革方案》所规定的生态环境损害赔偿范围增加了清除污染的费用及生态环境功能永久性损害造成的损失，但未规定预防措施的费用。两个文件的规定涵盖的赔偿范围存在差异，导致实践中难以准确把握。这就需要通过实践总结经验来明确赔偿范围，才能公平、高效处理海洋生态环境损害赔偿案件，提供具有可操作性的规则指引。

本案中，法院予以确认的海洋生态环境损害赔偿范围包括底层栖息生物资源损失、海砂生态价值损失、受损海床生物多样性期间损失和相关评估费用。其中，原、被告双方针对非法开采海砂是否对海洋生态环境造成损害存在不同意见。公益诉讼起诉人根据鉴定评估报告主张，采砂行为改变海湾生境原始海床结构，影响海床稳定性，减少水源涵养量，对水质和海洋生境的改变间接影响水生物，海床结构受损体积为2.559万米^3（抽砂体积2.29万米^3× 膨胀系数1.1176），水源涵养减少量为1.21万吨（抽砂体积2.29万米^3× 膨胀系数1.1176× 水中松散砂土的密度1.868吨/米^3× 水中松散砂土的含水比例25.4%），共计22238.82元，这部分损失也涵盖在其诉请的赔偿金额中。被告则提出本案所采海砂并非海洋海床结构海砂，采砂未对海洋生态环境造成损害。

最终法院支持了公益诉讼起诉人的诉讼主张。认定的原因有二：一是被告的主张未提供证据证实，应承担举证不利的后果。二是根据查明的事实，本案采砂区域是连云港市赣榆区海头镇东侧海砂禁采区和生态红线保护区海域，采砂行为影响该区域水文动力环境，海洋底部表层砂层被吸走需要通过较长时间方能建立新的相对稳定的沉积物环境，采砂洗砂过程中形成局部区域含沙量骤升会对海洋水质产生影响，降低海洋中浮游生物和仔稚鱼资源等的生产力和免疫力，危害海洋生态系统，而采砂结束后形成的采砂坑需要较长时间才能恢复到原地形地貌，采砂行为已对海洋生态环境造成损害（范伟义 等，2021）。综合以上两点，故未采信被告意见。从认定的两点原因来看，被告对其主张未提供证据证明，即应承担不利的法律后果，特别是采砂行为发生在海砂禁采区和生态红线保护区，在保护区域内实施非法采砂行为，对海底生态环境的损害不难论证，且有鉴定评估报告结论的支撑，法院作出相应认定实属合理。

与海底生态环境损害认定相关，在生态环境损害赔偿范围中存在争议的还有海砂价值损失。关于海砂价值损失是否应当计入海洋生态环境损害范围，有观点认为，公益诉讼的范围应当是针对生态环境损害，盗采海砂并非生态环境的损失，而且《海洋生态损害评估技术指南（试行）》中关于生态资源损害和财产损害的规定也是分离的。此外，在最高人民法院发布的《若干规定》中，海洋环境损害赔偿范围包括预防措施费用、恢复费用、恢复期间损失、调查评估费用等六类，海砂价值并未涵盖在内。但如果采砂行为对海床结构造成损害，可参考海砂价值来计算受损海床恢复工程费用，从而将海砂价值损失间接计入海洋生态环境损害范围之中。而得出非法开采海砂造成海床结构损害的结论，应通过现场调查、环境监测、数据分析、专家访谈、环境影响评价等方法，对开采海砂与海床结构受损之间的因果关系进行严密充分的说理论证。有专家指出，可从非法开采海砂导致海岸线后移、海岸崩塌、侵蚀等情况，推定海床结构受损的事实。基于海洋环境的复杂性，在实地监测不可行的情况下，应当审慎得出海床结构受损的结论。

正因如此，司法实践中对海砂价值损失的认定也做法不一。有的法院未做认定，如在海南非法采砂民事公益诉讼系列案（参见（2020）琼 72 民初 23、24、25、26 号判决书）中，海洋生态环境损害范围的认定如下：一、底栖生物、浮游动植物和鱼卵、仔稚鱼及其他水生生物死亡，导致海洋资源的直接损失；二、造成海水中悬浮物质的增加，水流、水温的变化，破坏海洋生态环境，影响水生生物繁衍生息以及珍稀物种如文昌鱼的保育；三、造成海底地形地貌改变，海岸线存在后移的潜在风险；四、采砂过程中柴油、垃圾等污染物排放，可造成海水水体和沉积物中有机污染物、重金属含量增加；五、其他损害，如干扰海洋科学研究和资源勘查开发。其认定的每开采 1000 米^{3}海砂的海洋生态修复费用为 126325 元，包含文昌鱼损失、底栖生物损失、沉积物污染修复、渔业资源损失、放流劳务费、技术支撑费、运输费等，海砂价值损失并未计入海洋生态环境损害范围之中。关于海砂价值损失，海口海事法院认为，因为很多海砂在查处后当场就回填入海，所以未考虑过计算海砂的价值。此外，一些评估专家也认为，非法采砂对海床结构的影响无法量化，且海洋自身有其修复能力，是否造成损害以及损害程度均无法准确评价。

本案中，认定非法采砂行为造成海砂生态价值损失为26.48万元，其依据为海床结构恢复工程费用，即以海床结构恢复工程费用作为海砂生态价值损失金额，具体是以海砂回填的方式作为标准进行计算。从本案判决书对责任承担方式的认定中可以看出，虽然认为回填海砂等方式修复受损环境不具可操作性，也不足以将受损生态环境修复到原有状态，但在确认生态环境损害赔偿范围时仍以回填方式计算海砂生态价值损失。就此问题下文还将进行讨论，在此不再赘述。这也是基于海洋生态环境的复杂性和特殊性，在尚未有统一标准的前提下，确定海洋生态环境损害所采取的折中方法，即将海砂价值损失转化为海床结构损失，作为生态功能永久性损害对待，将之纳入公益诉讼请求范围。实践中，审理非法开采江砂的案件时也有类似的做法。

其实，关于海砂价值是否应当计入非法采砂的环境损害赔偿范围，理论界和实务界的观点也并不一致。有部分学者和实务专家认为，海砂价值损失主要还是在于其财产属性，不应纳入生态环境损害范围，而且这也涉及刑事部分与公益诉讼责任承担的衔接问题，即是否重复追责。从司法实践来看，多数案件中海砂都涉及没收，仅有少数案件会追索海砂价值。此外，海砂价格认定也存在现实障碍，海砂不同于河砂、江砂，缺乏统一市场定价，故而价格认定也缺乏统一标准。故而，对于海砂价值损失是否应当计入海洋生态环境损害范围，以何种方式确定其价值，以及海砂价格如何计算，需尽快明确标准。

2. 海洋生态环境损害赔偿金额的确定

对已经损害社会公共利益或者具有损害社会公共利益重大风险的危害环境的行为，可判决环境污染者承担生态环境修复费用、生态环境受到损害至恢复原状期间服务功能损失等款项，用于修复被损害的生态环境。《最高人民法院关于审理环境民事公益诉讼案件适用法律若干问题的解释》第二十三条列举了法院认定生态环境修复费用应予考量的客观因素。海洋生态环境损害赔偿的基本前提为损害是具体和可量化的，损害的量化直接影响赔偿范围和金额。在一般侵权责任中，损害量化多有一定的公允方法，如采用市场交易价格、国家指导价等。但在海洋生态环境损害赔偿中，生态价值的量化缺乏明确依据，导致量化标准、方式和依据均不统一。

鉴于生态环境损害案件的复杂性和专业性，损害情况和损害结果往往需要通过专业的评估机构进行准确认定。因此，评估费用被纳入赔偿范围，往往也不存在争议。本案中发生的12万元评估费用于法有据，得到了法院支持。除鉴定评估费用外，法院认定的损失金额包括底层栖息生物资源损失、受损海床恢复工程费用以及受损海床生物多样性期间损失，主要是对评估报告中三项费用的计算范围、方式和金额的确认。具体而言，法院确认本案非法采砂造成的底层栖息生物资源损失为2.25万元，海砂生态价值损失为26.48万元，受损海床生物多样性期间损失为62.07万元，评估费为12万元，合计102.8万元。

首先，底层栖息生物资源损失。两家评估机构因计算方式的不同，在底层栖息生物资源损失赔偿金额方面存在细微差异。江苏省海洋水产研究所在本案采砂区域进行5次采样，确定底栖生物密度为40个/米^2、生物量为166.75克/米^2，结合本案采挖海砂影响海洋生境面积4445.544米^2，底栖生物的直接损失量741.294千克，按照持续性生物资源损害计算原则，确定本案采砂造成底栖生物损失为22238.82元。而生态环境部环境规划院采用不同计算方式，计算生物资源损失为2.25万元（评估区域生物资源密度×生物受影响的生境面积×每千克经济贝类市场价格×实际影响年限）。法院审查后认为，生态环境部环境规划院的计算方式更为合理，予以采纳。

其次，受损海床恢复工程费用。评估机构认为海床结构恢复工程费用为26.48万元，其计算方式为砂石回填单价与抽砂体积相乘。法院认为，开采海砂对海床结构造成损害，影响海洋生态环境，但也不宜采取回填等工程手段恢复，只能以与资源量等值的数额进行赔偿。对永久性损失的量化，以往鉴定采用市场价值法、成果参照法、替代工程法等来进行价值核算，而非法开采海砂案件，考虑到海洋生态环境的复杂性，其所造成的可以被观察到的生态环境损害难以确定，以及生态环境价值的核算本身尚未形成统一标准。只能通过相关证据，如采砂总量、采砂方式以及海砂价格等来确定海砂在该区域生态位中生态资源价值损失。因此，评估机构提出的该种修复举措虽存在争议，但本案采挖海砂造成海砂在该区域生态位中生态资源价值的损失客观存在，应予赔偿，同时鉴于损害后果缺乏科学的计算标准加以量化，评估报告提出以该项费用作为海洋生态资源价值损失金额，具有合理性，故法院对该项费用予以支持。

但值得注意的是，关于本案海砂价值的计算方法和计算单价，评估机构并未提供充分的科学依据和法律根据，似值得商榷。以回填方式计算海砂价值损失可以说有一定的合理性，但砂石回填单价按照11.54元/米^{3}计算，其依据并未予以明确。实践中，海砂价格认定存在难题。作为一种短期内不可再生资源，海砂具有财产属性，随着资源的迅速减少，天然海砂价格在持续上涨；因海砂没有统一市场定价，存在出水价、抵岸价、离岸后市场销售价等不同价格，因运输、销售地点的远近等因素也会导致较大的价格差异。而且，海砂不同于江砂，海砂含盐量高，销售还需经过洗砂等多道工序，也会产生较高费用。因此，海砂价格认定尚未形成统一的计算方式和计算标准。即便如此，评估机构将此部分损失计算进入海洋生态环境损害赔偿金额，就应当给出合理的定价依据，以增强价格认定的科学性。在本案判决中也缺乏对评估报告意见进行采信的论证，对此损失认定的说服力不足。笔者认为，除鉴定评估报告外，还应当结合其他证据和类案判决加以认定，综合确定合理的海砂价格。

最后，受损海床生物多样性期间损失。在海床受到损害至修复完成期间，因服务功能丧失导致生物多样性资源供给减少的损失属于海洋生态环境损害的赔偿范围。评估机构根据《环境损害鉴定评估推荐方法（第Ⅱ版）》（环发〔2014〕90号附件）确定的期间损失计算公式，考虑到海床结构恢复工程费用、完全恢复所需时间、损害程度、现值乘数推荐范围等因素，确定受损海床生物多样性期间损失为62.07万元。其计算方法亦符合相关鉴定评估规范，相关取值基本合理，故法院予以支持。

3. 海洋生态环境损害中鉴定评估报告的证明力

海洋生态环境损害鉴定评估是解决海洋生态环境损害纠纷的重要辅助手段，是确定损害行为与结果的关系、评定财产损失、量化生态价值的重要科技手段。通过科学的评估程序得出的评估结论，可为司法机关作出正确的裁判提供有力支撑（蔡先凤等，2016）。根据《关于审理环境侵权责任纠纷案件适用法律若干问题的解释》第八条，对查明环境污染案件事实的专门性问题，可以委托具备相关资格的司法鉴定机构出具鉴定意见或者由国务院环境保护主管部门推荐的机构出具检验报告、检测报告、评估报告或者监测数据。

本案中，生态环境部环境规划院为环境保护部（2018年改称生态环境部）2014年公布的第一批环境损害鉴定评估推荐机构，评估报告中绝大多数计算方法和计算依据符合相关规范，取值也基本合理，其结论被法院采纳，前述部分已有论及。同样，江苏省海洋水产研究所的评估报告也得到法院认可。该机构系经全国渔业水域污染事故技术审定委员会认定的专业评估机构，评估人员均具备专业职称，具备开展海洋生态环境损害评估的能力，评估程序亦符合相关鉴定评估技术规范。判决书还进一步强调，本案采砂损害物种没有人工批量育苗和放流先例，江苏省海洋水产研究所参考该区域海洋生态环境和渔场特点，采用替代物种进行增殖放流符合受损海洋生态环境修复需要，相关放流物种及尾数计算方式合理有据，故得到采信。

总体上看，本案中公益诉讼起诉人依据评估报告提出诉讼主张，法院也全部采纳了评估机构的结论，这也反映出包括海洋生态环境公益诉讼在内的环境公益诉讼，对鉴定评估意见的依赖程度极高。当然，这与生态环境损害的认定具有极强的专业性有关，且海洋生态环境损害的认定更为复杂，生态环境公益诉讼的当事人和司法机关就不得不依赖评估机构出具的专业意见和结论。特别是对法官而言，其与评估机构之间的关系更为微妙，既是评估结论的终端用户，也是决定鉴定评估证明力的裁判者，还是评估结论采纳与否的决定者。但由于相关问题的定性具有极高的科学性和专业性要求，法官虽然具有丰富的法律意识和经验，却缺乏对评估事项中所涉科学原理与技术手段的深入了解与必要知识储备，尤其对是否构成环境损害以及对损害程度的判断，可能并没有足够的科学知识为其提供帮助（张文河，2021），审查鉴定评估结论时天然处于弱势，故而应通过完善程序性规定来保障评估结论采信的合理与公平。但必须要认识到，技术鉴定只是法官认定事实的辅助手段，鉴定意见只是法官判断案件事实的证据之一，其本身不是也不能代替法官依职权作出的法律判断（王旭光，2016）。在实践中，那种只要鉴定机构具备资质、相应的手续合法，经双方质证，法院即予采信的做法，可能会使得评估意见的证明作用被不合理地放大，影响甚至左右判决结果。

4. 海洋生态环境损害责任的承担方式

环境民事公益诉讼的制度化和生态环境损害赔偿制度改革试点，推动了生态修复作为一种新型的环境责任形式在环境民事公益诉讼案件中的适用。司法机关也在根据生态环境损害程度和具体案情，不断探寻和创新更具效果的责任承担方式，使得生态环境损害责任的承担方式日益多样化。以 2023 年最高人民法院发布的十件环境公益诉讼专题指导性案例为例，其责任承担方式就涵盖了赔偿环境修复费用、停止环境侵害行为、制订并实施环境修复方案和依法处置涉案废物等。近年来，随着“恢复性司法”理念的确立，生态环境损害责任承担方式除了停止侵害、支付生态修复费用外，还包括复绿固土、异地补植、放养鱼苗、补种护理林木等，并进一步发展出碳汇认购等替代性修复责任承担方式。具体到海洋生态环境损害责任承担方式，除了普遍适用的损害赔偿以及作为替代性责任形式的购买碳汇等之外，海砂回填、增殖放流等也在不同案件中作为责任承担方式加以运用。

本案中，公益诉讼起诉人提出通过回填海砂等方式修复受损的海洋生态环境或赔偿生态环境修复费用。法院认为，鉴于此项诉求为选择性诉求，经法院释明亦未予以明确，法院结合受损海洋生态环境修复需要等因素，认定通过回填海砂等方式修复受损环境尚不具备可操作性，并给出如下四个方面的理由：一是本案采砂造成海洋生态环境损害是多方面的，回填海砂不足以将受损生态环境修复到原有状态；二是回填海砂难以有效避免回填海域含沙量骤升问题，以及由此可能带来的海洋水质二次污染问题，无法确保符合环保要求，公益诉讼起诉人亦未对回填海砂修复受损海洋生态环境的科学性、环保性、可行性予以论证说明；三是根据海洋生态环境的特殊性等特点，采砂造成的海床结构受损可通过一定期限的海水流动、水文动力等因素自然恢复，公益诉讼起诉人也未提供通过回填海砂方式修复受损海床结构的成功案例；四是评估报告提出可通过增殖放流修复受损底层生物资源，且审查得出，增殖放流能够使受损区域海洋渔业资源直接得到补充修复，对促进海洋生态系统尽快得到改善具有积极意义。其实，目前对于通过海砂回填方式修复海洋生态环境，无论是学界还是实务界均持审慎态度，这一态度在本案判决中也得到了体现。

至于增殖放流，司法实践运用的案例相对较多，如浙江省台州市人民检察院诉苏某、李某等海事海商纠纷公益诉讼一案（参见（2022）浙 72 民初 2193 号判决书），法院结合海洋生态被破坏的范围和程度、生态环境的稀缺性、生态环境恢复的难易程度、被告因侵害行为所获得的利益和过错程度等因素，判令被告通过增殖放流方式承担生态修复责任。不过，增殖放流需要有关部门统筹安排进行，以保证增殖放流的可行性、科学性，赔偿义务人并不能自行决定增殖放流，故法院确定由被告提供生态修复费用 30 万元并参与增殖放流活动。而本案与上述案例的不同点在于，虽然法院承认增殖放流的科学性和生态恢复效果，但因部分被告处于羁押状态，无法正常参与增殖放流活动，故而法院以赔偿损失作为责任承担方式。

围绕本案开展类案研究可知，非法开采海砂案件主要以非法采矿罪追究刑事责任，并附带提起海洋环境民事公益诉讼。但由于诉讼规则并不健全，《公益诉讼若干规定》的指导价值还未得到体现，导致案件起诉标准不一，海洋生态损害赔偿也欠缺生境损害赔偿标准以及海砂开采造成的海岸侵蚀等预防性损害赔偿责任标准。通过诉讼实践经验总结，未来应在不断完善海洋环境公益诉讼规则的基础上，配套健全相关标准体系，提高对盗采海砂行为的打击和追责力度，为海洋生态文明建设、绘就人海和谐的美好画卷贡献司法力量。

指导意义

盗采海砂不仅会对海床造成破坏，而且破坏海洋浮游生物和微生物资源，会对脆弱的海洋生态造成毁灭性打击，损害社会公共利益。检察机关在依法打击盗采海砂犯罪行为的同时，应当对盗采海砂行为造成的海洋生态损失进行调查，通过委托专业鉴定机构对盗采海砂造成的生态损害、盗采海砂行为与损害后果之间因果关系进行鉴定评估，制定科学合理的生态修复方案，依法提起刑事附带民事公益诉讼，由盗采海砂行为人对遭受破坏的海洋生态进行修复。检察机关办案中注重发现行政监管漏洞，通过行政公益诉讼促进社会治理。

参考文献

卜文淇，2022. 环境资源案件跨区域集中管辖的若干思考 [J]. 现代商贸工业，43（10）：140-141.

蔡锋，陈刚才，彭枫，等，2015. 基于虚拟治理成本法的生态环境损害量化评估 [J]. 环境工程学报，9（9）：4217-4222.

蔡先凤，郑佳宇，2016. 论海洋生态损害的鉴定评估及赔偿范围 [J]. 宁波大学学报（人文科学版），29（5）：105-114.

常方，刘越，2022. 以生态环境保护目标责任制推动“党政同责、一岗双责”[N]. 中国环境报，2022-04-26（3）.

陈柏峰，2022. 习近平法治思想中的加强权利司法保护理论 [J]. 法学家（5）：15-27，191-192.

陈新民，2001. 德国公法学基础理论（上）[M]. 济南：山东人民出版社.

陈幸欢，2021. 生态环境损害赔偿司法认定的规则厘定与规范进路——以第 24 批环境审判指导性案例为样本 [J]. 法学评论，39（1）：153-164.

陈阳，2009. 检察机关环境公益诉讼原告资格及其限制 [M]. 济南：山东人民出版社.

陈雨婷，2022. 我国环境行政公益诉讼诉前程序的缺陷及其完善路径 [J]. 濮阳职业技术学院学报，35（3）：72-77.

邓可祝，2021. 论环境行政公益诉讼的谦抑性——以检察机关提起环境行政公益诉讼为限 [J]. 重庆大学学报（社会科学版），27（5）：217-229.

董邦俊，2022. 环境保护检察专门化之新时代展开 [J]. 法学，492（11）：135-153.

范伟义，邱友诗，2021. 走在公益诉讼前沿的检察“工匠”[J]. 环境教育（9）：21-23.

方剑明，周晓霞，李铭扬，2020. 海洋环境损害赔偿制度与海洋公益诉讼检察定位 [N]. 检察日报，2020-12-21（3）.

高文英，2020. 环境行政公益诉讼诉前程序研究——以检察机关的调查取证为视角 [J]. 中国人民公安大学学报（社会科学版），36（6）：99-107.

高志宏，2022. 公共利益：行政公益诉讼的价值目的及其规范构造 [J]. 学术界，290（7）：53-62.

郭宗才，2019. 行政公益诉讼之诉讼请求研究 [J]. 中国检察官，312（6）：16-19.

韩大元，2005. 宪法文本中“公共利益”的规范分析 [J]. 法学论坛（1）：5-9.

韩静茹，2019. 公益诉讼视野下的民行检察权探究 [J]. 兰州学刊（6）：56-71.

韩学强，2020. 名胜古迹保护检察民事公益诉讼相关问题探析 [J]. 中国检察官（22）：53-56.

胡淑珠，黄训荣，王慧军，等，2022.《张永明、毛伟明、张鹭故意损毁名胜古迹案》的理解与参照——名胜古迹严重损毁之认定 [J]. 人民司法（14）：30-34.

胡卫列，吕洪涛，刘家璞，2023. 更好发挥检察公益诉讼制度效能贡献跨区划生态环境司法保护的“中国方案”[J]. 中国检察官（1）：66-69.

黄学贤，2009. 形式作为而实质不作为行政行为探讨——行政不作为的新视角 [J]. 中国法学（5）：41-52.

江必新，2021. 贯彻《行政处罚法》需重点把握的几个问题 [J]. 法律科学，39（5）：43-52.

姜涛，2015. 检察机关提起行政公益诉讼制度：一个中国问题的思考 [J]. 政法论坛（6）：15-29.

康欣颖，晋海，2019. 环境执法语境下“责令停止生产”的法律属性探析 [J]. 四川环境，38（5）：179-185.

匡凌，2021. 办理行政公益诉讼案件应遵循的原则——以最高人民检察院检例第 50 号指导性案例为视角 [J]. 中国检察官，358（4）：43-48.

乐雯，2021. 海上倾废，赔偿 860 万！ [J]. 环境（3）：56-57.

李洪雷，2020. 论我国行政处罚制度的完善——兼评《中华人民共和国行政处罚法（修订草案）》[J]. 社会科学文摘（12）：70-72.

李瑰华，2021. 行政公益诉讼中行政机关“依法履职”的认定 [J]. 行政法学研究（5）：33-40.

李琳，2020. 论环境民事公益诉讼之原告主体资格及顺位再调整 [J]. 政法论坛，38（1）：162-169.

梁鸿飞，2019. 检察公益诉讼：法理检视与改革前瞻 [J]. 法制与社会发展，25（5）：113-130.

梁君瑜，2017. 复议机关作行政诉讼共同被告——现状反思与前景分析 [J]. 行政法学研究（5）：30-38.

林海伟，陈丽霞，尹志望，2020. 环境公益诉讼集中管辖：理论基点、制度缺陷与完善路径 [J]. 环境保护，48（10）：45-49.

刘家璞，陈士莉，刘盼盼，2022. 生态环境领域民事公益诉讼中惩罚性赔偿制度探析 [J]. 人民检察（11）：34-36.

刘佳奇，2021. 论环境公共利益的识别 [J]. 中南大学学报（社会科学版），27（6）：92-104.

刘辉，2019. 检察公益诉讼的目的与构造 [J]. 法学论坛，34（5）：112-119.

刘建功，2016. 环境侵权损害赔偿金额的确定 [J]. 人民司法（应用），750（19）：14-16，64.

刘盼盼，张博，2021. 以事立案，在公益诉讼办案中具有独特优势 [N]. 检察日报，2021-12-09（7）.

刘权，2014. 目的正当性与比例原则的重构 [J]. 中国法学（4）：133-150.

刘硕，2022. 发挥检察公益诉讼效能，为中国之治赋予新内涵——访最高人民检察院副检察长张雪樵 [EB/OL].

（2022-02-28）[2023-07-11]. https：//www. spp. gov. cn/spp/lhyrmwzx/202202/t20220228_548280. shtml.

刘霞，刘丽娜，2022. 新时代检察理念下民事支持起诉制度之构建 [J]. 人民检察，876（22）：16-20.

刘洋，2021. 行政机关法定职责的主要来源及具体适用 [N]. 检察日报，2021-04-01（7）.

刘艺，2017. 检察公益诉讼的司法实践与理论探索 [J]. 国家检察官学院学报（2）：3-18，170.

刘艺，2018. 构建行政公益诉讼的客观诉讼机制 [J]. 法学研究（3）：39-50.

刘艺，2021. 社会治理类检察建议的特征分析与体系完善 [J]. 中国法律评论（5）：177-193.

刘竹梅，刘牧晗，2022.《关于审理生态环境侵权纠纷案件适用惩罚性赔偿的解释》的理解与适用 [J]. 人民司法（7）：51-56.

吕忠梅，2020. "修复生态环境"责任的司法探索 [EB/OL].（2020-08-22）[2023-04-20]. http：//cserl. chinalaw. org. cn/portal/article/index/id/508/cid/25. html.

孟穗，柯阳友，2022. 论检察机关环境民事公益诉讼适用惩罚性赔偿的正当性 [J]. 河北法学，40（7）：135-148.

孟源，王显波，2021. 危险废物所在地环保部门的职责范围 [J]. 人民司法（11）：7-9.

苗生明，2019. 新时代检察权的定位、特征与发展趋向 [J]. 中国法学（6）：224-240.

缪颖，2022. 环境行政公益诉讼诉前程序探究 [J]. 四川环境，41（1）：240-244.

莫于川，2004. 判断"公共利益"的六条标准 [N]. 法治日报，2004-05-27（8）.

齐凯兵，2021. 环境公益诉讼中赔礼道歉的适用及其限制 [J]. 哈尔滨学院学报，42（3）：40-44.

秦天宝，2022. 跨行政区划公益诉讼环境治理的"中国方案"——最高人民检察院第 41 批指导性案例评析 [J]. 人民检察（21）：6-11.

全国人大常委会法制工作委员会民法室，2010. 中华人民共和国侵权责任法条文说明、立法理由及相关规定 [M]. 北京：北京大学出版社.

靳先德，2020. 穿行于道德与法律之间：环境民事公益诉讼"赔礼道歉"责任的实践检视及效能提升 [EB/OL].（2020-08-22）[2023-04-21]. https：//m. thepaper. cn/baijiahao_16964523.

石春雷，2021. 检察机关提起行政附带民事公益诉讼诸问题——从"检例第 29 号"谈起 [J]. 海南大学学报（人文社会科学版），39（1）：111-121.

孙谦，2011. 设置行政公诉的价值目标与制度构想 [J]. 中国社会科学（1）：151-163，223.

孙谦，2022. 加强新时代检察机关法律监督 凝聚中国特色社会主义法治监督体系合力 [J]. 人民检察（16）：1-4.

孙伟，齐迹，郭朋，2019. 行政公益诉讼检察调查核实权行使困境与完善路径初探 [J]. 中国检察官（5）：71-74.

唐芒花，2016. 民事公益诉讼中赔礼道歉的适用方式 [J]. 社会科学家，234（10）：100-103.

唐震，2018. 行政公益诉讼中检察监督的定位与走向 [J]. 学术界（1）：150-164，287-288.

王灿发，秦天宝，刘加良，等，2022. 万峰湖专案：“一批次一案例”的检察实践与考量 [N]. 检察日报，2022-09-29（7）.

汪功平，聂梦星，2020. 习近平生态文明思想：提出语境 · 核心理念 · 时代价值 [J]. 中共南昌市委党校学报，18（2）：17-22.

汪劲，2020. 名胜古迹保护公益诉讼中相关要素的认定 [J]. 人民检察，821（16）：43-44.

王旭光，刘小飞，叶阳，等，2018.《中国生物多样性保护与绿色发展基金会诉宁夏瑞泰科技股份有限公司环境污染公益诉讼案》的理解与参照——社会组织是否具备环境民事公益诉讼原告主体资格的认定 [J]. 人民司法（案例）（23）：30-35.

王冲，胡婷婷，2022. 涉环保监管职责行政公益诉讼难点与应对 [J]. 中国检察官（22）：3-6.

王春业，强珺婕，2021. 行政公益诉讼诉前程序司法化制度设计 [J]. 人民检察（7）：13-16.

王浩，李洋，牟琦，2022. 检察机关对社会组织提起民事公益诉讼开展监督之思考 [J]. 中国检察官（22）：17-21.

王红建，2022. 论行政公益诉讼中不履行监督管理职责的认定标准 [J]. 河南财经政法大学学报，37（1）：1-11.

王建芹，王涛菲，2023. 论检察建议对行政裁量权的监督与制约 [J]. 学习论坛，445（1）：119-127.

王清军，2020. 环境行政公益诉讼中行政不作为的审查基准 [J]. 清华法学，14（2）：129-142.

王杏飞，刘文魁，2022. 环境公益诉讼中的行民交叉问题研究——以行政附带民事诉讼“参照”适用为中心 [J]. 贵州大学学报（社会科学版），40（4）：86-94.

王旭光，2016. 环境损害司法鉴定中的问题与司法对策 [J]. 中国司法鉴定（1）：2-8.

王治国，史兆琨，2017. 全面稳步开展检察机关提起公益诉讼工作 更好加强公益保护促进依法行政严格执法 [N]. 检察日报，2017-07-19（1）.

卫滨，朱凌云，余泠，2021. 生态环境价值评估方法浅析 [J]. 中国资产评估（11）：24-27.

魏琼，梁春程，2019. 行政公益诉讼中“行政机关不依法履行职责”的认定 [J]. 人民检察（18）：61-65.

温建军，2018. 行政公益诉讼应切实强化诉前检察建议 [N]. 检察日报，2018-07-01（3）.

吴宏耀，郭泽宇，2021.“能动司法”的法理基础与实践图景 [N]. 检察日报，2021-12-16（3）.

伍华军，荣锦坤，2023. 论行政公益诉讼中“不履行法定职责”判定标准的构建 [J]. 重庆社会科学，340（3）：87-100.

习近平，2014. 关于《中共中央关于全面推进依法治国若干重大问题的决定》的说明 [J]. 求是（21）：16-23.

谢君宜，董瑞，2021. 民法典实施之后全国首例污染环境惩罚性赔偿案 [J]. 环境（4）：54-55.

徐本鑫，陈沁瑶，2020. 行政公益诉讼确认违法判决的局限与改进 [J]. 华北理工大学学报（社会科学版），20（4）：11-16.

徐忠麟，夏虹，2021. 生态环境损害赔偿与环境民事公益诉讼的冲突与协调 [J]. 江西社会科学，41（7）：145-156.

许翠霞，罗晓梅，黄长太，2019. 环境行政公益诉讼诉前程序实证研究 [J]. 集美大学学报（哲学社会科学版），22（1）：72-78.

许苏丹，2018. 共同侵权行为的类别及其构成要件 [J]. 湖南省社会主义学院学报，19（5）：90-92.

闫晶晶，2022a. 万峰湖专案——跨行政区划流域治理的中国方案 [EB/OL].（2022-09-29）[2023-07-10]. https：//baijiahao. baidu. com/s?id=1745282793676581191&wfr=spider&for=pc.

闫晶晶，2022b. 发挥公益诉讼职能作用 督促整治非法采矿 [N]. 检察日报，2022-09-15（2）.

杨慧侠，刘盼盼，刘家璞，2022. 检察公益诉讼推动重大生态环境修复治理探析 [J]. 中国检察官（22）：7-11.

叶脉，宋亦心，陈佳亮，等，2022. 虚拟治理成本法在环境损害司法鉴定中的应用研究 [J]. 中国司法鉴定，120（1）：9-16.

叶阳，2017. 社会组织提起环境民事公益诉讼主体资格辨识——从腾格里沙漠环境污染系列公益诉讼案展开 [J]. 法律适用（司法案例）（6）：24-30.

余少祥，2010. 什么是公共利益——西方法哲学中公共利益概念解析 [J]. 江淮论坛，240（2）：87-98.

袁曙宏，2004.“公共利益”如何界定？ [N]. 人民日报，2004-08-11（13）.

张锋，2018. 检察环境公益诉讼之诉前程序研究 [J]. 政治与法律，282（11）：151-160.

张锋，孙萧宇，2022. 环境公益诉讼惩罚性赔偿制度适用研究——兼评《最高人民法院关于审理生态环境侵权纠纷案件适用惩罚性赔偿的解释》[J]. 山东法官培训学院学报，38（2）：19-32.

张军，2019. 最高人民检察院关于开展公益诉讼检察工作情况的报告——2019 年 10 月 23 日在第十三届全国人民代表大会常务委员会第十四次会议上 [EB/OL].（2019-10-23）[2023-05-08]. https：//www. spp. gov. cn/spp/tt/201910/t20191024_435925. shtml.

张军，2023. 最高人民检察院工作报告——2023 年 3 月 7 日在第十四届全国人民代表大会第一次会议上 [EB/OL].（2023-03-17）[2023-07-11]. https：//www. spp. gov. cn/spp/gzbg/202303/t20230317_608767. shtml.

张力，黄琦，2021. 环境行政公益诉讼中“行政机关是否履行法定职责”的司法审查——第 137 号指导性案例裁判要旨司法适用规则的构建 [J]. 山东法官培训学院学报，37（4）：14-26.

张瑞萍，曾幸，黄涛，2023. 环境行政公益诉讼前置程序的制度化路径 [J]. 南海法学，7（1）：57-66.

张文河，2021. 环境损害司法鉴定意见采信标准研究 [J]. 环境与可持续发展，46（2）：127-133.

张晓飞，潘怀平，2018. 行政公益诉讼检察建议：价值意蕴、存在问题和优化路径 [J]. 理论探索，234（6）：124-128.

张旭东，颜文彩，2022. 环境民事公益诉讼惩罚性赔偿的性质定位与制度构建 [J]. 中国石油大学学报（社会科学版），38（1）：44-51.

张旭勇，2020. 行政公益诉讼中“不依法履行职责”的认定 [J]. 浙江社会科学（1）：67-76，157-158.

张梓太，李晨光，2018. 生态环境损害赔偿中的恢复责任分析——从技术到法律 [J]. 南京大学学报（哲学·人文科学·社会科学），55（4）：47-54，158.

赵俊，2023. 环境行政公益诉讼诉前程序与诉讼程序衔接机制研究 [J]. 学习与探索（3）：80-85，182.

中共中央文献研究室，2016. 习近平关于全面建成小康社会论述摘编 [M]. 北京：中央文献出版社.

朱旖，2022. 制度检视与架构：民事公益诉讼检察监督研究——兼顾检察机关的双重角色定位 [C]// 北京市法学会，天津市法学会，上海市法学会，重庆市法学会 .《上海法学研究》集刊 2022 年第 19 卷——京津沪渝法治论坛文集 . 上海：上海人民出版社：54-63.

庄永廉，汪劲，黄和平，等，2020. 名胜古迹保护公益诉讼疑难点判断与处理 [J]. 人民检察（16）：37-42.

邹雄，陈山，2022. 监督者抑或当事人？——检察公益诉讼原告双重角色的法理检视 [J]. 江西社会科学，42（3）：150-159，208.